# 筑波大の英語
## 15ヵ年

教学社編集部 編

JN058761

教学社

# はしがき

　本書は，筑波大学を目指す受験生諸君が効率的に入試の英語に取り組めるよう，過去の出題を徹底的に研究し，系統別に 1 冊にまとめあげたものである。筑波大をはじめとする難関国公立大学は，それぞれの学校に独自の特徴（＝傾向）が定着しており，これをあらかじめ知っておくこと（＝対策）により，「合格」の二文字がぐっと現実的なものになる。何よりも，「この大学で出題された問題にはすべて目を通した」という事実は，受験生にこの上ない自信を与えてくれることになるはずである。

　教学社による通称「赤本」は，数ヵ年間の過去問をすべての受験科目についてまとめたものであるが，この『筑波大の英語』は，対象を英語の過去問に絞って，15 ヵ年の長期にわたって追跡している。筑波大を受験する者にとって，これほど理想的な問題集はないと断言してよいだろう。

　本書では，筑波大学の 2009〜2023 年度，過去 15 ヵ年分の前期日程「英語」の入試問題を，「第 1 章　読解」，「第 2 章　英作文」の 2 つの出題パターンに分けて解説している。基本的な編集方針は以下の通りである。

①読解問題には「各段落の要旨」の項目を設ける。これにより，問題文の論旨の流れがつかみやすくなるだけでなく，「パラグラフ・リーディング」の練習の一助ともなる。

②通常の「赤本」の解説を詳細かつ系統的なものに改訂する。特に複雑な英文は文構造からわかりやすく解説する。

③英作文問題の解説では，高校生レベルの英語知識で解答できるように，必要な場合には「わかりやすい日本語への変換」を加え，類似問題にも幅広く対応できるようにする。

　最後にアドバイスを 1 つ。本書は過去問集なので，受験勉強の終盤で集中的に取り組む人が多いのではないかと思うが，その時期であっても，英語学習の基本ははずさないようにしてほしい。つまり，「辞書を引く」や「文法的な裏付けを見つける」などの作業は続けていくことである。英語の勉強に近道はない。本当に強いのは，時間をかけることを恐れず地道な努力を続けられる人である。

# CONTENTS

# 第2章　英作文

# 筑波大英語の分析と攻略法

## 分 析　　　　　　　　　　　　　　　　　　　Analysis

### 1　基本構成は読解問題2題＋英作文問題

　2009～2023年度を振り返ると，出題傾向に若干の変化は見られるものの，**読解問題2題**の出題は固定している。さらに**英作文問題を中心とした大問が1題**出題されるという形になっている。なお，会話文問題は出題されていない。

　読解問題は，論説文を読んで様々な形式の設問に答えるというものである。論説文のテーマは，科学・社会・文化・歴史・教育など多岐にわたっている。出典は，比較的新しい論文などが多く，最新の話題が取り上げられている。設問の内容は，2013年度頃までは空所補充や英文和訳が中心であった。それ以降は，指示内容や理由などを問う内容説明問題を字数指定で出題するという傾向に変わってきている。これは，自分の言葉で答えを考え，かつ字数を合わせるという作業が必要となり，解答する側にとっては難化傾向にあると言える。

　英作文問題は，2012年度までは和文英訳が中心で，「本文の表現を用いて」という指示が与えられているものもあった。それ以降は自由英作文，つまり自分の考えや意見を英語でまとめ，指定された語数（「～語以内」ではなく「～語程度」が多い）で収めるという形式に変わっている。出題されているのは，英文で提示されたテーマに対して，「内容の要約」「反論」「賛成か反対か」「賛成・反対の両方」などをまとめる問題で，これもより難度が上がっていると言える。また，語句整序問題は，近年は英作文問題の大問〔3〕の中で独立した中問として出題されることが多い。

### 2　出題形式の変化

　すでに述べた点も含め，最近見られた出題形式の変化には次のようなものがある。

＜2010年度＞　2009年度は大問4題（読解問題3題＋英作文を含む大問1題）であったが，大問3題（読解問題2題＋英作文問題1題）になった。この形式は現在まで継続している。

＜2013 年度＞　英作文問題が和文英訳から語数指定の自由英作文問題に変わった。
　　　　　　　　この形式も現在まで継続している。
＜2014 年度＞　読解問題では英文和訳問題に代わり，字数指定の内容説明問題中心
　　　　　　　　になった。この形式も現在まで継続しているが，むしろ増加傾向に
　　　　　　　　あり，2020 年度以降は大問 2 題で 8 〜 9 問の出題と，設問の大半を
　　　　　　　　占めるようになっている。
　なお，過去 15 年間，必ず出題されてきた設問として，空所補充問題が挙げられる。
前置詞限定など，選択肢が特化した設問もあるが，いずれにしろ空所補充の対策は必
須であろう。

## 3　論説文を中心とした読解問題で本格的な記述力が問われる

　筑波大の読解問題で取り上げられている英文は，700〜900 語程度のもので，これ
が 2 題出題されている。ジャンルは社会・文化・科学などに関する論説文が多く，説
明的な内容が中心となっている。したがって，取り上げられているテーマに対する予
備知識の有無が内容理解に大きな影響を持つ可能性がある。平素から新聞やニュース
にアンテナを張っておくことが求められる所以である。設問の内容についても，1 と
2 で述べた通り，以前は英文和訳が中心だったが，近年では，日本語で理由や趣旨や
指示内容を説明するという形式に移行してきている。内容説明問題は，英文和訳のよ
うな逐語的な正確さは要求されないものの，本文の趣旨を正しく理解した上で自分の
言葉に置き換え，さらに指示された字数で答える必要があるので，日本語の表現力も
含めたより**本格的な記述力**が問われていると言ってよいだろう。

## 4　英作文問題は自由英作文が中心に

　筑波大の英作文問題は，現在では**自由英作文が中心**になっている。内容としては，
「本文の要約」も出題されているが，ほとんどは意見表明型で，「本文に対する反
論」「賛成意見・反対意見の両方」「（賛成か反対かなどの）意見」など，年度によっ
て異なるものの，「自分の体験を踏まえて」「具体的な理由を添えて」などの条件とと
もに語数の指示がある点は共通している。指定語数は，80 語〜100 語程度と，かなり
の量を書くことが要求されているので，短時間ではなかなか対応できない難問になっ
ている。

# 攻　略　法　

## 0.「アウトプットの力」をつけておこう！

　多くの入試の場合，試験で問われるのは「インプットの力」である。私立大学の入試や共通テストの筆記問題で出題されるのは，読解問題（リーディング＝インプット）が中心であり，共通テストのリスニング問題もまたインプット力を問うものである。しかし，筑波大の入試では，語句整序や英作文の記述問題（ライティング）が出題されており，「アウトプットの力」が問われることになる。受験生がこのアウトプット問題に関わる機会はなかなかないので，普段からこれに力を注いでいる人はあまり多くないかもしれない。しかし，英作文問題の出来は解答者の表現力や構成力，語彙力などが大きく左右するので，筑波大を志望する人は早くから「アウトプットの力」の養成に取り組んでほしい。

　では，「アウトプットの力」はどうすれば伸びるだろうか。これは筑波大の英語に限ったことではないが，必要なのは「英語を理解する基礎力」であり，この力は「インプットの力」の養成にも不可欠である。つまり，英語の力をつけたければ，近道をしようとせず，「基礎力」を磨くことが最優先なのである。なお，ここで言う「基礎力」とは，以下の3つの力である。

①**語彙力**（単語・熟語・語法の知識で，文の中のより小さい要素を理解する力）
②**文法力**（5文型をはじめとする英語のルールの知識で，文の中のより大きな要素を理解する力）
③**構文力**（文の構造に関する知識で，最終的に日本語にする際に必要となる力）

## 1. 読解問題の攻略

　共通テストの問題をはじめとして，最近の入試問題は，細かな分析は省略して大意を把握することを重視する傾向にあるが，筑波大の読解問題は腰を据えて精読することが求められる設問が多い。したがって，語彙力は言うに及ばず，文法・語法に関わる「基礎力」がなければ，正解は望むべくもない。ここでは，代表的な設問形式別にその攻略法を説明していきたい。

# 1　英文和訳

　近年では，英文和訳問題そのものは出題されていないが，設問としての設定がなくても，与えられた英文の構造の把握は，どんな問題に対しても解答のベースとなるものなので，決しておろそかにはできない。

　文構造の把握を難しくしている要因としては，次のようなものが挙げられる。

①関係詞節や接続詞節が加わったことで，主語・動詞の数が増え，主節・従属節の見分けが難しい。

②主語が「節を含んでいる」「無生物主語で説明的になっている」などの理由で異常に長くなっている。

③等位接続詞（and や or）で結ばれているものが長かったり，3つ以上あったりする場合や，同じ文の中に複数の等位接続詞が存在し，それぞれが結んでいるものが異なる場合に特定が難しい。

　ここで重要になってくるのが，先に挙げた「英語を理解する基礎力」なのである。この力を使って文構造を把握しなければ，正確な和訳は不可能だからだ。

　文構造の把握で最も重要なのは，「主語＋述語動詞」からなる文の骨格の把握である。和訳した場合，その日本語はたいてい「主語」で始まり「述語動詞」で終わるので，これを見抜くことで，文型が確定し，和訳の最終形をイメージすることができる。「主語＋述語動詞」を見つけるためには，以下のポイントに留意してほしい。

①従属節の主語・動詞はその文の骨格にはならない。主節の中の主語・動詞をさがす。

②カンマやダッシュで挟まれた部分は挿入句であり，言わば後付けの箇所である。この部分以外からさがす。

③「前置詞＋名詞」は修飾語なので，主語にはならない。

④準動詞（不定詞・分詞・動名詞）は，単独では述語動詞にはならない。

⑤まず述語動詞を見つけるようにしたい。その後，意味のつながりや文法的情報（三単現の s の有無など）から，主語を特定していく。

　なお，問題文として用いられている英文は論説文なので，名詞を多用した堅い表現になっていることが多く，記述されている通りの品詞で日本語にすると意味のわかりにくい柔軟性のない訳になってしまうことが多い。動詞的な表現に置き換えてみるなどの工夫をすると自然な和訳になるであろう。

# 2　内容説明（記述式）

　単純な和訳問題に取って代わりつつある設問形式で，文脈がしっかりと把握できているかどうかが問われる。内容としては，ある箇所に下線が施されており，指示語の

具体的内容，同意語句の指摘・言い換え，具体例や理由を述べる，といった形のものが多い。

　解答の仕方としては，英文和訳と重複する部分もあるが，以下の2つが求められている。

①ターゲットとなる内容の記述箇所を<u>下線部以外からさがす</u>。

②その部分をきちんと和訳する。ただし，字数制限があるので，和訳というより要約に近くなる可能性がある。

　この設問形式が一般の和訳と異なるのは，「下線部の意味を理解した上で，それ以外の場所から正解のカギをさがす」という点である。したがって，各段落の論旨の流れを追って，どこにどのようなことが述べられているかを速く正確につかむ練習が必要である。具体的には，論旨がはっきりしている数段落から成る論説文を読んで，各段落の要旨を20～40字程度の日本語にまとめるという作業を繰り返すとよいだろう。本書では，読解問題のすべてに「**各段落の要旨**」の項目を設けているので，ぜひ参考にしてほしい。

## 3　空所補充

　筑波大の英語では，空所補充問題はほとんどが選択式であり，選択肢も，前置詞以外に形容詞・副詞・動詞，あるいは複数の品詞が混在しているものなどがある。毎年必ず出題されている形式なので，十分に対策を練っておいてほしい。

　一口に空所補充と言っても，問われる力は語彙力だけではない。以下のように，選択肢の種類によって異なる力が要求される。

①選択肢の品詞が同じ　→　文脈の理解力が問われる

②異なる品詞が混在　→　文法的な知識が問われる

③選択肢が前置詞　→　成句の知識や前置詞の用法の理解が問われる

## 4　語句整序

　これもほぼ毎年出題されている設問形式である。語句整序問題の解法は，ジグソーパズルのピースをはめていく作業に似ているので，コツをつかむことで正解率は大幅にアップする。したがって，絶対に落としたくない設問である。

　解法の要領は以下の通りである。

①文法的・意味的につながりのある語をまとめる。

②設問箇所の最初と最後に来る語を確定する。

③中心となる語（通常は述語動詞）を見つける。

## 2. 英作文問題の攻略

「分析」の2と4で述べたように，2013年度以降は，与えられた英文を読んで，英語で要約や意見，反論，理由などを書く自由英作文が出題されている。この問題は，記述式の問題の中でも最も難しいといってよい。複数の力を総動員しなければならないからである。その複数の力とは，以下の4つである。
① 「与えられた英文を正しく理解する力」
② 「解答となる趣旨を日本語で表現する力」
③ 「どの英語表現（引き出し）を使うかを見分ける力」
④ 「語彙や語法を正しく使う力」
　これらのうち，①はインプットの力を必要とするが，②〜④はアウトプットの力が問われる。平素から十分に鍛えておく必要がある。

## 1　与えられた英文を正しく理解する力

　当たり前の話であるが，題材となる英文の意味が正しく理解できなければ，それに対して自分の考えを述べることはできない。もちろん，英文を読み解くという作業は，リーディングというインプットの力を必要とするが，英作文問題の題材である場合は留意すべきポイントがある。

　それは「この英文は何を主張しているのか」という点である。題材の英文は論説文なので，何らかの主張が含まれている。それを迅速に読み取ることで，自分の意見はそれに賛成なのか反対なのかが明らかになり，自身の立場を明確にできる。

　さらに，英文には主張を補強するような根拠や具体例が挙げられているはずなので，たとえば，英文で述べられている内容をさらに補強する（賛成の場合），反論する（反対の場合），別の条件を挙げてみる（異なる意見を提案する場合）などによって，自分の意見を構成していく際の流れをシミュレートできる。限られた時間の中で自由英作文を書き上げるには，ぜひとも必要なポイントである。

## 2　解答となる趣旨を日本語で表現する力

　英語を純粋に外国語として学び始めた人の場合，自分の考えを最初から英語ベースで構築していくことは極めて困難で，たいていは日本語で組み立ててからその表現を英訳していくという作業になる。したがって，設問の指示に沿いつつ，自分の意見を的確で説得力のある日本語で表現する力が求められる。

　もう一つ重要なことは，いくら立派な日本語が出来上がっても，それを英語に変換できなければ意味がない，ということである。思いついた日本語をストレートに英訳

するという作業は存外難しいので，その前段階として，**英語にしやすい日本語，自分の英語力で表現できる日本語**に置き換えるようにしてほしい。

　これらはむしろ国語（現代文）の学習で会得していく力であろうが，最終的に英語での語数が定められている以上，日本語の字数とそれを英訳したときの英語の語数との相関を意識して日本語の文を作ることが必要となる。自由英作文の勉強をする際に，この感覚を鍛えておいてほしい。用いる語彙にもよるが，目安としては，英語 50 語の内容ならば日本語は 130〜150 字程度であろうか。以下，10 語増すごとに，25〜35 字程度増やしていくくらいの感覚を持っておいてほしい。

## 3　どの英語表現（引き出し）を使うかを見分ける力

　言いたいことを英語で表現する場合，「この内容は受動態で」「この表現は仮定法で」「この言い回しは第 5 文型を使って」など，自分が使える「引き出し」をたくさん持っていれば，2 で述べた「自分の英語力で表現できる日本語」の幅が広がり，英文を作りやすくなる。

　したがって，まず自分の引き出しを増やしておくことが必要である。これは日々の英語の学習の中でいつでも可能な作業である。新しい英語表現に出会うたびに和訳とともに覚えていくことで，類似した日本語を英訳するときに使えるようになる。「**自分の引き出しを増やしていく**」という目的意識を持った上で英語の勉強に取り組んでほしい。

　さらに，どの引き出しを使えばよいかを素早く判断できれば，限られた解答時間の中でも十分に解答できる。このスピードを養成するためには，和文英訳の練習が効果的である。また，文法や単語・イディオムを学習するときにも，理解や暗記で終わるのではなく，どんな場面で使えるかを確認した上で引き出しにしまうようにするのも有効である。

## 4　語彙や語法を正しく使う力

　筑波大の英語では，意見表明型の自由英作文が課されるが，これにはいくつかの定型表現がある。

　まず，自分の立場を明確にするときには，I think …「私は…だと思う」や In my opinion, …「私の意見では…」などが利用可能である。次に，例を挙げる際は for example「たとえば」などを使い，複数挙げるならば first「第一に」，second「第二に」などの表現を用いる。さらに，理由を述べる場合には，this is because …「…だからである」なども有効な表現である。

　また，よく使う部分表現として，the number〔amount〕of ～「～の数〔量〕」，increase〔decrease〕by ～「～だけ増える〔減る〕」，a lot〔plenty〕of ～「たくさんの～」なども使えるようにしておくとよいだろう。

# 第1章　読　解

**1**

次の英文を読んで，下の問いに答えなさい。

（星印（＊）のついた語には本文の後に注があります。）

Hear the word "circle," and you'll probably think of something round. Hear "razor," and you'll think of something sharp. But what about a seemingly nonsense word such as "bouba" or "kiki"?

In a famous linguistics＊ study, researchers showed these words make English speakers think of blobby and sharp shapes, respectively. Now, the most extensive study of this finding yet — testing 917 speakers of 25 languages that use 10 different writing systems — has found that 72% of participants across languages associate the word "bouba" with a blobby shape and "kiki" with a sharp one.

(1) Such "cross-sensory" links — here, between speech and vision — show people can use nonsense words and other vocal noises to evoke＊ concepts without using actual language. That could help explain how language evolved in the first place, says Aleksandra Ćwiek, a linguistics doctoral researcher at the Leibniz-Centre General Linguistics who led the new study.

"It's exciting to see more work on this phenomenon with a greater diversity of languages," says Lauren Gawne, a linguist at La Trobe University who was not involved with the study. Testing speakers from different writing systems is especially useful, she says, because it helps figure out exactly what underlies the finding.

Past research has （　ア　） to the spikiness of the letter K, and roundness of the letter B, as the primary reason for the effect of "kiki" and "bouba" on English speakers. But other work has found that children who haven't yet （　イ　） to read also make the association, as do Himba people in Namibia, who have （　ウ　） contact with Westerners and don't use （　エ　） language.

To understand how much of a role writing plays in the finding, Ćwiek and her colleagues wanted to test speakers from a much wider sample of languages — and, crucially, different writing systems. She and her colleagues were already running a large international experiment across multiple countries, and they realized they could easily add on the bouba-kiki test at the end of the (2) task. They included speakers of languages from around the world — from Albanian to isiZulu in South Africa — and writing systems as different as Thai, Georgian, and Korean. The researchers recorded Ćwiek saying the two words aloud, and asked participants to choose whether a pointy, starlike shape or a blobby, cloudlike shape best matched each recording.

The volunteers overwhelmingly matched "bouba" with the round shape and "kiki" with the spiky one, the authors report today in the *Philosophical Transactions of the Royal Society B.* The finding suggests people make a genuine link between the sounds and the shape. It also adds to a growing pile of (3) evidence that challenges an old linguistic dogma: the belief that the sounds that make up a word have no relationship to its meaning.

But there were important differences across languages. Whereas 75% of speakers whose languages use the Roman alphabet — including English and other European languages — made the link, only 63% of speakers of other languages such as Georgian and Japanese did. And three languages — (4) Romanian, Turkish, and Mandarin Chinese — didn't show the effect at all.

There are good reasons why the finding might look different across languages, says Suzy Styles, a linguist at Nanyang Technological University. Different languages have their own rules for what sounds and syllables* can fit together; in English, for example, you can't start a word with the sound "ng," although this is perfectly fine in isiZulu. When the test words in an experiment don't match these rules, speakers don't have strong cross-sensory associations, Styles says: "An English speaker finds it hard to decide whether 'srpski' is spiky or round, because it doesn't sound 'wordy' in our language." (5)

It could also be that the made-up words have real meanings in certain languages, Ćwiek says. *Buba* is a Romanian word used for a small child's wound — like "ouchy" — which could feel more like a "spiky" association for Romanian speakers, she says. And *cici*, pronounced "gee-gee," means "cute" in Turkish. That could give "kiki" associations with round-headed, chubby babies, Ćwiek adds.

Some evolutionary linguists have suggested language may have started not with speech, but with gesture, because it's so much easier to illustrate an idea with hands — like miming the shape of a tree, Ćwiek says. But that explanation just raises a new question: Why did speech emerge at all? The growing evidence that vocal noises can also evoke ideas like shape or size helps <u>close that gap</u>, she
(6)
says, hinting that both gesture and speech "have played a significant role at the very core of language."

The study is robust\*, and its control of writing systems is "useful and important," says Mark Dingemanse, a linguist at Radboud University. But linguists also need to better understand how cross-sensory associations like these play a role in real-world languages, he says: "For that, we need to move beyond bouba and kiki."

出典：Cathleen O'Grady (2021, November 14) "Nonsense Words Make People Around the World Think of the Same Shapes," https://www.science.org/content/article/nonsense-words-make-people-around-world-think-same-shapes より抜粋，一部改変

（注）　linguistics　言語学

evoke　〜を喚起する

syllable　音節

robust　しっかりした，手堅い

（注意）　解答する際，句読点は1マスに1つ，英数文字は（大文字小文字ともに）1マスに2文字記入すること。

1. 下線部(1)は何と何のつながりを意味するか，以下の語群から2つ選び，記号で
　答えなさい。（順不同）
　語群

(A)　sight　　　　　　(B)　smell　　　　　　(C)　sound

(D)　taste　　　　　　(E)　touch

2. 空欄（　ア　）～（　エ　）を埋めるのに最も適した語を以下の語群から選び，記
　号で答えなさい。ただし，不要な語がひとつある。
　語群

(A)　hinted　　　　　　(B)　learned　　　　　　(C)　limited

(D)　pointed　　　　　　(E)　written

3. 下線部(2)の the bouba-kiki test の具体的な内容について，本文に即して50字
　以内の日本語で説明しなさい。

4. 下線部(3)の evidence とはどういうものか，本文の内容に即して30字以内の日
　本語で説明しなさい。

5. 下線部(4)について，ルーマニア語で bouba-kiki 効果が出なかったのはなぜだ
　と考えられているか，その理由を，具体例を挙げて70字以内の日本語で説明し
　なさい。

6. 下線部(5)について，筆者がこのように考えるのはなぜか，"wordy" の意味する
　ところが明らかになるように本文の内容に即して40字以内の日本語で説明しな
　さい。

7. 下線部(6)の close that gap が具体的に何を表すかの言い換えとして，最も適し
　たものを以下から選び，記号で答えなさい。

(A) answer the question of how language survived

(B) discover the origin of gesture

(C) explain why speech emerged

(D) raise a new question

## 全 訳

### ■言語音がイメージに与える影響

❶ "circle"（円）という単語を耳にすると，おそらく何か丸いものを思い浮かべるだろう。"razor"（かみそり）という単語だと，何か鋭利なものを思い浮かべるだろう。だが，"bouba" や "kiki" のような，一見意味のなさそうな単語の場合はどうだろうか。

❷ ある有名な言語学研究では，英語を話す人々がこれらの語を聞くと，それぞれ丸っぽい形と，とがった形を思い浮かべるということが示された。現在，この発見をした，これまでで最も広範囲の研究——10 個の異なる文字体系を用いる 25 言語にわたる 917 人の話者を調べた——で，これらの言語全体で 72 ％の人が，"bouba" という語では丸っぽい形を，"kiki" という語ではとがった形を連想するということとがわかっている。

❸ このような「感覚をまたぐ」つながり——ここでは発話と視覚とのつながり——で示されているのは，実在の言語を使わなくても，意味のない単語と他の音声を使って概念を喚起できるということである。そのことは，そもそも言語がどのように進化したのかを説明するのに役立つであろう。こう語るのは，ライプニッツ総合言語学センターの言語学博士研究員のアレクサンドラ=チュイックで，彼女はこの新しい研究を指揮した。

❹「より多様な言語について，この現象の研究をもっと見ていくと，胸がわくわくします」 この研究に関わっていないラ・トローブ大学の言語学者ローレン=ガウンはこう述べる。彼女の言によると，さまざまな文字体系出身の話者を調べることは特に有益である。発見の背後にあるものを正確に理解するのに役立つからだ。

❺ 過去の研究では，"kiki" と "bouba" が英語を話す人に影響を与える主な理由として，Kの文字のとがったイメージとBの文字の丸いイメージが示されている。しかし，他の研究では，まだ字を読めるようになっていない子供たちでも，同じような連想をすることがわかった。これはナミビアのヒンバ族も同様であった。彼らは西洋人との接触が限られていて，しかも書き言葉を使用しないのである。

❻ 発見の中で，文字がどの程度の役割を果たしているのかを理解するために，チュイックたちはもっと広範な言語サンプル——そしてこれは重大なことだが，広範な文字体系——の話者を調べたいと考えた。彼女らはすでに，多数の国にわたる国際的で大規模な実験を取り仕切っていたので，作業の最後に bouba-kiki テストを加えるのは容易だとわかっていた。彼女らは世界中の言語——アルバニア語から南アフリカのズールー語まで——とタイ語，グルジア語，韓国語など，さま

ざまな文字体系の話者を被験者に含めた。研究者たちはチュイックが2つの単語を音読するのを録音し、被験者には、それぞれの録音に最も合致するのが星のようなとがった形なのか、雲のような丸っぽい形なのかを選ぶように求めた。

❼ ボランティアの被験者たちは、圧倒的に、"bouba" を丸い形、"kiki" をとがった形と一致させたと、現在、『フィロソフィカル・トランザクションズB』の中で筆者たちは報告している。この発見が示唆しているのは、人間は音声と形とを間違いなく関連させているということである。加えて、言語学上の古い定説に挑戦する証拠は増加しているが、その1つともなっている。その定説とは、単語を構成する音はその意味とは何の関係もないとする考えである。

❽ とはいえ、言語によって重大な差異も存在した。アルファベットを使う言語——英語や他のヨーロッパ系言語——を話す人の75％が関連づけたのに対して、グルジア語や日本語のような他の言語を話す人は、63％しか関連づけなかった。そして、3つの言語——ルーマニア語、トルコ語、北京官話——では、その影響が全く示されなかった。

❾ ナンヤン工科大学の言語学者スージー=スタイルズによると、発見の様子が言語によって異なるのには、ちゃんとした理由がある。どの音とどの音節が結合するかについては、さまざまな言語ごとに独自の規則がある。たとえば、英語では、"ng" という音でテスト語が始まることはあり得ないが、ズールー語では全く問題ない。実験で使われるテスト語がこれらの規則に合致しない場合、話者は感覚をまたぐ連想を強く抱くことがないのだとスタイルズは述べている。「英語を話す人は 'srpski' がとがっているのか丸いのか決めづらくなります。自分の言語では『単語的』でないように聞こえるからです」

❿ 特定の言語では、作った語が実際に意味を持つせいかもしれない、とチュイックは言う。彼女によると、buba は——"ouchy" のように——小さな子供の怪我に対して用いられるルーマニア語の単語であり、ルーマニア語を話す人にとっては、「とがった」への連想が強くなる可能性がある。また、cici は、"gee-gee"（ギーギー）という発音で、トルコ語で "cute"（かわいい）という意味である。この単語のために、"kiki" は、頭が丸い、まるまると太った赤ちゃんを連想させるかもしれない、とチュイックは述べている。

⓫ チュイックによると、木の形を身振りで表すように、イメージを手で表す方がはるかに簡単なので、言語は話し言葉からではなく身振りから始まったのかもしれないと主張している進化言語学者もいる。しかし、この説明はある新しい疑問を引き起こす。それは、そもそも話し言葉はなぜ出現したのかということだ。音声が、形や大きさのようなイメージを喚起することもできるという証拠が増すことは、その隔たりを埋めるのに役立つのだと、彼女は身振りと話し言葉の両方が「言語のま

さに核の部分で重大な役割を果たしてきた」と暗示しながら述べている。

**⓬** その研究はしっかりとしたもので，研究で文字体系を統制することは「有益で重要である」と，ラドバウド大学の言語学者マーク=ディンゲマンスは言う。しかし，言語学者たちは，このような感覚をまたぐ連想が，現実世界の言語の中でどのように役割を果たしているかをもっと理解する必要もあると彼は語る。「そのために，私たちは bouba と kiki の向こう側へ行く必要があります」

**❶** 英語としては意味のなさそうな語を耳にすると，どのような連想が起こるだろうか。

**❷** 研究では，丸っぽい形を連想させる語と，とがった形を連想させる語がある。

**❸** 実在の語でない場合でも，その音声から特定の概念が喚起される可能性があり，チュイックは，このことが言語の進化を説明するかもしれないとしている。

**❹** 英語以外の言語についても同様の研究を行うのは，発見の背後にあるものを理解する上で有意義であると，ガウンは述べる。

**❺** 文字の形が影響しているとの研究もあったが，文字を読めない対象者（つまり，音から文字を連想できない対象者）についても同様の連想が見られた。

**❻** 文字の影響を調べるために，チュイックは世界中の言語を対象範囲にして，連想される形を調べた。

**❼** 実験により，音声と形との関連が証明されたが，これは，音と意味とは関係ないという従来の定説に反するものである。

**❽** しかし，言語によって結果に違いがあった。日本語などはアルファベットを使うヨーロッパ系の言語に比べて連想した人々の割合が低く，全くブーバ／キキ効果が見られない言語もあった。

**❾** 違いが出た理由として考えられるのは，どの音とどの音節が組み合わさるかの規則が言語によって異なることで，テスト語の音が単語的でないためである。

**❿** 他の理由として，実験で用いられた語が特定の言語では実際に意味を持っていた点が挙げられる。

**⓫** 音声が形や大きさを喚起させるという事実は，身振りに加えて話し言葉が出現した理由を説明するかもしれない。

**⓬** 実際の言語における音声とイメージとの関連については，今後さらなる理解が必要である。

縦書き：各段落の要旨

---

**解 説**

**1 正解は (A)・(C)**

▶下線部の意味は「このような『感覚をまたぐ』つながり」となり，五感のうちの2つの感覚につながりが生じるという意味である。

語句 cross-sensory「感覚をまたぐ，横断する」 link「つながり，関連」

▶本文の場合，直後で―here, between speech and vision―「ここでは，発話と視覚

とのつながり」と説明が加えられている。

▶ vision は当然 sight「見ること」であり，第2段（In a famous …）で紹介されている研究によると，ある言葉を聞いてその形を想像するという内容であることから，speech は sound「音声」のことだと予想される。

▶よって正解は(A)と(C)になる。


## 2　ア　正解は (D)

▶主語が Past research「過去の研究」となっているので，これに対応する動詞は「見つける」「示す」「明らかにする」などになると予想される。

▶また，直後に前置詞 to が続いていることもあわせて考えると，(D)の pointed が正解となる。

語句　point to ～「～を指摘する，示唆する」

## イ　正解は (B)

▶直前の表現が haven't yet ～ となっているので，「まだ～していない」という意味になる。

▶直後が to read「読むこと」でこれが動詞の目的語になっていることを考えると，(B)の learned が最も適切である。

語句　learn to ～「～できるようになる」

## ウ　正解は (C)

▶当該部分の意味は「彼らは西洋人と…な接触がある」となる。

▶ここで言及されているのはナミビアのヒンバ族で，当然西洋人との接触は少なかったと予想される。

▶よって，正解は(C)の limited「限られた」である。

## エ　正解は (E)

▶この部分は，直後の language を修飾する形容詞的用法であると考えられる。

▶前述部分で，まだ字を読めない子供たちの例が挙げられていることから，「書かれた言語」のことであると予想できる。

▶よって(E)の written が正解である。


## 3　▶ the bouba-kiki test「bouba-kiki テスト」の内容については，下線部(2)を含む文のある第6段の最終文（The researchers recorded …）と，第1段最終文（But what about …）から第2段にかけて説明されている。

▶解答の骨子となるのは，「意味のない語から，どのような形を連想するかを調べること」である。

**4** ▶下線部の意味は「増加しつつある証拠の山」となる。

▶ evidence がどのような証拠であるのかについては，直後の that 以下で言及されている。

▶つまり，これまでの定説—単語を構成する音はその意味とは何の関係もない—に挑戦する証拠のことである。

▶この趣旨を 30 字以内でまとめたものが〔解答〕である。

▶また，bouba-kiki テストの文脈を踏まえた上で説明すると，〔別解〕のようになる。

**5** ▶下線部の意味は「そして，3 つの言語—ルーマニア語，トルコ語，北京官話—では，その効果が全く示されなかった」となる。

語句 Mandarin Chinese「北京官話」

▶第 8 段（But there were …）では，言語によって bouba-kiki テストの結果に違いが生じたことが述べられている。

▶ルーマニア語についての理由は，第 10 段第 1 文（It could also …）および第 2 文（*Buba* is a …）で例を挙げて述べられている。

▶設問では「具体例を挙げて」と指示されているので，ここで挙げられているルーマニア語の buba の例に言及する必要がある。

**6** ▶下線部の意味は「自分の言語では『単語的』でないように聞こえる」となる。

語句 wordy の意味は，辞書では「言葉の，口数の多い」となっているが，ここでは「（その言語で用いられている）単語のような」という意味であると考えられる。

▶「単語的」でないように聞こえる理由については，第 9 段第 2 文（Different languages have …）で説明されている。

▶単語らしく聞こえないのは，音と音節の組み合わせには言語ごとに独自の規則があり，srpski が英語の規則に合致しないからである。

▶この点を 40 字以内でまとめる。

▶〔解答〕の他にも，「…規則に沿っていないから」など，いろいろなまとめ方が想定されるが，参照箇所が合っていればよいと考えられる。

▶「"wordy" の意味するところが明らかになるように」という指示が難しいが，〔解答〕では wordy の意味を書くことだと考えた。

**7** 正解は ©

▶下線部の意味は「その隔たりを埋める」となる。

語句 close「（距離・差など）を詰める，縮める」

▶選択肢の意味は以下の通り。

(A)「言語がどのように生き延びたかという疑問に答える」

(B)「身振りの起源を発見する」

(C)「話し言葉が出現した理由を説明する」

(D)「新しい疑問を提起する」

▶ 何と何との隔たりなのかについては，第11段第1文（Some evolutionary linguists …）および第2文（But that explanation …）より，「身振り」と「話し言葉」との隔たりであると考えられる。

▶ 身振りから始まったと思われる言語に，話し言葉がなぜ出現したのかを説明することが，この隔たりを埋めることになると考えられる。

▶ よって(C)が最も適切である。

1　(A)・(C)

2　アー(D)　イー(B)　ウー(C)　エー(E)

3　被験者に bouba と kiki という無意味語を聞かせ，丸い形ととがった形のどちらを連想するかを答えさせる。（50字以内）

4　単語を構成する音と意味は無関係だという古い定説を覆す証拠。（30字以内）
〔別解〕単語を構成する音と意味が結びついていることを示す証拠。（30字以内）

5　ルーマニア語には，無意味語 bouba と近い音の buba という語があり，その語が小さな子供の怪我を意味するために，とがった形の方が強く想起されたから。（70字以内）

6　各言語には，語らしく聞こえるための音と音節の組み合わせに関する規則があるから。（40字以内）

7　(C)

# 2

次の子守唄についての英文を読んで，下の問いに答えなさい。

（星印（*）のついた語には本文の後に注があります。）

There is a growing body of research about how lullabies help soothe both caregiver and child. Laura Cirelli, professor of developmental psychology at the University of Toronto, studies the science of maternal song. She found that when mothers sang lullabies, stress levels dropped not just for the baby but for mothers as well. In her most recent work, she found that familiar songs soothed babies the most — more than speaking or hearing unfamiliar songs.

A new mother herself, Cirelli sees singing lullabies as a <u>"multimodal</u> <u>experience"</u> shared by mother and child. "It's not just about the baby hearing music," she says. "It's about being held by the mom, having her face very close, and feeling her warm, gentle rocking."

From culture to culture, lullabies "tend to have collections of features that make them soothing or calming," says Samuel Mehr, director of Harvard University's Music Lab, which studies how music works and why it exists. <u>The</u> <u>lab's project,</u> the Natural History of Song, found that people can hear universal traits in music — even when they are listening to songs from other cultures. The project asked 29,000 participants to listen to 118 songs and identify whether it was a healing song, a dance song, a love song, or a lullaby. "Statistically, people are most consistent in identifying lullabies," he says.

In a separate study, Mehr's lab found that （　ア　） when infants were listening to lullabies that were not sung by their own caregiver, or were not from their own culture, they were （　イ　） soothed. "There seems to be some kind of parenting-music connection that is not only universal around the world but also old, sort of ancient. This is something that we've been doing for a really long time."

Lullabies reflect the present, but they are often ( ① ) in the past. In Mongolia the *buuvei* lullaby has been sung by nomads* for generations. Its refrain, "buuvei," ( ② ) "don't fear." "Love is the most important thing — passed on like a heritage," Bayartai Genden, a Mongolian traditional singer and dancer, and grandmother of 13, tells us as she describes "the magic of ( ③ ) love to your child through melodies." With more than half of Mongolia's children living in Ulaanbaatar, where pneumonia* is the second ( ④ ) cause of death of children under age five, UNICEF declared that the city's air pollution has become a child health crisis.

"I use these words to protect my children. They help my children heal," Oyunchimeg Buyankhuu says of the lullabies she sang when her two daughters were often sickened by the pollution. Her family moved out of the city so her children could breathe fresher air. Oyunchimeg sings the traditional *buuvei* lullaby, but between refrains she whispers healing words, <u>reshaping a long-established song for today</u>.
(3)

As the COVID-19 pandemic began altering life worldwide, physical distancing drastically changed the way we connect. Elizabeth Streeter, a nurse in Massachusetts, works on the COVID-19 floor of her hospital. As the pandemic escalated, she made the difficult decision to isolate herself from her four boys in early April, to avoid exposing them to the virus. She stayed in a camper outside of her parents' home for a month while her husband stayed home to care for their children. During the evenings, Elizabeth connected with her family over the phone. She would sing her three-year-old son's favorite lullaby while fighting through tears, unclear about when she might get to hold him again.

"To separate such a sacred bond between mother and child, there are no words," she says in a journal post on Facebook. For Elizabeth, making her children safe meant being physically present. But to serve her community during the pandemic, <u>that has shifted</u>. These days, living away from her children has
(4)
become her way of keeping them safe. "It looks entirely different than what I always thought protection looked like."

Allison Conlon, a nurse from Bridgewater, Massachusetts, who works in a hospital's intensive care unit, also separated from her family. At night she called Lucas, two, to read to him and sing "The Wheels on the Bus" and "Itsy-Bitsy Spider" before he went to bed. On Sundays she visited her family's home but did not enter, instead reading stories to him through a glass storm door*. （　ウ　）, Allison gave her son a high five and a kiss. "My son was so resilient* and adapted to the change very well, and for that I am super thankful," she says.

To sing a lullaby to someone is to make a connection. The songs connect caregiver to child, but perhaps less noticeably, they also tell stories that connect us to our past, and to each other. Bayartai Genden describes the lullaby as "an exchange of two souls." Lullabies are part of the fabric from which caregivers create safe spaces that are necessary for dreams to unfold. These songs remind us that we are not （　エ　）, and in the dark of night, they seem to hold a promise that on the other side waits the light of morning.

出典：Hannah Reyes Morales (2020, December) "Songs to Soothe," *National Geographic* より抜粋，一部改変

(注)　nomads　遊牧民

　　　　pneumonia　肺炎

　　　　storm door　防風用補助ドア

　　　　resilient　立ち直りが早い

(注意)　解答する際，句読点は 1 マスに 1 つ，英数文字は（大文字小文字ともに）1 マスに 2 文字記入すること。

1. 下線部(1)について，子守唄がどのような意味で multimodal な経験になると述べられているのか，本文に即して 50 字以内の日本語で答えなさい。

2. 下線部(2)の the lab's project によって子守唄について明らかになったことを 30 字以内の日本語で答えなさい。

3. 空欄（　ア　）と（　イ　）に入る単語の組み合わせとして，文脈上最も適切なものを次の中から選び，記号で答えなさい。

(A) (ア) especially　　(イ) already

(B) (ア) especially　　(イ) never

(C) (ア) even　　　　(イ) less

(D) (ア) even　　　　(イ) still

4. 本文の空欄（　①　）～（　④　）に入る単語を下の語群から選び，適切な形に変えて答えなさい。1つの単語は1回のみ使用すること。

語群：　give　　　　lead　　　　mean　　　　root

5. 下線部(3)について，reshaping が意味するところを40字以内の日本語で説明しなさい。

6. 下線部(4)の that has shifted とはどのようなことを意味しているのか，that の内容を明らかにしながら60字以内の日本語で説明しなさい。

7. 空欄（　ウ　）に入る語句として，文脈上最も適切なものを次の中から選び，記号で答えなさい。

(A) Breaking through the door

(B) By his bedside

(C) From her side of the glass

(D) On the same side of the storm door

8. 空欄（　エ　）に入る語として，文脈上最も適切なものを次の中から選び，記号で答えなさい。

(A) aged

(B) alike

(C) alone

(D) awake

## 全 訳

### ■子守唄の科学分析

❶ 子守唄が保護者と子供の両方をどれくらい落ち着かせてくれるかについては，研究量が増えつつある。トロント大学の発達心理学教授のローラ=シレリーは，母親が歌う歌の科学を研究している。彼女は，母親が子守唄を歌うと，赤ちゃんだけでなく母親もストレスレベルが下がるということを発見した。自身の最新の研究で彼女は，聞き覚えのある歌が——話しかけることや，なじみの薄い歌を聞いたりする以上に——最も赤ちゃんを落ち着かせるということを見つけた。

❷ 自身が母親になったばかりでもあるシレリーは，子守唄を歌うことを母親と子供が共有する「複数感覚にわたる経験」だと考えている。「それは赤ちゃんが音楽を聞いているということだけに関するのではありません」と彼女は言う。「母親に抱かれ，母親の顔が至近距離にあり，母親の暖かく優しい揺さぶりを感じていることにも関係しています」

❸ どの文化においても，子守唄は「落ち着かせたり静めたりする特徴の集積となる傾向がある」と，ハーバード大学音楽研究所の所長のサミュエル=メヘルは述べる。この研究所では，音楽がどのように作用し，なぜ存在するのかを研究している。研究所の研究事業である『歌の自然史』で，人は音楽の中に——違う文化の歌を聞いているときでさえも——普遍的な特徴を聞き取ることができるとわかった。この事業では，29,000 人の被験者に，118 曲の歌を聞いて，それが癒しの歌なのか，ダンス曲なのか，ラブソングなのか，子守唄なのか特定するよう求めた。「統計的に言って，人々は子守唄の特定で最も一致しています」と彼は述べている。

❹ 別の研究で，メヘルの研究所は，自分自身の保護者が歌っていないし，自身の文化でもない子守唄を子供が聞いているときでさえ，彼らはやはり落ち着くのだということを発見した。「子育てと音楽には，世界中で普遍的なだけでなく，古くて，ある種古代的でもあるつながりが存在するようです。これは私たちが本当に長い間ずっと行ってきたことです」

❺ 子守唄は現在を反映しているが，しばしば過去にも根差している。モンゴルでは，buuvei という子守唄が，遊牧民たちによって何世代にもわたって歌われている。その中の "buuvei" という繰り返しは，「怖がらなくていいよ」という意味である。「愛は——遺産のように受け継がれている——最も大切な物です」と，モンゴルの伝統的な歌手・ダンサーで，13 人の孫を持つバヤルタイ=ゲンデンは，「メロディーを通じて子供に愛情を与えるという魔法」を説明しながら私たちに話してくれる。モンゴル人の子供の半数以上がウランバートル——そこでは 5 歳未満の

子供の死の要因の第2位が肺炎である――に居住しているのだが，ユニセフはその市の大気汚染が子供の健康の危機となっていると宣言した。

❻「私はこれらの言葉を，子供たちを守るために使います。それは子供たちが治るのに一役買ってくれるのです」と，オユンチメグ＝ブヤンクーは，自身の2人の娘がしばしば汚染で体調不良になったときに歌っていた子守唄について語っている。彼女の一家は市外に転居したので，子供たちはより新鮮な空気を呼吸することができるようになった。オユンチメグは伝統的な buuvei の子守唄を歌うのだが，繰り返しの間に彼女は，昔に出来上がった歌を現在向きに作り変えて，癒しの言葉をささやく。

❼　新型コロナウイルスの流行が世界規模で生活を変え始めると，物理的な距離が，私たちのつながり方を徹底的に変えた。マサチューセッツ州の看護師のエリザベス＝ストリーターは，病院のコロナウイルス棟に勤務している。流行が激化したので，彼女は4月初めに，4人の息子から自分を隔離するという難しい決断をした。それは彼らがウイルスにさらされるのを避けるためであった。彼女は両親の家の外のキャンピングカーで，1カ月間寝泊まりし，一方，夫は家にいて子供たちの世話をしていた。晩の間に，エリザベスは電話を通じて家族と連絡を取った。彼女は，いつになったら再び抱きしめてやることができるのかわからず，涙をこぼしながら，3歳の息子のお気に入りの子守唄を歌ったものだった。

❽「母親と子供の間のそのような神聖な絆を切り離せるような言葉はありません」と，彼女はフェイスブック上の日々の投稿で述べている。エリザベスにとっては，子供たちを安全でいさせることは物理的に一緒にいることを意味していた。しかし，感染爆発中は地域社会に役立つために，そのことは変わった。現在では，子供たちから離れて暮らすことが彼らを安全でいさせる方法になっている。「保護がどういうものか，私がいつも思っていたこととまったく違っているようです」

❾　マサチューセッツ州ブリッジウォーターの看護師アリソン＝コンロンは，病院の集中治療室で働いているが，彼女も家族と離れて暮らしている。夜になると，彼女は2歳のルーカスに電話して，彼が寝る前に本を読んで聞かせ，『バスの車輪』と『ちっちゃいクモ』を歌ってあげた。日曜日には，家族の家を訪ねるのだが，中には入らないで，ガラスの防風ドアの自分側から彼にお話を読んであげた。ガラスのドアのこちら側から，アリソンは息子にハイタッチとキスをした。「私の息子はとても立ち直りが早く，変化にとてもうまく対応しました。そのことに対して私はとても感謝しています」と彼女は述べている。

❿　誰かに子守唄を歌うことは，つながりを作ることである。子守唄は保護者を子供とつないでいるが，あまり気づかれないところで，私たちと過去を，そしてお互いをつなぐ物語を語ってもくれる。バヤルタイ＝ゲンデンは，子守唄を「2つの魂

の交換」と称する。子守唄は織物の一部で，保護者は夢が展開するのに必要な安全な空間をそこから創り出す。これらの歌は私たちに，自分たちは一人じゃないということを思い出させてくれ，夜の暗闇の中で，それらは反対側で朝の光が待っているということを約束してくれているように思えるのである。

**各段落の要旨**

❶ トロント大学のローラ＝シレリーの研究で，赤ちゃんを最も落ち着かせる歌は聞き覚えのある歌であることがわかった。

❷ シレリーは，子守唄を歌うことが「複数感覚（聴覚，視覚，体性感覚など）にわたる経験」であると考えている。

❸ 子守唄には人を落ち着かせる特徴があり，実験の結果，異文化の歌であってもそれを子守唄だと特定できる率が他のジャンルの曲よりも高かった。

❹ 別の研究では，保護者以外の人間が歌う子守唄，あるいは異文化の子守唄でも子供は落ち着くことがわかった。

❺ モンゴルの子守唄は何世代にもわたって歌われているが，それは子守唄を通じて愛情が伝えられるからである。

❻ 子守唄は，気持ちを落ち着かせるため以外にも，体調不良を癒す目的で歌われることがある。

❼ 新型コロナウイルスの流行で，親子が触れ合うことが難しくなったときにも，子守唄を電話で歌うなどのつながりが生まれた。

❽ 新型コロナウイルスの感染爆発中には，親子が離れて暮らすことで，子供の安全を守れる。

❾ 新型コロナウイルス流行のために家族と離れて暮らしている看護師は，電話やドア越しに子守唄を歌い，本を読み聞かせている。

❿ 子守唄を歌うことは，保護者と子供とのつながりや現在と過去とのつながりを作ることであり，「魂を交換する」ことである。

## 解 説

1 　▶下線部の意味は「多くの様態を持つ経験」となる。

語句　multimodal「多くの様式の，様態の」

▶後続の2文（"It's not just …, gentle rocking."）で，下線部の趣旨が説明されている。

▶その内容は，子守唄を歌ってもらうとき，子供は音楽を耳にし（hearing music），母親の腕に抱かれ（being held by the mom），母親の顔が至近距離にあって（having her face very close），暖かく優しい揺さぶりを感じる（feeling her warm, gentle rocking）というものである。

語句　rock「〜が揺れ動く」

▶つまり，母親が子守唄を歌うと，子供はこれらの複数の感覚にわたる経験ができるのである。この内容を50字以内でまとめる。

**2** ▶下線部の意味は「その研究所の研究事業」となるが，これはハーバード大学音楽研究所による『歌の自然史』のことである。

▶当該箇所が主語となって，動詞が found「〜を見つけた」となっているので，直後の that 以下が研究事業によって明らかになった内容である。

▶that 以下の訳は「人は音楽の中に―異文化の歌を聞いているときでさえも―普遍的な特徴を聞き取ることができる」となる。これは音楽についての発見なので，「子守唄について明らかになったこと」は，子守唄についての同段最終文（"Statistically, people …）の内容と合わせて30字以内でまとめる。

語句　universal「普遍的な，万人に通じる」　trait「特質，特徴」

**3　正解は Ⓓ**

▶この文を読むとき，前提として頭に置いておかなければならないのは，「母親（保護者）が自分の文化の言葉で子守唄を歌うと，それを聞いた子供は落ち着く」という点である。

▶これに対して，歌い手が母親（保護者）でなかったり，異文化の歌であったりした場合がどうであったかを述べているのが当該文である。

▶空欄（イ）のすぐ後の文に universal around the world とあり，前段の内容と合わせて考えると，子守唄には文化を問わない普遍的な性質があって，それが子供を落ち着かせるのだと考えられる。

▶したがって，当該文は「そのような条件の下『でさえ』（＝even），子供は『やはり』（＝still）落ち着いた」という趣旨である。

語句　caregiver「世話をする人，保護者」　soothe「〜を落ち着かせる」

**4　①　正解は rooted**

▶述語動詞の部分が are often … なので，受動態になっていると考えられ，過去分詞の形で入ることになる。

▶意味を考えると，現在時制でありながら直後に in the past「過去に」とあるので，「根付かせる」の意味を持つ root を選択して rooted の形で補う。

▶なお，rooted はこれ自身が形容詞で，「（〜に）根差している」という意味を持つ。

**②　正解は means**

▶当該部分をよく見ると，直前の "buuvei" はモンゴル語で，直後の "don't fear" は "buuvei" の英語の意味であると考えられる。

▶よって，選択する動詞は mean で，主語の "buuvei" は 1 つの単語なので三単現の s を補う。

③　**正解は giving**

▶直後に名詞と思われる love があり，さらに後続の to your child から，give *A* to *B* の形で「子供に愛を与える」という表現になっていると考えられる。

▶前置詞 of の後には名詞が入るため，正解は動名詞の giving となる。

④　**正解は leading**

▶直後に名詞の cause があることから，分詞が入って形容詞的に働くと考えられる。さらに，後ろが of death of children「子供たちの死の」となっており，直前に second「第二の」があることから，「主要な，大きな」といった意味になっていると想像できる。

▶よって lead を選択し，形は leading とする。


**5**　▶下線部の意味は「昔に出来上がった歌を現在向きに作り変えて」となる。

語句　reshape「～を作り変える」

▶当該文の前半部分で述べられている，昔から変わらない伝統的な子守唄の繰り返しの間に，癒しの言葉を語って現在向きにすることを指した表現が reshaping である。この内容を 40 字以内でまとめる。


**6**　▶下線部の意味は「それは変わってしまった」となる。

▶that が指しているのは直前の文（For Elizabeth, making …）の内容，つまり「子供の安全とは母親がそばにいることだった」である。

▶さらに，これが今ではどのように変わったのかは，直後の文（These days, living …）で「子供たちから離れて暮らすのが安全のための手段」と説明されている。

▶この 2 つを 60 字以内でまとめる。


**7**　**正解は** ⒞

▶選択肢の意味は以下の通り。

　⒜「ドアを打ち砕いて」

　⒝「息子のベッド際で」

　⒞「ガラスの自分側から」

　⒟「防風ドアの同じ側で」

▶直前の文（On Sundays she …）によると，アリソンは家族がいる家を訪ねるが中には入らない。

▶つまり，ガラスの防風ドアの両側から，ドア越しにハイタッチやキスをしているのである。

▶この光景を描写しているのは(C)である。

8　正解は　(C)

▶選択肢の意味は以下の通り。

　(A)「年とった」　(B)「似ている」　(C)「ただ一人」　(D)「目が覚めている」

▶用いられている動詞が remind「～を思い出させる，気づかせる」であることから，すでにわかっていることを念押ししている表現であると推測できる。

▶本文の主題が子守唄である点や，新型コロナウイルスの流行で家族が離ればなれで暮らしている様子を述べている点などから，ここでの既定の事実は「私たちが一人ではない」ということだと考えられる。

▶よって(C)が最も適切である。

---

1　歌を聞きながら，母親に抱かれて近くに顔を見ることができ，暖かく優しい揺さぶりも感じられるという意味。(50字以内)

2　異文化の歌にも，人は子守唄の普遍的特徴を聞き取れること。(30字以内)

3　(D)

4　①rooted　②means　③giving　④leading

5　伝統的な子守唄の繰り返しの間に癒しの言葉をはさんで，今の状況に沿わせること。(40字以内)

6　安全とは母親が子供のそばにいることだったが，新型コロナウイルス感染症のため，安全とは離れて暮らすことになったこと。(60字以内)

7　(C)

8　(C)

# 3

次の英文の文脈に適合するように，(1)から(3)の（　　）内の語または句を並べ替えるとき，それぞれ3番目と5番目にくるものを選び，記号で答えなさい。

Researchers in Japan have created a new technology that uses food waste in a surprising way. The operation can turn food waste into a strong but bendable material like cement. It is four times stronger than regular concrete, and is sustainable. And, you can eat it, the researchers found.

Food waste is a big problem in Japan and the world. In 2019, Japan produced 5.7 million tons of food waste. The government is working on reducing this to 2.7 million by 2030. The food waste that would typically end up in landfills, rotting, and releasing methane gas, can now be used to make the concrete. Moreover, the new material, if not needed, (1)(① the ground ② buried ③ be ④ without ⑤ can ⑥ in) affecting the environment.

The team has used different types of food waste to make the cement, including tea leaves, orange peels, coffee grounds, and leftover lunch materials. Since the cement can be eaten, the researchers have changed the flavors with different spices and enjoyed the different colors, smell, and even the taste of the cement. They said that in order to eat it (2)(① needs ② a person ③ break ④ apart ⑤ to ⑥ it) and boil it.

The researchers are working with other companies to use the material to make products for the home. The process of creating the cement could be used to make temporary housing (3)(① a disaster ② eaten ③ if ④ be ⑤ that ⑥ can) happens. For example, if food cannot be delivered to evacuees, they could eat temporary beds made out of food cement.

出典："Japan's New Edible Cement," *VOA Learning English*, June 4, 2022

　　より抜粋，一部改変（https://learningenglish.voanews.com/a/japan-s-

　　new-edible-cement/6600962.html）


(1)　3番目＿＿＿＿　　　5番目＿＿＿＿

(2)　3番目＿＿＿＿　　　5番目＿＿＿＿

(3)　3番目＿＿＿＿　　　5番目＿＿＿＿

## 全 訳

### ■食べられるセメント

❶ 日本の研究者たちは，食品廃棄物を驚くべき方法で利用する新しいテクノロジーを生み出した。その作業は，食品廃棄物をセメントのような頑丈で曲げることのできる材料に変えることができる。それは通常のコンクリートの４倍も頑丈で，環境を破壊しない。さらに，それを食べられるということも研究者たちは発見した。

❷ 食品廃棄物は，日本でも世界でも重大な問題である。2019 年，日本では 570 万トンの食品廃棄物が生じた。政府は 2030 年までにこれを 270 万トンに減らすべく取り組んでいる。食品廃棄物は，一般的には埋め立てゴミとなり，腐敗し，メタンガスを放出することになるのだが，今やコンクリートを作るために利用することができるのである。さらに，その新しい材料は，必要がなくなれば，環境に影響を与えることなく地中に埋めることが可能である。

❸ 研究チームは，そのセメントを作るために，茶葉，オレンジの皮，コーヒーの粉，昼食の食材の残り物など，いろいろな種類の食品廃棄物を利用してきた。このセメントは食べられるので，研究者たちはいろいろなスパイスで風味を変え，セメントの色，香り，そして味でさえもいろいろと楽しんだ。彼らの言によると，それを食べるためには，砕いてばらばらにし，茹でる必要がある。

❹ 研究者たちは，その材料を利用して家庭用の製品を作るために，他の企業と協働している。セメントの製造過程は，災害が起これば食べることができる仮設住宅を作るのに利用することができるだろう。たとえば，食料を避難者のもとへ届けられない場合には，彼らは食用セメントでできた仮設ベッドを食べることができるのだ。

**各段落の要旨**

❶ 日本の研究者たちが，食品廃棄物をセメントのような素材にして，しかも食べることができるというテクノロジーを発明した。

❷ 今まで，食品廃棄物は埋め立てゴミとなってメタンガスを出していたが，この発明によって，食品廃棄物をコンクリートの材料として利用できる上に，不要になれば環境に影響を与えることなく地中に埋めることもできる。

❸ 研究者たちはそのセメントを食べやすくするために，いろいろな色や香りや味をつけて工夫をした。

❹ 研究者たちは他の企業とも協働しているが，この材料が住宅に利用されれば，災害対策になるであろう。

## 解 説

### (1) 正解は 3番目：② 5番目：①

▶直前の if not needed は挿入句であり，the new material が主語となって動詞以下が続いていると考えられる。

▶したがって助動詞 can が直後に来て，動詞の原形 be がそれに続く。can be となることにより，buried は過去形ではなく過去分詞であり，be とともに受動態を作って can be buried になるのだとわかる。

▶動詞の意味は「埋められることが可能である」となるので，これに続くのは in the ground となり，最後に前置詞 without が動名詞 affecting の前に来て「〜に影響を与えずに」という表現になる。

▶完成文は（if not needed,）can be <u>buried</u> in <u>the ground</u> without（affecting the environment.）となる。

### (2) 正解は 3番目：⑤ 5番目：⑥

▶直前の in order to 〜 は，「〜するためには」という意味の副詞句であると考えられるので，並べ替えは主語からスタートする。

▶この主語は，直後の boil it の動作主にもなるので，a person である。

▶これに続く動詞は三単現の s がついている needs，さらに to 不定詞の to break が続く。

▶ break apart 〜 で「〜をばらばらに壊す」という意味になるが，目的語が it で人称代名詞なので break it apart の語順になる。

▶完成文は（in order to eat it）a person needs <u>to</u> break <u>it</u> apart（and boil it.）となる。

### (3) 正解は 3番目：④ 5番目：③

▶文全体の主語と述語動詞は The process could be used で，受動態が成立しているので接続詞の that が続くとは考えにくい。

▶よって選択肢⑤の that は，直前の temporary housing を先行詞とする主格の関係代名詞であると推測でき，その動詞が can be eaten となる。

▶さらに，if は条件節を導く接続詞で，その主語が a disaster，動詞が直後の happens であると考えると文が完結する。

▶完成文は（to make temporary housing）that can <u>be</u> eaten <u>if</u> a disaster（happens.）となる。

(1)　3番目：②　5番目：①

(2)　3番目：⑤　5番目：⑥

(3)　3番目：④　5番目：③

解　答

# 4

次の英文を読んで，下の問いに答えなさい。
（星印（＊）のついた語には本文の後に注があります。）

What exactly is a greeting? *The Oxford English Dictionary* gives the following definition: 'a polite word or sign of welcome or recognition; the act of giving a sign of welcome; a formal expression of goodwill, said on meeting or in a written message'.  Or there's Lucy's explanation when she finds herself in Narnia* and meets Mr Tumnus, the faun*, who gives her a confused look as she introduces herself and holds out her hand: 'People do it... when they meet each other.'  (  1  ), our greetings are little routines which we learn and do out of politeness or habit.  Yet, although all this might capture the spirit of greetings, something here is missing — something more fundamental that might better explain Lucy's thinking.

I turned, then, to what the academics had to say.  The Canadian American sociologist Erving Goffman was one of the most influential thinkers in his field.  Unlike most of his peers*, who were trying to make sense of the overarching structures and socio-economic trends that shape society, Goffman turned his attention to much smaller, everyday matters.  Observing that most people spend most of their lives surrounded by other people, whether in groups and gatherings or among strangers, he set out to identify the various patterns and rules that govern our day-to-day conduct and social interactions.  To this end, he zoomed in on the sorts of behaviour that most of us tend to take for granted, such as a passing conversation, ordering in a restaurant or buying something in a shop.  Whatever the grand theories, for Goffman, it was in these small-scale, face-to-face interactions that society began.

Famously, Goffman even examined the kind of half-exchanges that characterise many of our interactions with strangers, such as a fleeting glance or moving out of someone's way on the street. We may not give them much thought, but it's these small acts that signal our respect for other people's personal space and the fact that we don't mean any harm. They're what make city living and travelling on the Tube* bearable. Goffman coined the term 'civil inattention' to describe this sort of unfocused interaction. While Goffman didn't use the term himself, he's been widely regarded as the pioneer of 'microsociology'. If we imagine that society is a giant termite* mound, then the microsociologist focuses on the activity of the individual termites to understand how the overall structure holds together.

Goffman's key insight here is on the importance of 'ritual'. While we tend to associate the term with mysterious tribal practices and religious ceremony, Goffman took a wider and more grounded view. For him, rituals were simply those routines and patterns of behaviour that bring people together, and he saw that our everyday lives are full of them. Everything from sitting down to eat to playing a game — they're all based on what Goffman called 'interaction rituals'. It's not so much that the activities are important in themselves, but that they bring about joint focus and attention. They are symbols of something bigger. At a more ordinary level, Goffman included all of the little unwritten codes and practices that govern our day-to-day encounters and make our public lives manageable, such as queuing in a shop or letting people off a train. (  1  ), from the remotest tribes to inner cities, rituals are the key to social order.

Goffman showed how our greetings are a vital element in all this. Essentially, these patterns of behaviour, whether an elaborate handshake or simple 'Hi', open our interactions, marking the transition* from a distant state of civil inattention to focused communication. We use them to negotiate and incorporate ourselves into a social setting. They're what he called 'access rituals' or, along with goodbyes, the 'ritual brackets' that frame our encounters. Without greetings, our interactions would become unmanageable.

Yet even though Goffman's analysis helps us to see the vital function of greetings, standing in Heathrow Airport, watching the bursts of emotion and even the more sober exchanges behind, I couldn't help feel that he'd missed something.  Given how elaborate and intimate these rituals can be, surely they must have some meaning beyond managing our interactions.  Here we are helped by the American sociologist Randall Collins.  Taking Goffman's notion of interaction rituals, Collins injects them with extra life and meaning.  For him, what's most important is not so much that they maintain social order but that, by bringing about our joint focus, they create group consciousness and solidarity*. The most successful rituals trigger a heightened state of physiological arousal*. It's why so many involve a high degree of physicality, in which we try to synchronise our bodies and minds.  Think of how many rituals revolve around song and dance — think of the conga.  It's these moments of intense energy and emotion that mark the high points in our lives, both as individuals and as social animals.

出典：Andy Scott (2019) *One Kiss or Two?: The Art and Science of Saying Hello*, pp. 12-15, Duckworth, Richmond より抜粋，一部改変

(注)　Narnia　C.S. ルイスによる『ナルニア国物語』における架空の国

　　　　faun　ファウヌス（半人半獣の森や牧畜の神）

　　　　peer　（職業や社会的地位などが）同等の人，同僚

　　　　the Tube　ロンドンの地下鉄

　　　　termite　シロアリ

　　　　transition　推移，移行

　　　　solidarity　団結（性）

　　　　physiological arousal　生理的な興奮，高揚

(注意)　解答する際，句読点は1マスに1文字記入すること。また，固有名詞に限り英語を用いてもよいが，その場合，大文字小文字に関係なく，1マスに2文字記入すること。

1. 空欄（　1　）に共通して入る語句として最も適切なものを次の中から 1 つ選び，記号で答えなさい。

(A)　Above all　　　　　　　　　(B)　By the way

(C)　For example　　　　　　　　(D)　In short

2. 下線部(2)の something の内容が本文の後半に説明されている。その内容を 40 字以内の日本語で答えなさい。

3. 下線部(3)について，this が指す中身を明らかにしつつ，どのようなことを述べているのか，40 字以内の日本語で答えなさい。

4. 下線部(4)について，'civil inattention' とはどのようなことか，60 字以内の日本語で説明しなさい。

5. 下線部(5)の 'microsociology' とはどのような学問領域か，本文を参考にしながら 60 字以内の日本語で説明しなさい。

6. 下線部(6)について，they が指す中身を明らかにしつつ，どのようなことを言っているのか，80 字以内の日本語で説明しなさい。

7. 下線部(7)を別の英語表現で言い換えた時，最も近い意味になるものを次の中から 1 つ選び，記号で答えなさい。

(A)　I was able to help myself not feel

(B)　I was unable to stop myself from feeling

(C)　nobody was able to help me feel

(D)　somebody was able to stop me from feeling

## 全　訳

### ■挨拶の役割

❶　挨拶とは，正確にはどういったものだろうか？　『オックスフォード英語辞典』では，以下のように定義されている。「歓迎や承認を表すための，丁寧な言葉や身振り。歓迎のしるしを伝える振る舞い。出会いのときに言ったりメッセージを書くときに述べたりする，好意を表す公式的な表現」　あるいは，気づいたらナルニア国に来てしまっていて，ファウヌスのタムナス氏——彼は，彼女が自己紹介をして手を差し出すと，困惑した表情を浮かべた——と出会ったときのルーシーによる説明もある。「お互いが出会ったとき，人間はそうする」というものだ。要するに，私たちの挨拶は，私たちが身につけ，礼儀正しさや習慣から行っている，ちょっとしたお決まりの行為なのである。それでも，これがすべて挨拶の神髄をうまくとらえているかもしれないとしても，ここでは何かが欠落している——ルーシーの考えをもっとうまく説明するかもしれない，もっと根本的な何かである。

❷　次に，私は，研究者たちが言っていることに目を転じてみた。カナダ系アメリカ人の社会学者アーヴィング=ゴフマンは，その分野で最も影響力のある思想家の一人であった。ほとんどの同僚——彼らは社会を形成している包括的構造と社会経済学的傾向を理解しようとしていた——とは違って，ゴフマンは，はるかに小さな，日々の事柄に注意を向けた。大半の人が，他人——集団や群集の中であれ，見知らぬ人の中であれ——に囲まれて人生のほとんどを過ごしていることに気づいて，彼は，私たちの日々の行為や社会的触れ合いを左右するさまざまな型や規則を特定することに乗り出した。この目的のために，彼は私たちの大部分が当然のことと考えがちな行動の類に注目した。それはたとえば，ちょっとした会話，レストランでの注文，店頭での物品の購入などであった。主要な理論が何であれ，ゴフマンにとっては，社会が始まるのはこれらの小規模な対面での触れ合いからであった。

❸　有名な話だが，ゴフマンはさらに，ちらっと目を向けたり，通りで相手に道を譲ったりするような，知らない人との相互作用の多くを特徴づけるようなちょっとした交流も調査した。私たちはそういったことについてたいして深く考えないかもしれないが，他者の個人空間に対する敬意と，何の危害も与えるつもりはないという事実とを伝えるのは，これらの小さな行為なのである。こういった行為があるからこそ，私たちは都会での生活や地下鉄での移動に耐えられるのだ。ゴフマンはこの種の焦点の定まらない相互作用を説明するのに，「儀礼的無関心」という語を造った。ゴフマン自身がこの語を使うことはなかったけれども，彼は「ミクロ社会学」の開祖と広く見なされている。社会というものを1つの巨大なシロアリのアリ

塚だと考えた場合，ミクロ社会学者は，全体の構造がどのように一体化しているのかを理解するために，一匹一匹のシロアリの活動に焦点を当てる。

❹　ここでのゴフマンの重要な洞察は，「儀式」の重要性についてである。私たちは儀式という言葉を，部族による謎の慣行や宗教的儀式と関連づけてしまいがちだが，ゴフマンはより広くて基本的な見方をした。彼にとって，儀式は，人々を団結させる決まった作業や行動の型に過ぎず，私たちの日々の生活はそういったものに満ちあふれていると考えた。食事のために着席することから，ゲームをすることに至るまであらゆるもの——それらはすべてゴフマンが「儀礼としての相互行為」と呼んだものに基づいている。活動それ自体が重要であるというよりも，活動を通して共同の焦点と注意がもたらされるのである。それらはもっと大きなものの象徴なのである。より日常的なレベルでは，ゴフマンは，私たちの日々の出会いを左右し，人目につく場での生活を扱いやすいものにするちょっとした暗黙の慣例や慣行をすべて含めた。それはたとえば店内で列を作ったり，電車の乗客を先に降ろしたりするようなことであった。要するに，最も遠くにいる部族から都会の中心地まで，儀式は社会秩序のカギなのである。

❺　ゴフマンは，私たちの挨拶がこれらすべてにおいてきわめて重要な要素である様子を示した。本質的には，入念な握手であれ，単なる「ハイ」であれ，行動におけるこれらの型が私たちの触れ合いのきっかけとなり，儀礼的無関心という遠い状態から，焦点の定まった意思疎通への移行を示すのである。私たちは交渉したり，ある社会環境に自分が入っていったりするためにそれらを利用する。それらは彼が「接近の儀式」と呼ぶものであり，あるいは，別れの挨拶とともに使われると，出会いを形作る「儀式の括弧」になるのである。挨拶がなければ，私たちの触れ合いは扱いにくいものになるであろう。

❻　けれども，ゴフマンの分析が，私たちが挨拶のきわめて重要な働きを理解するのに役立つとしても，ヒースロー空港に立って，感情を爆発させているところや，その原因となる，もっと冷静な口論を観察しながら，私はゴフマンがあることを見落としているように感じずにはいられなかった。これらの儀式がどれだけ手の込んだ親密なものになり得るかを考慮すると，儀式は私たちの相互作用を操る以上の意味をもっているに違いない。ここで私たちの助けとなるのはアメリカ人社会学者のランドール゠コリンズである。儀礼としての相互行為というゴフマンの考えを採用しながら，コリンズはそれに生命と意味を追加注入している。彼にとって最も重要なのは，それらが社会秩序を維持することよりもむしろ，共同の焦点をもたらすことによって，集団意識と団結をつくり出すということである。儀式が申し分なく行われた場合，生理的興奮がより高まった状態を引き起こす。そういうわけで，非常に数多くの儀式では身体性の程度が高く，その身体性の中で私たちは体と心の同調

をはかろうとするのである。歌や踊りを中心に展開される儀式がいかに多いか考えてみてほしい——特にコンガを想像してほしい。個人としても社会的動物としても，生活の中での頂点を示すのは，エネルギーと感情が張り詰めた，このような瞬間なのである。

**各段落の要旨**

❶ 挨拶とは何か？　ナルニア国物語の登場人物ルーシーの定義によると，挨拶とは「お互いが出会ったとき，人間ならすること」となるが，この定義は根本的な何かを欠いているかもしれない。

❷ 社会学者ゴフマンは，小さな日々の事柄に目を向けた。それはたとえば，ちょっとした会話やレストランでの注文や店頭での物品購入などであり，社会とはそういった小さなやり取りで始まると考えた。

❸ ゴフマンはさらに，知らない人とのちょっとした交流も調査した。彼はこれを「儀礼的無関心」と名づけた。

❹ ゴフマンは儀式を重要視した。この儀式という概念は，彼にとっては「人々を団結させる決まった手順や行動パターン」のことであった。社会はそうした儀式であふれている。

❺ 挨拶とは，儀礼的無関心という遠い状態から，焦点の定まった意思疎通への移行を示すもので，我々の触れ合いを容易にしている。

❻ 挨拶は我々の相互作用に影響を与えるだけでなく，儀式として集団意識と団結を生み出す。そして，儀式の成功は生理的興奮状態を引き起こす。

---

**解　説**

1　正解は (D)

▶選択肢の意味は以下の通り。

(A)「とりわけ」 (B)「ところで」 (C)「たとえば」 (D)「要するに」

▶第1段の空欄の前では，挨拶について，辞書の定義や物語の一場面を具体的に述べ，空欄の後では，挨拶とは決まった行動だとまとめている。

▶第4段の空欄においても，空欄の前で，日常における儀式的行為について述べ，直後では，儀式は社会秩序に重要だとまとめている。

▶この流れで用いるべき表現は(D) In short「要するに」である。

2　▶下線部の意味は「ここでは何かが欠落している」となる。

▶下線部の miss と something が本文後半で登場するのは，第6段第1文（Yet even though …）の文末である。

▶つまり，第6段で説明されている something が解答に関わる部分であると考えられる。

▶具体的にはコリンズの見解が述べられている第6段第5文（For him, …）後半の by bringing 以下が参照箇所である。

語句　not so much *A* but *B*「*A* というよりもむしろ *B*」

▶ by bringing … joint focus については，そのまま「共同の焦点をもたらすことで」でもよいだろうが，〔解答〕では，参与者が joint focus「共同の焦点」を結ぶ対象となるのは，挨拶をきっかけに始まるコミュニケーションであると解釈した。

▶参与者がコミュニケーションに焦点を結ぶときには，互いに対する関心が生まれると考え，「挨拶が互いに対する関心をもたらす」と言い換えた。

**3**　▶下線部の意味は「この目的のために，このために」となる。

▶ this は直前の文の identify the various … interactions を指していると考えられるので，この部分をまとめる。

語句　identify「～を特定する」　govern「～を左右する」

▶解答は目的の意味を出して「～が目的であること，～するためであること」とまとめるのがよいであろう。

**4**　▶下線部を直訳すると「儀礼的無関心」となる。

▶「儀礼的無関心」は，具体的には第3段第1文（Famously, Goffman even …）で挙げられている a fleeting glance or moving out of someone's way on the street「ちらっと目を向けたり，通りで相手に道を譲ったりする」行為である。

▶下線部の直後では，これらの行為について「焦点の定まらない相互作用」と述べられている。

▶また，その効果は，同段第2文（We may not …）で説明されている。これらをまとめればよい。

▶〔解答〕では inattention「不注意」の意味でまとめたが，「他人にあまり注意を払わない，ちらっと目を向けるような行為によって，その人の空間を尊重して危害の意思がないと示すこと」「ちらっと目を向けるような行為によって，その人の空間を尊重して危害の意思がないと示す，焦点の定まらない交流のこと」なども許容されるであろう。

**5**　▶下線部の意味は「ミクロ社会学」となる。

▶「ミクロ社会学」についての説明は，直後の文（If we imagine …）で述べられている。

語句　hold together「団結する，一体化する」

▶つまり，大きな構造を考えるときに，マクロ的な観点ではなくミクロ的な観点で考

える，という手法である。

▶本文ではシロアリで例証されているが，一般的な言い方で答えるべきであろう。

**6** ▶下線部の意味は「それらは彼が『接近の儀式』と呼ぶものであり，あるいは，別れの挨拶とともに使われると，出会いを形作る『儀式の括弧』になるのである」となる。

語句 encounter「出会い」

▶ They「それら」は，handshake や 'Hi' などの挨拶を指している。これらが access rituals「接近の儀式」である。

▶別れの言葉と一緒になると，the 'ritual brackets'「儀式の括弧」となり，出会いを形成すると説明されている。

▶設問に答えるには，これらをさらに説明的に言い換える必要がある。

▶直前の2文（Essentially, these … a social setting.）の説明を参考にすると，「接近の儀式」が意味するのは，他人同士が出会った際には，挨拶をきっかけにして焦点の定まったコミュニケーションが始まることである。

▶「儀式の括弧」とは，「儀式によってここから始まり，ここで終わる」ことのたとえで，出会いの挨拶と別れの挨拶で一つの出会いという枠組みが作られることだと考えられる。

**7 正解は (B)**

▶選択肢の意味は以下の通り。

(A)「私は自分が…だと感じないよう助けることができた」

**(B)「私は自分が…だと感じるのを止めることができなかった」**

(C)「誰も私が…だと感じるのを助けることができなかった」

(D)「私が…だと感じるのを止めることができる人もいた」

▶ can't help *doing* または can't help but *do* の形であれば，問題なく「～せざるを得ない，思わず～してしまう」の意味であると思い当たるのだが，下線部は feeling でも but feel でもない。

▶しかし，直後の文（Given how …）での，挨拶にはゴフマンが主張する「相互作用をうまく取り扱う」以上の意味があるということから，「私はゴフマンがあることを見落としているように感じずにはいられなかった」という意味になるのが最も適切であると思われる。

▶よって(B)を正解とする。

1　(D)

2　挨拶が互いに対する関心をもたらすことによって，集団意識と団結を生むこと。(40字以内)

3　人々の日々の行為や社会的触れ合いを左右する型や法則を特定するのが目的であること。(40字以内)

4　他人の空間の尊重と危害の意思がないことを示す，ちらっと見るような行為をしつつも，その人にあまり注意を払わないこと。(60字以内)

5　社会全体の構造がどのように一体化しているかを理解するために，個々の構成員の日常の小さな行動に焦点を当てる学問領域。(60字以内)

6　出会いの挨拶は，他人の関係から明確なやり取りを行う間柄になるためのきっかけの儀式であり，別れの挨拶を含めると，一つの出会いという枠組みを作る儀式だということ。(80字以内)

7　(B)

# 5

次の英文を読んで，下の問いに答えなさい。

（星印（＊）のついた語には本文の後に注があります。）

Both sound and sight are deeply familiar to us as humans, and it doesn't take much to imagine an alien-inhabited world full of vocal and visual communicators. But neither sound nor light is the oldest signalling modality on Earth. The original and most ancient communication channel is one that we find very difficult to imagine developing into a language; in fact, we often fail to notice it completely. That modality is smell. Animals smell — a lot. Even bacteria 'smell', if we widen the definition to its natural limits, that of sensing the chemicals in the environment around us. The very earliest life forms would have gained a huge advantage from being able to follow the concentration of food
(1)
chemicals in the water around them and so, rather than blundering around* blindly, evolved to 'follow their nose' (even though they didn't yet have actual noses).

As with vision, once organisms develop mechanisms for sensing something important in the environment (light, food), then that mechanism can be used for signalling, and this is precisely what happened, very early on indeed in the history of life on Earth. Even the interaction between different cells in an individual's body is made possible by chemical signals, and so 'chemical
(2)
communication' in the broadest sense dates back at least to the origin of multicellular life. Today, chemical signalling can be observed almost everywhere across all animal life. So why is there no chemical language, in the sense of a
(3)
true language? Why can you not write a poem in smells? And is this surprising lack of sophisticated chemical communication merely an accident of Earth's environmental and developmental history, or can we expect that every planet we

visit will be similarly free of flatulent\* Shakespeares?

The idea of a smell-based language may sound ( 4 ) because you might think that there simply are not enough distinct smells — chemical compounds — to supply the huge variety of concepts that we use in our own language — words, essentially. <u>However, this may not be true</u>. Even with a modest number of (5) distinct smells, the number of possible combinations is huge. We know that our own rather unimpressive noses have detectors for about 400 different chemicals, dogs have 800 and rats can detect as many as 1,200 distinct stimuli. That means we have the ability — in theory — to detect about $10^{120}$ different chemical combinations — many, many more than the number of atoms in the entire universe. Although this does not necessarily mean that we can consciously distinguish between any and all of those possible combinations of chemicals, at the very least we can say that a chemical modality could theoretically have the necessary complexity to transfer information on a scale we associate with language.

In addition, there is no neurological\* reason to think that a smell-language should be impossible. Insects are, of course, <u>the Earth's champions of complex (6) chemical communication</u>. Smells are used to attract mates, to identify members of one's own colony, to mark the path to food, and to signal the presence of an enemy. In many cases, even when a relatively small number of active chemical compounds have been identified, perhaps twenty, we can see that closely related insect species combine those compounds slightly differently, so that the messages of one species aren't confused with those of another.

However, as with our other modalities, the chemical sense must meet certain physical conditions if it is to be a candidate for complex communication. Sight and sound are fast — chemical signals are not. A firefly's flash\* reaches its recipient immediately; a cricket's chirp\* perhaps with a delay of a second or two. At any scale larger than that of a few centimetres, the speed at which chemicals spread out from their source is hundreds, if not thousands of times slower. Although it is almost impossible to calculate the 'speed of smell', it is usually true that passive spread is much slower than a smell carried in the wind. So, one might consider the absolute upper limit to the speed of smell to be the speed of the wind: typically of the order of 10 m/s compared to sound at 340 m/s. Suppose you are waiting for your wind-borne* message to arrive from a signaller on the other side of the road. On a very windy day, it could take a second or two. But on a still summer evening, you could be waiting a minute or more to get the message. Of course, on a planet where winds are regularly strong and reliable, perhaps chemical signalling could provide a fast communication channel. (7)Unfortunately, it would be an exceptionally one-way channel — good luck getting your reply back to the sender when your smells are fighting against a very strong wind!

出典：Arik Kershenbaum (2021) *The Zoologist's Guide to the Galaxy: What Animals on Earth Reveal About Aliens — and Ourselves*, pp. 121-124, Penguin Press, New York より抜粋，一部改変

(注)　blunder around　うろうろする
　　　flatulent　（においを出す）ガスをためた
　　　neurological　神経学上の
　　　firefly's flash　ホタルの光
　　　cricket's chirp　コオロギの鳴き声
　　　wind-borne　風で運ばれる

(注意)　解答する際，句読点は1マスに1文字記入すること。

1. 下線部(1)concentration を別の語で言い換えた場合，最も近い意味になるものを次の中から1つ選び，記号で答えなさい。

(A)　attention　　　　　　　(B)　collection

(C)　focus　　　　　　　　 (D)　guide

出典追記：The Zoologist's Guide to the Galaxy：What Animals on Earth Reveal About Aliens — and Ourselves by Arik Kershenbaum, Penguin Press

2. 下線部(2) 'chemical communication' とはどのようなコミュニケーション様式を
   意味するのか，50字以内の日本語で説明しなさい。

3. 下線部(3)の問いに対して，本文に即して50字以内の日本語で答えなさい。

4. 空欄（　4　）に入る最も適切な語を次の中から1つ選び，記号で答えなさい。
   (A)　meaningful　　　　　　　　(B)　pleasant
   (C)　ridiculous　　　　　　　　(D)　completed

5. 下線部(5)のように言えるのはなぜか，90字以内の日本語で説明しなさい。

6. 昆虫が，下線部(6)のように言われているのはなぜか。70字以内の日本語で説
   明しなさい。

7. 下線部(7)について，これにより筆者はどのようなことを伝えようとしているの
   か。本文の内容から推測して，最も近い答えになるものを次の中から1つ選び，
   記号で答えなさい。
   (A)　強風が吹く惑星であれば，においをコミュニケーションに利用できるため，
   　　　その惑星に光や音でメッセージを送ったとしても，返事は返って来ないという
   　　　こと。
   (B)　風は，光や音を使ったのと同じくらい有効なコミュニケーションの手段であ
   　　　るにもかかわらず，それが利用されていないのは，不幸な状況であるというこ
   　　　と。
   (C)　においを強風に乗せれば素早くメッセージを送れるが，風下からは返事が送
   　　　れず，通常のコミュニケーションのような双方向性は期待できないということ
   　　　と。
   (D)　においを使って素早いコミュニケーションができるのは，強風が安定して吹
   　　　くような惑星など，特別な環境に限定されてしまうということ。

## 全 訳

### ■匂いは言語になり得るか

❶ 聴覚と視覚はどちらも私たち人間に深いなじみがあるので，音声と視覚で伝える者であふれた，異星人が住む世界を容易に想像できる。しかし，音も光も，信号に使われる感覚の相としては地球上で最も古いというわけではない。最も古くからある根源的な伝達手段は，言語に発展したと想像するのが非常に困難なものである。実際，まったく見落としていることも多いのだ。その感覚とは嗅覚である。動物は匂いをかぐ——相当に。定義を無理のない限度，つまり周囲の環境内の化学物質を検知するという定義にまで広げれば，バクテリアでさえ「匂いをかぐ」のである。最初に発生した生命体は，周囲の水中でエサとなる化学物質の凝縮を追跡できることで，巨大な利点を獲得したであろう。そうして，やみくもにうろうろするのではなく，（彼らにはまだ実際の鼻はなかったとしても）「自分の鼻に従う」よう進化したであろう。

❷ 視覚の場合と同様に，生物が環境内の重要なもの（光やエサ）を感知するメカニズムを発達させると，そのメカニズムは合図を送るのに利用できるようになる。これはまさしく，地球の生命の歴史上，非常に早い段階で実際に起こったことである。一個体の体内の異なる細胞間の相互作用すらも，化学的信号によって可能になるので，最も広義の「化学的な伝達」は，少なくとも多細胞生物の起源にまでさかのぼる。現在では，化学物質による信号は，すべての動物の生活のほとんどどこででも観察され得る。それでは，真の言語という意味において，化学物質による言語が存在しないのはなぜだろうか。匂いで詩を書くことができないのはなぜなのだろうか。化学物質による洗練された伝達法がないというこの驚くべき事実は，地球の環境と発展の歴史において起こった単なる事故なのだろうか。あるいは，私たちがこれから訪れる惑星には，どれも同様に，匂いを出すガスをためたシェークスピアはいないのだろうか。

❸ 匂いをもとにした言語があるという考えは，ばかばかしく聞こえるかもしれない。私たちが自身の言語の中で用いる莫大な数の概念——つまり，単語——を満たすのに十分なだけの異なる匂い——化学的化合物——は，とても存在しないと考えるだろうからだ。しかし，これは間違っているだろう。異なる匂いの数を控えめにみたとしても，可能な組み合わせの数は膨大である。私たちは，自分たちのありきたりと言ってもよい鼻でも約 400 種類の化学物質の検知器を備えており，犬では 800 種類であると知っている。そして，ネズミが 1,200 種類もの異なる刺激をかぎ分けられることを知っている。それはつまり，私たちは——理論的には——10

の120乗個の異なる化合物を検知する能力をもっているということである。この数字は，宇宙全体の原子の数よりもはるかに多いのだ。だからと言って，必ずしも私たちが，これらのあり得る化学物質の組み合わせをすべて意識的に区別できるとは限らないが，少なくとも，化学物質を検知する感覚は，情報を伝達するのに必要なだけの複雑さを理論的にはもっている可能性があると言ってよい。情報を伝達する程度は，言語に関連づけられるのと同程度である。

❹ 加えて，匂いの言語が不可能だと考える神経学上の理由はない。もちろん，昆虫は，化学物質で複雑な伝達を行うという点では，地球上のチャンピオンである。匂いは，仲間を引き寄せるために，自分たちの巣のメンバーを特定するために，エサへの道筋を示すために，敵の存在を伝えるために使われる。多くの場合，特定される活性化合物の数が比較的少ないとき，おそらく20くらいであろうときでさえ，同族に近い昆虫の種はそれらの化合物の組み合わせ方をほんの少し変えて，一方の種のメッセージが他の種のメッセージと混同されないようにすることがわかっている。

❺ しかし，他の感覚と同様に，化学物質を感知する感覚も，複雑な伝達のための候補となるには，特定の物理的条件を満たさなければならない。光や音は速いが，化学的信号はそうではない。ホタルの光は即座に受け手のところに届く。コオロギの鳴き声はおそらく1，2秒遅れて届くだろう。数センチを超える規模ならどんな距離でも，化学物質がその出所から広がっていく速度は，数千倍ではないにしても数百倍は遅い。「匂いの速度」を計算するのはほぼ不可能だが，何もしないで広がっていくときの匂いは風に運ばれた場合よりもはるかに遅いというのが通常の認識である。したがって，匂いの速度の絶対的上限は風の速度であると考えてよい。一般的には，音の秒速340メートルに対して，秒速約10メートルほどである。メッセージの送り手から，あなた宛のメッセージが風で運ばれてくるのを道路の反対側で待っているとしよう。非常に風の強い日には，1，2秒しかかからないだろう。しかし，夏の無風の夕方には，メッセージが届くまでに1分以上待つことになるかもしれない。もちろん，風が常に強く吹いて頼りにできるような惑星ならば，化学物質による信号はおそらく迅速な伝達手段になるだろう。あいにく，それは非常に一方通行の手段であろう──あなたの匂いが強風と戦っているときには，幸運なことに，出した返事を差出人に差し戻してくれるだろう。

各段落の要旨

❶ 伝達手段として使われる感覚で最も古いものは嗅覚である。匂いをかぐという行為は，動物だけでなくバクテリアさえも行うのである。

❷ どんな動物においても，化学的信号による伝達が見られるが，化学物質による言語は存在しない。

❸ 我々がかぎ分けられる化学物質の数はそれほど多くないが，化学物質の組み合わせ

を考慮すれば，実際には宇宙全体の原子数を超えるものを検知できる。言語として成り立つ条件は備わっている。

❹ 昆虫は，化学物質の組み合わせ方を近親種と少しだけ変えることによって，メッセージが混同されるのを避けつつ複雑な伝達を行っている。

❺ しかし，匂いには大きな弱点がある。それは伝達の速度が光や音よりもはるかに遅いという点である。さらに，風の影響を受けるという点でも伝達手段としては問題である。

## 解　説

### 1　正解は ⒝

▶選択肢の意味は以下の通り。

　⒜「注意」　⒝「**集積**」　⒞「焦点」　⒟「案内」

▶follow the concentration of food chemicals は「エサとなる化学物質の凝縮を追跡する」という意味となる。

▶ここでは，「凝縮」とは「集まったもの」の意味だと考えられ，⒝「集積」が最も近い意味である。

▶⒞「焦点」も類語と言えなくはないが，ここでの言い換えには⒝がより適当である。

### 2　▶下線部を直訳すると「化学的コミュニケーション」となる。

▶これは，化学物質を用いたコミュニケーション様式のことであると考えられる。

▶具体的には当該文の前半部分（Even the interaction … by chemical signals）で説明されている。これは細胞間の伝達のことで，次文（Today, chemical signalling …）では，ほぼすべての動物の生態で化学物質による信号が観察されるとあり，第4段（In addition, …）では昆虫の例が挙げられている。

語句　is made possible は第5文型 make O C の受動態。「可能にされる」→「可能となる」

▶また，第2段第1文（As with vision, …）からは，周囲の化学物質を感知する仕組みを持つ生物によって行われるとわかる。

語句　as with ～「～の場合と同様に」

▶〔解答〕での主語は，これらをまとめて「化学物質を感知できる生物やそれを構成する細胞」とした。

### 3　▶下線部の意味は「それでは，真の言語という意味において，化学物質による言語が存在しないのはなぜなのだろうか」となる。

▶これに対する答えは第5段で述べられている。

▶端的には，第1・2文（However, as with … signals are not.）にあるように，匂いは光や音に比べて伝わる速度が遅く，複雑なコミュニケーションに適していないからである。

語句 modality「感覚，五感（の一つ）」 candidate「候補者」

▶速度については，第6文（So, one …）で，風の速度が匂いの速度の上限だと述べられている。これらを50字以内でまとめる。

語句 consider $A$ to be $B$「$A$ を $B$ だと見なす」

▶また，第8・9文（On a very … get the message.）では，メッセージの到達時間は風に左右されると述べられており，下線部(7)では一方通行の通信手段だと説明されている。字数が足りなければ，これらの内容を入れるとよいだろう。

語句 still「風のない」


**4 正解は ⒞**

▶選択肢の意味は以下の通り。

⒜「重要な」 ⒝「楽しい」 ⒞「ばかばかしい」 ⒟「完成した」

▶当該文前半は「匂いをもとにした言語があるという考えは，…聞こえるかもしれない」という意味であり，後半部分でそう聞こえる理由を説明している。

▶匂いの数は単語の数に及ばないというのが理由で，これは匂いをもとにした言語を否定するのに妥当なものと考えられる。

▶この流れに合致するのは⒞の ridiculous「ばかばかしい」である。


**5** ▶下線部の意味は「しかし，これは正しくないかもしれない（間違っているかもしれない）」となる。

▶「これ」が指しているのは，前文の「私たちが自身の言語の中で用いる莫大な数の概念—つまり，単語—を満たすのに十分なだけの異なる匂い—化学的化合物—は存在しない」の部分である。

語句 essentially「つまるところ」

▶それが「間違いだ」とは，「十分なだけの匂いが存在する，匂いの数は単語に匹敵する」ということで，その根拠は下線部直後の文（Even with a …）から同段最終文（Although this …）で述べられている。この部分をまとめる。

語句 at the very least「少なくとも」 associate $A$ with $B$「$A$ を $B$ と関連づける」

▶最終文については，前半は譲歩なので省いて，a chemical modality 以下をまとめるとよい。

**6**　▶下線部の意味は「化学物質で複雑な伝達を行うという点では，地球上のチャン
ピオンである」となる。

▶匂いを使って様々な内容を伝達し，他の種が発するメッセージとの混同を避けるた
めにかなり高度なことをしていると，後続の文（Smells are used …）から同段最
終文（In many cases, …）で述べられているので，理由としてはこの部分をまとめ
ればよい。

語句　confuse *A* with *B*「*A* を *B* と混同する」本文では受動態になっている。

**7**　**正解は** Ⓒ

▶下線部の意味は「あいにく，それは非常に一方通行の手段になるであろう」となる。

語句　exceptionally「特別に，非常に」　channel「経路，伝達」

▶「それ」が指すものは，直前の文（Of course, on …）にある「風が常に強く吹く
惑星での，化学物質の信号を使った高速の伝達手段」である。

▶匂いは風の吹く方向にしか伝わらないので，一方通行になってしまうという趣旨で
ある。これに合致しているのは(C)である。

---

**1**　Ⓑ

**2**　化学物質を感知できる生物やそれを構成する細胞が，化学物質を信号として
送り合うコミュニケーション様式。（50 字以内）

**3**　匂いの化学物質が伝わる速度は，風が吹いていたとしても光や音より遅く，
複雑な意思疎通に適さないから。（50 字以内）

**4**　Ⓒ

**5**　匂いの数は限られていても，その組み合わせは膨大で，人間は理論上 10 の
120 乗個の組み合わせを検知できるため，匂いも，人間の言語と同程度に情報
を伝えるだけの十分な複雑さをもち得るから。（90 字以内）

**6**　昆虫は，仲間を引き寄せる，敵の存在を伝えるなどの様々な目的で匂いを利
用し，近親種では化学物質の配合をわずかに変えて別の種との混乱を防ぐから。
（70 字以内）

**7**　Ⓒ

次の英文の文脈に適合するように，(1)から(3)の（　　　）内の語または句を並べ替えるとき，それぞれ 3 番目と 5 番目にくるものを選び，記号で答えなさい。

Veganism is a lifestyle choice where a person avoids causing harm to or using animals. This means people who are vegan do not eat meat, eggs or fish and do not use products made from leather or other animal parts. People who are vegan often love animals in a big way. You might think being vegan is a choice about diet alone, but lots of vegans around (1)(① think　② as　③ the world　④ of　⑤ a lifestyle　⑥ it).

The word "vegetarian" has been used since the 1800s and, even before that, people in ancient India would sometimes practice vegetarianism. The word "vegan" was first used in 1944 by Donald Watson and his wife Dorothy Morgan. They were both vegetarians who decided to also cut out milk and eggs. They described this new style of vegetarianism as "veganism."

Although veganism is relatively new in Japan, there are a lot of restaurants that (2)(① the lifestyle gains　② vegan options　③ offer　④ popularity　⑤ as). But did you know that a lot of traditional Japanese food is also vegan? Natto, soba, and mochi are all vegan.

Some vegans and scientists think that veganism might be helpful for our planet. We use a lot of resources (3)(① we　② that　③ eat their meat　④ to raise animals　⑤ so　⑥ can). This includes water, land and air. Animals also produce a lot of greenhouse gases. Some scientists believe that if we move toward vegan or vegetarian diets we might be able to help cut climate change.

出典："4 interesting facts about veganism," *The Japan Times Alpha*, June 4, 2021, p. 8 より，一部改変

(1)  3番目＿＿＿＿＿　　　5番目＿＿＿＿＿

(2)  3番目＿＿＿＿＿　　　5番目＿＿＿＿＿

(3)  3番目＿＿＿＿＿　　　5番目＿＿＿＿＿

全　訳

## ■ビーガニズムとは何か

❶ ビーガニズム（完全菜食主義）とは，人が動物に害を与えたり動物を利用したりするのを避けるための生活スタイルの選択肢の一つである。これは，完全菜食主義者の人間は，肉も卵も魚も食べないし，皮革やそれ以外の動物の体の部分でできた製品を使わないという意味である。完全菜食主義者は動物を熱狂的なほどに愛していることが多い。完全菜食主義者になることは食事だけに関する選択肢だと思うかもしれないが，世界中の多くの完全菜食主義者は，それを一つの生活スタイルだと考えている。

❷ 「ベジタリアン（菜食主義者）」という語は，1800年代から使われており，それ以前でも，古代インドの人々は菜食主義を実践することもあった。「ビーガン（完全菜食主義者）」という語は，1944年にドナルド=ワトソンと妻のドロシー=モーガンによって初めて使用された。2人はどちらも，牛乳と卵も摂取しないと決めた菜食主義者だった。2人は菜食主義のこの新しい形を「ビーガニズム（完全菜食主義）」と称した。

❸ ビーガニズムは日本では比較的新しいものであるが，その生活スタイルの人気が増しているため，完全菜食の選択肢を提供しているレストランは数多くある。だが，伝統的な日本食の多くが完全菜食主義でもあることを知っていただろうか。納豆や蕎麦や餅はすべて完全菜食の食品である。

❹ 完全菜食主義は地球に役立つかもしれないと考えるビーガンや科学者もいる。私たちは，肉を食べられるように動物を飼育するために多くの資源を使っている。この資源には，水や土地や空気も含まれる。動物もまた多量の温室効果ガスを生産する。ビーガンになるかベジタリアンの食事に移行すれば，気候変動を止めるのに役立つかもしれないと信じている科学者もいる。

各段落の要旨

❶ ビーガニズムとは完全菜食主義のことであるが，食事の選択肢に関することだけでなく，一つの生活スタイルであると考えられている。

❷ ビーガンという言葉を初めて使用したのはワトソン夫妻で，1944年のことであった。

❸ 日本では，ビーガニズムの概念は新しいものだが，伝統的な日本食には完全菜食のものが多い。

❹ 完全菜食主義が地球の環境問題の解決に役立つかもしれないと考える科学者もいる。

解　説

(1)　正解は　3番目：④　5番目：②

▶lots of vegans がこの文の主語になると考えられるが，around はそれだけでは成立しない。around the world が「世界中の」の意味で lots of vegans を修飾していると考える。

▶動詞は think しかないので確定だが，表現としては think of *A* as *B*「*A* を *B* とみなす」が考えられる。

▶このとき，*A* が it（＝being vegan），*B* が a lifestyle となる。

▶完成文は（lots of vegans around）the world think <u>of</u> it <u>as</u> a lifestyle となる。

(2)　**正解は　3番目：⑤　5番目：④**

▶直前の that は，a lot of restaurants を先行詞とする関係代名詞であると推測できる。

▶主格の関係代名詞であると考えると動詞が続くことになるが，その場合，三単現の s はつかない。よって offer「～を提供する」が最初に来る。

▶この目的語は vegan options「完全菜食の選択肢」とするのが最も適切である。

▶また，the lifestyle gains は主語・動詞の組み合わせと考えるべきで，これを offer vegan options と同じ文に入れるためには接続詞か関係詞が必要になる。

▶よって as を「～なので」の意味の接続詞ととらえ，①の前に置く。(1)の as の用法とは異なるので注意する。

▶最後に，gains「～を増す」の目的語は popularity「人気」で確定する。

▶完成文は（there are a lot of restaurants that）offer vegan options <u>as</u> the lifestyle gains <u>popularity</u> となる。

(3)　**正解は　3番目：②　5番目：⑥**

▶選択肢を見ると，so that S can *do*「S が～できるように」という表現が予想される。

▶主語は we で確定し，*do* は動詞なので eat their meat「それらの肉を食べる」が続く。

▶最後に，to raise animals は，目的を表す副詞的用法と考えれば，「動物を飼育するために」という意味で We use a lot of resources「たくさんの資源を利用する」の後に続くことになる。

▶完成文は（We use a lot of resources）to raise animals so <u>that</u> we <u>can</u> eat their meat となる。

| | | |
|---|---|---|
| (1) | 3番目：④ | 5番目：② |
| (2) | 3番目：⑤ | 5番目：④ |
| (3) | 3番目：② | 5番目：⑥ |

次の英文を読んで，下の問いに答えなさい。

(星印(＊)のついた語には本文の後に注があります。)

Ageism is a hidden bias in our society. The proverb 'old is gold' does not apply to the older population in our society. Jokes are made at the expense of the <u>(1)</u> older population, showing them variously as bad-tempered or lovable. Older people are teased about their cognitive abilities, ignored and not taken seriously, and there is a greater assumption that they have physical and mental impairments. Anti-wrinkle creams and treatments crowd the shelves. In a 2004 report by Age Concern in the UK, one in three people surveyed thought older people are 'incompetent and incapable'. Explicit discrimination and bias are illegal and also increasingly frowned upon. Yet implicit biases against age persist.

Age-related stereotypes are unlike the ones shaped by gender or race. <u>They</u> <u>are unique</u> in the way that even the ones belonging to the in-group hold the same <u>(2)</u> negative stereotypes. When over the course of the first 50-odd years of our lives we see and internalise the negative stereotypes associated with ageing, the implicit bias is so strong that we do not have the opportunity to develop a mechanism that would allow us to create strong in-group bonds. We are often complicit＊ in our own marginalisation too as we grow older through the implicit bias we ourselves carry against old age. This leads to an implicit <u>out-group</u> <u>favouritism</u>, where the old are seen to associate strongly with the younger group. <u>(3)</u> When someone says 'you are only as old as you feel' or uses the phrase 'young at heart' or claims that they 'don't feel old' they are displaying some of the implicit biases and fears associated with ageing. Ageing is a highly salient and negative implicit bias, and most of the associations with ageing are those associated with anxiety and fear of 'losing our marbles＊' and then inevitable death. Unlike other stereotypes, there is no benefit in associating with our in-group. Instead, it is the out-group that affords the benefit of health and long life.

While negative, age-related implicit biases are shaped by subliminal priming*, through seeing images of older people portrayed in a negative light, the effect can also be temporarily reversed by showing positive visual stimuli, such as images of positive role models. But since this is a unique kind of bias, where out-group favouritism is significant as opposed to the usual in-group attachment and affiliations, it is important to address the implicit biases and
(4)
negative stereotypes that older people have of themselves and the stereotypes that make some individuals try to thwart* the ageing process with cosmetic procedures and interventions. Stanford University sociologist Doug McAdam calls it 'cognitive liberation', where people have to collectively (and individually) recognise and define their situation as unjust and one that can be changed by collective action.

Virtual embodiment — an illusion created in immersive virtual reality where a virtual body is seen as our own — has been used in a novel exploratory environment to address bias against old people. In this particular experiment, 30
(5)
young men were recruited at the University of Barcelona to see if having an older virtual body (in this case, that of Albert Einstein) can change people's perception of older people. While also enhancing the cognitive abilities of the participants, the embodiment of an older body altered their view of age and led to a reduction of implicit bias against the elderly. The participants did not have to imagine being old; they inhabited the body of an older person and experienced it directly. Since the transformed self is now similar to the out-group (( ア ) people in this case), the negative value associated with the out-group is disrupted and therefore out-group prejudice is ( イ ). By remodelling the perceptions of self, the associated physiological characteristics could be transformed too. In this particular case, though, it is not clear whether this change in implicit bias was because of an association with a famous person (Einstein) or truly because of the virtual illusion of transformed self. There have been other experiments with white people given black virtual bodies that have shown a reduction in their implicit bias against black people lasting at least a week. Literally 'stepping into

someone else's shoes' can give us an important perspective on their experiences, and so minimise the biases that we carry.

Ashton Applewhite, author of *This Chair Rocks: A Manifesto Against Ageism*, says the words and language we use around ageing and with reference to old people matter because 'if we diminish our regard for the senior members of our society verbally, we are likely to <u>do the same</u> when it comes to the way we frame
(6)
policy — removing their dignity and sense of agency in generalisations that assume vulnerability and dependence instead of resilience and independence.' Ashton questions the binary young/old view of the world, and words such as 'the elderly' that suggest a homogenous group. If <u>we view age as a spectrum</u>, then
(7)
we minimise the effects of overgeneralisation.

出典：Pragya Agarwal (2020) *Sway: Unravelling Unconscious Bias*, pp. 315–326, Bloomsbury Sigma, London より抜粋，一部改変

(注)　complicit　共謀して

marbles　　知力，正気

subliminal priming　閾下プライミング。先に与えられた刺激によって，後の刺激の処理の仕方に無意識のうちに影響が出る現象

thwart　　阻止する

(注意)解答する際，句読点は１マスに１文字記入すること。

1. 下線部(1)の at the expense of の代わりにここで使える表現として最も適切なものを次の中から１つ選び，記号で答えなさい。

(A)　mentally damaging

(B)　spending money on

(C)　with the loss of

(D)　without respect for

2. 下線部(2)について，They が指す内容を明らかにし，それがどのような点で unique なのか，50 字以内の日本語で説明しなさい。

出典追記：Sway : Unravelling Unconscious Bias by Pragya Agarwal, Bloomsbury Publishing

3. 下線部(3) out-group favouritism とはどのようなことか，文脈に即して 25 字以内の日本語で説明しなさい。

4. 下線部(4)の address の代わりとして最も適切なものを次の中から 1 つ選び，記号で答えなさい。

(A) confront　　　　　　　　　　(B) defend

(C) make a speech about　　　　　(D) send a letter about

5. 下線部(5) this particular experiment の目的を 40 字以内の日本語で具体的に説明しなさい。

6. 空所（　ア　）（　イ　）に入れる語の組み合わせとして最も適切なものを次の中から 1 つ選び，記号で答えなさい。

(A) (ア) older　　　 (イ) increased

(B) (ア) older　　　 (イ) reduced

(C) (ア) younger　　 (イ) increased

(D) (ア) younger　　 (イ) reduced

7. 下線部(6) do the same の内容を具体的に 20 字以内の日本語で説明しなさい。

8. 下線部(7)の we view age as a spectrum とはどのようなことか，40 字以内の日本語で説明しなさい。

## 全 訳

### ■老いに対する暗黙の偏見

❶ 年齢差別は我々の社会における隠れた偏見である。「古いものには価値がある」という諺は，我々の社会の高齢人口には当てはまらない。年配の人々をだしにしてジョークが作られ，彼らのことを気難しいだの愛らしいだの様々に表現している。年配の人たちは認知能力のことでからかわれ，無視され，真面目には受け止められない。彼らには肉体的，精神的障害があるというような想定が，ますます増大している。しわ予防のクリームやトリートメントは，棚に所狭しとぎっしり並んでいる。英国のエイジコンサーンが2004年に行った報告によると，調査対象の3人に1人が，年配の人たちは「無能で無力」であると考えていた。あからさまな差別や偏見は，違法であり批判も増している。それでも，年齢に対する暗黙の偏見は残存しているのである。

❷ 老いに関する固定観念は，性や人種によって作られる固定観念とは異なる。それらは，内集団に属する人間ですら同じ否定的固定観念を持っているという点で独特である。我々が生まれてからの50数年にわたって，加齢に関連する否定的な固定観念を目にして内在化していると，暗黙の偏見が非常に強いために，我々は内集団の強い絆の構築を可能にしてくれるメカニズムを発展させるチャンスがないのである。我々は自身が高齢に対して持っている暗黙の偏見を通じて年齢を重ねていくので，自分たちの疎外化に共謀することもままある。これは，暗黙の外集団びいきにつながる。そこでは，高齢者はより若い集団と強く結びついていると見られる。ある人が「自分が感じている年齢が，自分の年齢だ」と言ったり，「心は若い」という言い回しを使ったり，彼らは「気持ちは年をとっていない」と主張したりするときは，彼らは加齢に関わる暗黙の偏見や恐怖の一端を見せているのである。加齢は，暗黙の偏見の中でも非常に目立つ否定的なものであり，加齢から連想されるものの大半は「知力を失うこと」，そしてその後の避けられない死に対する不安や怖れに関わるものなのである。他の固定観念とは違って，我々の内集団と仲間になることには何の利点もない。それどころか，健康や長寿の恩恵をもたらすのは外集団の方なのだ。

❸ 否定的な年齢関連の暗黙の偏見は，否定的なイメージの下で描かれた高齢者像を見ることを通して，閾下プライミングによって形成されるのだが，肯定的なロールモデルのイメージといった目に見える肯定的な刺激を示すことによって，その効果が一時的に逆転する可能性もある。けれども，これは非常に珍しい種類の偏見であり，そこでは通常の内集団への愛着や所属とは対照的に，外集団びいきが重要な

ものなので，高齢者が自分自身について持ってしまっている暗黙の偏見や否定的な固定観念，美容の行為や治療処置によって，老化を阻止しようという試みを一部の個人にけしかける固定観念に対処することが肝要なのである。スタンフォード大学の社会学者ダグ=マッカダムはこれを『認知的解放』と呼んでおり，そこでは，人々は自らの状況を不当なもの，集団的活動で変化させることができるものとして，集合的（かつ個人的）に認識し定義しなければならない。

❹ 仮想的身体化——仮想の体が自分の体として見える，没入型の仮想現実内に作られたある錯覚——は，新しい調査環境の中で，高齢者への偏見に対処するために用いられた。この特殊な実験では，30人の若者がバルセロナ大学で募られたのだが，これは，老化した仮想の体（この場合はアルベルト=アインシュタインの体）を持つことが，高齢者に対する人の認識を変え得るかどうかを確かめるためであった。被験者たちの認知能力を高めながらも，老化した体を身体化することで，彼らの年齢への見方は変化し，高齢に対する暗黙の偏見は減少することになったのである。被験者たちは年をとることを想像する必要はなかった。彼らは老人の体に宿り，その体を直接体験したのだ。ここでは，変形した自己は外集団（この場合は老人）に似ているので，その外集団に関係している否定的な価値は乱され，したがって外集団への偏見は小さくなるのである。自己に対する認識を作り替えることによって，それに関わる生理的な特徴も変形し得る。しかし，この特殊な場合においては，暗黙の偏見がこのように変化したのは著名人（アインシュタイン）との関連性によるものなのか，あるいは真に，変形した自己という仮想の幻想によるものなのかは明確ではない。ほかにも黒人の仮想の肉体を与えられた白人を用いた実験があったが，それによって示されたのは彼らの黒人への暗黙の偏見が小さくなり，その状態が少なくとも1週間継続したということであった。文字通り「他人の靴に足を入れる」ことは，我々に他者の経験に対する重要な観点を与え，我々が持つ偏見をここまで最小限にすることが可能なのである。

❺ 『この椅子は揺れ動く——年齢差別反対宣言』の著者であるアシュトン=アップルホワイトは，我々が加齢関連で使用し，高齢者に言及する際に使用する単語や言葉づかいは問題であると述べている。なぜなら，「もし我々が自分たちの社会に存在する年配者への配慮を言葉の上で軽んじるならば，政策の組み立て方に関しても全く同じことをする可能性がある——回復力や独立ではなく，弱さや依存性を前提とした一般化によって，彼らの威厳や行為主体であるという意識を取り去ってしまう——」からだ。アシュトンは，若いか老いているか，という二分法による世界の見方に，また，「年配者」のような，ある均一の集団を示唆する語に異議を唱えている。年齢を連続体だと捉えるならば，我々は過剰な一般化の影響をできる限り小さくできるだろう。

❶ 年配の人には肉体的・精神的障害があるとする偏見に基づく年齢差別は，違法であり批判の的にもなっているが，隠れた形で残存している。

❷ 老いに対する固定観念は，高齢者自身が若い時に抱いた偏見を保ったまま，老いの集団に属していくという点で，性や人種についての固定観念とは異なる。

❸ 高齢者が年齢に対して持つ否定的な偏見に対処するためには，『認知的解放』が重要であり，自らの状況を，集団的活動によって変化させることができるものとして定義すべきである。

❹ 若者が老化した体を体験する仮想的身体化実験では，高齢者への偏見が小さくなった。偏見を克服するためには，体験することが効果的なのである。

❺ 年齢は連続したものなので，若いか老いているかの二分法を用いることや，「年配者」のような個々の特性を無視した一括りの表現を使うことは問題である。

---

## 解　説

**1　正解は ⒟**

▶選択肢の意味は以下の通り。

　⒜「～を精神的に傷つけて」　⒝「～にお金を費やして」

　⒞「～を失って」　⒟「～に敬意を払わないで」

▶下線部の意味は，一般的には「～を犠牲にして」となるが，of の目的語が人の場合，「～をだしにして，（笑いの）ねたにして」という意味も持つ。これに最も近いのは⒟である。

**語句**　show O as C「O を C として描く」　bad-tempered「怒りっぽい，気難しい」

▶⒜も候補となり得るが，当該文中に lovable「愛らしい」という語が含まれていることを考えると，高齢者を精神的に傷つけているとまでは言えず，最適な答えではない。ここでは⒟の方が適切である。

**2**　▶They が指しているのは，直前の文の Age-related stereotypes「老い〔年齢〕に関する固定観念」である。

**語句**　unlike「～に似ていない」　the ones は stereotypes を指す。

▶どのような点で unique「独特」なのかについては，それを示す表現 in the way「～という点で」以下で述べられている。

▶老いの固定観念は，高齢者自身も老いに対して否定的な固定観念を持っているという点で独特なのである。

**3**　▶下線部の意味は「外集団をひいきする考え方」となる。

▶この表現の意味は，直後の where 以下の部分で説明されている。

▶つまり，外集団（＝若い人たちの集団）の方が優れていると捉え，若さを良いものと考えることである。

▶その後の3つの引用がいずれも，若いことをプラスイメージ，老いていることをマイナスイメージとしていることからもわかる。これらの内容をまとめる。

⟦語句⟧ implicit「暗黙の」

## 4 正解は (A)

▶選択肢の意味は以下の通り。

(A)「（困難など）に立ち向かう」 (B)「（人・主義・意見など）を擁護する」

(C)「～について演説をする」 (D)「～について手紙を送る」

▶当該部分をよく見ると，直前の to は不定詞を作るためのものであると考えられるので，address は動詞と捉えてよい。

▶直後の the implicit biases and negative stereotypes は目的語であると考えられるので，address は他動詞と捉えられる。

▶さらに，この目的語は「困難な」性質を持っていると考えられ，(A)が最も適切である。

## 5 ▶下線部の意味は「この特殊な実験」となる。

▶当該文の中ほどにある to see は不定詞の副詞的用法で，被験者を募集した目的（＝実験の目的）を説明している。この部分が解答に関わる内容となる。

▶なお，if～ は「～かどうか」という意味で，see の目的語になっている。

⟦語句⟧ recruit「～を新規採用する，募集する」

## 6 正解は (B)

▶空所（ア）には，直前の out-group がどういう人たちであるかを説明する語が入る。

▶この実験では，若い被験者が集められて，仮想現実で老いた体を与えられているので，内集団が若者，外集団が高齢者という図式になっているはずである。よって（ア）は older となる。

▶また，2つ前の文（While also enhancing …）で，この実験の結果，偏見の減少が見られたと記されていることから，空所（イ）には reduced が入る。よって(B)の組み合わせが正解である。

⟦語句⟧ disrupt「～を混乱させる，粉砕する」

## 7 ▶下線部の意味は「同じことをする」となる。

▶何をどうするのかについては，当該部分よりも前で説明されているはずだが，引用

符で区切られた箇所なので，引用符内に存在すると考えてよい。

▶該当するのは diminish our … our society である。したがってこの部分を訳せばよい。

語句 diminish「～を軽んじる」 verbally「言葉の上で」

8 ▶下線部の意味は「年齢を連続体だと捉える」となる。

▶ここでの spectrum は「境界のあいまいな一続きのもの，連続するもの」という意味である。

▶前文では，若い・老いの二分法に疑問を投げかけ，「高齢者」と人々を一括りにするような表現はいけないと述べている。

▶このことから，年齢は二分法で捉えるものではなく，グラデーションのある連続体として捉えるものだと述べていると考える。

語句 overgeneralisation「過剰な一般化」

---

1 (D)

2 老いに関する偏見は，内集団の高齢者も老いに対する否定的な固定観念を持っている点で独特である。(50字以内)

3 若い人の方が優れており，若い方が良いと捉えること。(25字以内)

4 (A)

5 老化した体を仮想体験することで，高齢者への認識が変わるかどうかを調べること。(40字以内)

6 (B)

7 高齢者をあまり尊重しなくなること。(20字以内)

8 年齢を，若いか老いかの二分法ではなく，境界のあいまいな連続体として捉えること。(40字以内)

解答

# 8

次の英文を読んで，下の問いに答えなさい。

（星印（＊）のついた語には本文の後に注があります。）

When Margaret Morris goes to the grocery store, people ask if she's throwing a party. Her cart is filled with French fries, cheesecakes, meat pies and other tasty treats. "I snoop around looking for specials," she says. "I spend a lot of money on food." Morris is a *neuroscientist* — someone who studies the brain. She works at the University of New South Wales in Sydney, Australia. And yes, she is throwing a party. But her guests aren't people. This fast-food feast is destined for her lab rats. After a few weeks of all the junk food they can eat, Morris and her colleagues run the rats through a series of tasks, testing the limits of their learning and memory.

Morris studies what's called the *gut-brain axis*. It refers to the ongoing conversation taking place between the brain and gut. Because of this chatter, our innards* — and the microbes* living in them — can affect how we think and behave. Our brain, in turn, can talk back to our stomach and intestines* and their bacterial inhabitants. By studying how residents of our gut influence our brain, Morris and other scientists seek to find out just how much *you are what you eat*. Their results may one day enable us to change our feelings and behaviors — all with the right mix of foods and microbes.

It's no surprise that our brain sends signals to our gut to control digestion and other tasks. The brain sends its orders via the vagus nerve*. This long structure wanders from the very base of the brain down to the gut. Along the way, it touches many other organs. The brain makes hormones — chemical signals that it drips into the bloodstream. These, too, flow to the gut. Both the vagus nerve and hormones can signal hunger and fullness. They can control, too, how quickly food moves through us.

But the gut doesn't just listen. It also talks back. Microbes inside our stomach and intestines help break down food. Those microbes create waste products that can themselves serve as chemical messengers. These waste molecules can trigger a cascade* of signals throughout the rest of the body. Some microbial cross-talk prompts stomach-lining cells to send chemical text-messages to the immune system. This can protect us from infection. Some microbes shoot molecular signals back up the vagus nerve. Others pump messages — hormones — into the bloodstream, from which they'll travel to the brain. Those hormones can affect everything from memory skills to mood.

The brain and gut send constant cascades of notes back and forth, more than any social media. According to Mark Lyte, a microbial endocrinologist* at Iowa State University in Ames, that peaceful communication serves a critical
(4)
purpose. "You have trillions of bugs in your gut and you rely on them for a lot of your nutrients. But they rely on you to sustain themselves," he says. "They need to communicate with you. And you need to communicate with them." Exactly
(5)
what the messages say depends on who's sending them. A gut filled with fruits
(6)
and vegetables will house a different set of microbes than one used to a diet of chips, soda and other junk foods. And the messages sent by those different sets of gut microbes may affect our brains differently.

This is where Morris' rat parties come in. After two weeks on a junk-food diet full of cakes and fries, her lab rats take a memory test. Each rat investigates a space filled with objects. Then, after the rat leaves, Morris and her colleagues move some of the objects around. The next day, they put the rat back into the space. If it notices a change in the furnishings, it will spend more time sniffing around the objects that had moved. Tests like this one rely on an area of the brain called the *hippocampus** (there are two in each brain). These regions are very important for learning and memory. But after a few weeks of downing junk food, a rat's hippocampi no longer work so well. The rats don't
(7)
seem to recognize which objects have been moved, unlike those that ate healthy foods. Could this be because of their gut bugs? Rats that dine on fast food have a less diverse group of microbes in their guts, Morris and her group find. But

their gut diversity returned when the scientists gave the junk-food-eating animals a high dose of a *probiotic* — a mix of ( ア ) gut bacteria.  Their memory also improved.  Morris and her colleagues published their findings in the March 2017 *Molecular Psychiatry*.

出典：Bethany  Brookshire  (2018)  "Belly  Bacteria  Can  Shape  Mood  and Behavior."

https://www.sciencenewsforstudents.org/article/belly-bacteria-can-shape-mood-and-behavior より抜粋，一部改変

(注)　innards　内臓

microbe　微生物，病原菌

intestine　腸

vagus nerve　迷走神経

cascade　滝，滝状のもの

endocrinologist　内分泌学者

hippocampus　海馬，複数形は hippocampi

(注意)　解答する際，句読点は1マスに1文字記入すること。

1. 下線部(1)の中の party の目的は何か，本文に即して40字以内の日本語で説明しなさい。

2. 下線部(2)の *gut-brain axis* と同じ意味を表す表現を次の中から1つ選び，記号で答えなさい。

(A)　gut-brain expectation　　　(B)　gut-brain interaction

(C)　gut-brain separation　　　(D)　gut-brain unification

3. 下線部(3)の Both the vagus nerve and hormones の役割について，本文に即して35字以内の日本語で説明しなさい。

出典追記：Belly bacteria can shape mood and behavior, Science News Explores on June 7, 2018 by Bethany Brookshire, Society for Science & the Public

4. 下線部(4)の that peaceful communication が指す内容を，本文に即して 30 字以
   内の日本語で説明しなさい。

5. 下線部(5)と(6)の them はそれぞれ何を指しているか，本文中からそれぞれ 1 語
   を抜き出して書きなさい。

6. 下線部(7)のようになるのはなぜか，本文に即して 40 字以内の日本語で説明し
   なさい。

7. 空所（　ア　）に入る最も適切な語を次の中から選び，記号で答えなさい。
   (A)　beneficial　　　(B)　harmful　　　(C)　influential　　　(D)　neutral

## 全　訳

### ■消化器官内のバクテリアが脳に与える影響

❶ マーガレット=モリスがスーパーに行くと，人々は「パーティーでもするんですか」と尋ねてくる。彼女のカートが，フライドポテトやチーズケーキやミートパイやその他のおいしいごちそうでいっぱいだからだ。「おすすめ品を探しながらうろついているの」と彼女は言う。「食品に大金を使うの」 モリスは神経科学者──脳を研究する人物──である。彼女はオーストラリアのシドニーにあるニューサウスウェールズ大学に勤めている。そう，彼女はパーティーを開こうとしているのだ。しかし彼女のお客は人間ではない。このファストフードのごちそうは，彼女の研究室のラットに届けられることになっている。数週間，ラットたちはジャンクフードのみを食べた。そしてその後，モリスと研究仲間はラットに一連の作業をさせ，その学習と記憶の限界を調べる。

❷ モリスが研究しているのは，いわゆる「消化器官-脳の軸」である。それは，脳と消化器官との間に発生する進行中の会話を表している。このおしゃべりのために，我々の内臓──そして内臓内に住む微生物も──は我々の考え方や振る舞い方に影響を与えることができる。今度は，脳が胃や腸やバクテリアの居住者に話し返すことができる。我々の消化器官の居住者が脳に影響を与える様子を研究することで，モリスと他の科学者たちは，人間のちょうどどのくらいの部分が食べる物でできているのかを見つけ出そうとしている。その結果は，我々がいつか，自分の気持ちや行動を変えることを可能にするものかもしれない──食品と微生物を適切に組み合わせることによって。

❸ 我々の脳が消化器官に信号を送って，消化や他の仕事を制御しているとしても，驚くにはあたらない。脳は迷走神経経由で指令を送る。この長い組織は，脳のまさに根本の部分から消化器官へとうねりながら下っていく。その途中，迷走神経は他の多くの器官に触れる。脳はホルモン──脳が血流中に送り込む化学信号──を作る。これらのホルモンも消化器官へと流れていくのである。迷走神経もホルモンも，空腹や満腹を信号で伝えることができる。それらは，食物がどの程度の速度で体内を通過していくかを制御することもできるのである。

❹ しかし，消化器官は聞き役をするだけではない。話し返すこともあるのである。胃や腸の内部の微生物は，食物を分解する手助けをする。そういった微生物は，自身が化学的使者として機能する廃棄物を作り出す。これらの廃棄分子は，体内の他の部分の至る所で，信号の連鎖を引き起こすことができる。微生物のクロストークには，胃の内壁細胞を促して免疫システムに化学的テキストメッセージを送らせる

ものもある。このことによって我々は感染症から守られるのだ。迷走神経を通して，脳に分子の信号を送り返す微生物もいる。血流中にメッセージ――ホルモン――を注入する微生物もいて，そのホルモンは血流を通して脳へと移動するのである。そのホルモンは記憶力から心的状態まで，あらゆるものに影響を与え得る。

❺ 脳と消化器官は，たくさんのメッセージを絶えず送ったり送り返したりしており，その数はどのようなソーシャルメディアよりも多い。エイムズにあるアイオワ州立大学の微生物内分泌学者マーク゠ライトによると，その穏やかな交流は，重大な目的に役立っている。「あなたの消化器官内には数兆個の微生物がいて，ご自身の栄養の多くはそれらに頼っているのです。しかし，それらはあなたに頼って自分自身の命を維持しています」と彼は語る。「微生物はあなたと意思疎通する必要があり，あなたは微生物と意思疎通する必要があるのです」メッセージがまさに伝える内容は，そのメッセージを誰が送っているかに左右される。果物や野菜で満たされた消化器官は，ポテトチップスやソーダやその他のジャンクフードの食事に慣れた消化器官とは異なる微生物群を収容するであろう。そして，メッセージを送る消化器官内微生物群がそのように異なれば，我々の脳に与える影響も異なるかもしれない。

❻ モリスのラットパーティーが登場するのはここである。実験室のラットは，ケーキや揚げ物だらけのジャンクフードの食事を２週間与えられた後，記憶テストを受ける。それぞれのラットは，いろいろな物であふれた場所を嗅ぎまわる。それから，そのラットがいなくなった後で，モリスと共同研究者たちは物体のいくつかの位置をあちこちに変える。翌日，彼らはラットを同じ場所に戻す。ラットが備品の変化に気づいた場合は，移動した物の周囲を嗅ぎまわるのに，より多くの時間をかけるだろう。このような実験は，海馬と呼ばれる脳内の領域（１つの脳に２つ存在する）に依存している。この領域は，学習と記憶にとって非常に重要である。しかし，数週間ジャンクフードを食べた後は，ラットの海馬はもはやそれほどうまく働かなくなっているのである。そのラットたちは，健康的な食物を食べたラットとは違って，どの物体が動かされたのか見極められないようなのだ。これは彼らの消化器官内微生物のせいなのだろうか。モリスと彼女のグループの発見では，ファストフードの食事をとったラットたちは，消化器官内の微生物群の多様性が小さいのである。だが，科学者たちが，ジャンクフードを食べていた動物に善玉菌――有益な消化器官バクテリアの混合――を多量に投与すると，彼らの消化器官の多様性は回復したのである。彼らの記憶力も改善された。モリスと共同研究者たちは，2017年３月の『分子精神医学』の中で自分たちの発見を発表した。

各段落の要旨

❶ 神経科学者マーガレット=モリスは，ラットに数週間ジャンクフードのみを食べさせるという実験を行った。

❷ モリスが研究しているのは，内臓および内臓内の微生物が脳にどのような影響を与えるかである。

❸ 脳は消化器官に信号を送って，消化や他の仕事を制御している。迷走神経とホルモンは，空腹や満腹を信号で伝える。

❹ 一方，消化器官内の微生物も迷走神経を通して脳に信号を送り返し，また，ホルモンによって記憶力や心的状態に影響を与え得る。

❺ 脳と消化器官は絶えずメッセージを送り合う関係にあるが，メッセージを送る消化器官の微生物群が食事によって異なるとすれば，脳に与える影響も異なる可能性がある。

❻ モリスの実験の結果，ジャンクフードを与えられ続けたラットは，消化器官内の微生物の多様性が小さくなり，記憶力にも悪い影響があった。その後，多様性を回復させると，記憶力も改善された。

## 解　説

1　▶下線部の意味は「彼女はパーティーを開こうとしている」となる。

語句　throw a party「パーティーを開く」

▶パーティーの目的は第1段最終文（After a few weeks …）で示されている。

▶つまり，ラットが不健康な食物だけを摂取したら，彼らの学習と記憶の限界がどうなるかを調べることである。これを40字以内でまとめる。

2　正解は (B)

▶選択肢の意味は以下の通り。

(A)「消化器官と脳の期待」　(B)「消化器官と脳の相互作用」

(C)「消化器官と脳の分離」　(D)「消化器官と脳の統合」

▶ gut-brain の部分は同じなので，2語目の意味と axis の意味を比較することになる。

▶ axis は「枢軸」という意味で，これは同盟国間の友好・協同の関係を指す。これに最も近い意味を持つのは(B)の interaction である。

▶ axis の意味がわからない場合でも，直後の文（It refers to …）の「脳と消化器官との間に発生する会話」という説明から推測可能である。

3　▶下線部の意味は「迷走神経とホルモンのどちらも」となる。

▶当該文の can 以下，および直後の文（They can control, …）で説明されているように，空腹や満腹を伝えたり，食物の通過の速度を制御したりするのがその役割で

ある。これを 35 字以内でまとめる。

語句　fullness「満腹」


4　▶下線部の意味は「その穏やかな交流」となる。

▶前の内容を指す that があることから，これは第 5 段第 1 文（The brain and gut …）にある「脳と消化器官がたくさんのメッセージを絶えず送ったり送り返したりしている」ことを指す。これを 30 字以内でまとめる。

語句　cascades of ～「たくさんの～」　back and forth「前後に，往復して」


5　(5)　正解は bugs

▶them は直前の第 5 段第 4・5 文（But they rely … with you.）の they（They），第 3 文（"You have trillions …）の them と同一である。

▶これらはすべて第 3 文の trillions of bugs「数兆個の微生物」を指している。

(6)　正解は messages

▶them は動詞 is sending の目的語になっている点から，直前の the messages であると考えられる。


6　▶下線部の意味は「ラットの海馬はもはやそれほどうまく働かなくなっている」となる。

▶その 3 文後（Rats that dine …）に「ファストフードの食事をとったラットたちは，消化器官内の微生物群の多様性が小さい」とあり，これが理由と考えられる。これを 40 字以内で説明する。

語句　dine on ～「～を食べる」


7　正解は (A)

▶選択肢の意味は以下の通り。

　(A)「有益な」　(B)「有害な」　(C)「影響力のある」　(D)「中立の」

▶当該箇所は「～な消化器官バクテリアの混合」という意味で，この部分はダッシュ直前の probiotic「プロバイオテック」を言い換えたものである。

▶「プロバイオテック」は「善玉菌」のことであるが，これを知らなくても，次の文の「記憶力も改善した」という内容から，プラスイメージの意味のものが入ると推測できる。よって(A)が最も適切である。

1　ラットにジャンクフードのみを与え，学習と記憶にどんな影響があるかを調
　べること。（40字以内）
2　(B)
3　脳からの空腹や満腹の信号を伝え，食物が体内を通過する速度を制御する。
　（35字以内）
4　脳と消化器官がメッセージのやり取りを絶えず行っていること。（30字以内）
5　(5) bugs　(6) messages
6　ジャンクフードを食べ続けたために，消化器官内の微生物群の多様性が失わ
　れたから。（40字以内）
7　(A)

下の英文の文脈に適合するように，(1)から(3)の（　　）内の語または句を並べ替えるとき，それぞれ3番目と5番目にくるものを選び，記号で答えなさい。

*Bushidō*, or the "way of the warrior," is often considered a foundation stone of Japanese culture, both by Japanese people and by outside observers of the country.　It is difficult to say exactly when *bushidō* developed. Certainly, many of the basic ideas of *bushidō* — loyalty to one's family and one's lord, personal honor, bravery and skill in battle, and courage in the face of death —(1)(① important　② for　③ likely been　④ to　⑤ have ⑥ samurai) centuries.　Amusingly, scholars of ancient and medieval Japan often call *bushidō* a modern invention from the Meiji and Shōwa eras. Meanwhile, (2) (① study　② readers　③ who　④ Meiji and Shōwa Japan ⑤ scholars　⑥ direct) to study ancient and medieval history to learn more about the origins of *bushidō*. Both positions are correct, in a way.　The word "*bushidō*" (3) (① did　② until　③ appear　④ not　⑤ the Meiji Restoration ⑥ after), but many of the concepts included in *bushidō* were present in Tokugawa society.

出典：Kallie Szczepanski (April 2, 2018) "The Role of Bushido in Modern Japan," *ThoughtCo* より抜粋，一部改変

(https://www.thoughtco.com/role-of-bushido-in-modern-japan-195569)

(1)　3番目＿＿＿＿　　5番目＿＿＿＿

(2)　3番目＿＿＿＿　　5番目＿＿＿＿

(3)　3番目＿＿＿＿　　5番目＿＿＿＿

出典追記：The Role of Bushido in Modern Japan, ThoughtCo. on April 2, 2018 by Kallie Szczepanski

## 全　訳

### ■武士道の起源

> 　武士道，すなわち「戦士の作法」は，日本人からも国外から日本を観察する人から
> も，しばしば日本文化の礎石と見なされる。武士道が発達したのがいつなのかを
> 正確に言うことは難しい。きっと，武士道の基本理念——親族や君主への忠誠，
> 個人としての誇り，戦闘での勇敢さや技術，死に直面したときの勇気など——の
> 多くは，何世紀にもわたって，侍にとって重要であったのだろう。面白いことに，
> 古代や中世の日本を研究する学者は，武士道を明治から昭和の時代にかけての近代
> 的な発明であると称することが多い。一方，明治から昭和の日本を研究する学者は，
> 武士道の起源についてより知るためには，古代および中世の歴史を勉強するよう読
> 者に指図する。どちらの立場も，ある意味では正しい。『武士道』という語は，明
> 治維新後までは現れることがなかったのだが，武士道に包含される観念の多くは徳
> 川時代には存在していたのである。

要旨　武士道は国内外で日本文化の礎石と見なされている。面白いことに，古代や中世を研究
する学者は，明治以降の近代において武士道が発明されたとし，近代を研究する学者は，
武士道の起源を古代と中世に求める。これらはどちらも正しい。というのも，武士道の
観念は徳川時代にはあったが，武士道という言葉は明治維新後までは存在しなかったか
らだ。

## 解　説

(1)　正解は　3番目：①　5番目：⑥

▶この部分の主語は，最初のダッシュの前にある many of the basic ideas of *bushidō*
なので，動詞が続くことになる。過去分詞 been があることから，完了形の have
likely been が予想される。

▶また，完了形を用いることから，期間を表す for（centuries）で終わることも想定
できる。

▶been に続くのは補語となる important，さらに to samurai と続いて「侍にとって
重要な」という意味になる。

▶完成文は，(Certainly, many of the basic ideas of *bushidō*) have likely been
<u>important</u> to <u>samurai</u> for (centuries.) となる。

(2)　正解は　3番目：①　5番目：⑥

▶まず注目すべきは direct である。選択肢に関係代名詞 who が含まれているので，動詞は2つあると考えられる。

▶1つは study だが，direct の他には動詞の候補が見当たらないので，direct は動詞として用いられていると捉える。

▶ direct *A* to *do* で「*A* に〜するよう指図する」となり，直後の to study がこの表現の不定詞部分に該当すると考えることができる。

▶全体の構図としては，「学者が読者に指図する」となるはずなので，*A* が readers となり，who の先行詞が scholars となる。

▶完成文は，(Meanwhile,) scholars who <u>study</u> Meiji and Shōwa Japan <u>direct</u> readers（to study ancient and medieval history …）となる。

⑶　正解は　3番目：③　5番目：⑥

▶当該文の主語は The word "*bushidō*" で，これに続く動詞は did not appear になると考えられる。

▶全体の構文は，do〔does / did〕not *do* until … 「…まで〜しない，…になって初めて〜する」になると想定されるので，until after the Meiji Restoration が続く。

▶完成文は，(The word "*bushidō*") did not <u>appear</u> until <u>after</u> the Meiji Restoration となる。

⑴　3番目：①　5番目：⑥
⑵　3番目：①　5番目：⑥
⑶　3番目：③　5番目：⑥

解答

# 10

次の英文を読んで，下の問いに答えなさい。

　　Emotions do not lie. They are never false. If you feel something you are definitely feeling it. If someone tells you that you are not justified in feeling it, that doesn't help. Nor does it help if they tell you that they feel completely differently. There is still always a reason you are feeling it, and in this sense there is always some sort of logic to emotions. Instead of denying or suppressing emotions we should understand and explain them. I will go one step further and say we should even use them: it is important to remember that emotions can, and probably should, play a role even when we're being logical. Our access to emotions is an important difference between us and computers. Emotions can help us in all of our logical endeavors, and I would even go as far as to say they are crucial.

　　First of all, emotions can help us work out what we really believe in, just like they help us guess what is logically correct in mathematics before we start trying to prove it. Then when we do start trying to justify things, emotions help us to arrive at logical justifications, if we closely analyze where our gut feelings are coming from.

　　The next stage of a useful logical process involves persuading other people of things. We are going to discuss the importance of using emotions for this. But the emotions shouldn't supersede the logic — they should reinforce it.
(2)

　　Sometimes people try to argue that we should *only* use logic and scientific evidence to reach conclusions. However, if we then meet someone who isn't convinced by logic and evidence, how are we going to persuade them to be convinced by it? We can't use logic and evidence because that doesn't convince them. We are going to have to use emotions.

　　In a way this means that emotions are much more powerful than logic, and
(3)

are much more convincing than any other possible method of justification. If you feel something, there is absolutely no way to contradict it. This power should be <u>harnessed</u> in a good way, to back up logic rather than contradict it.
(4)

Living too much in the logical world can make it difficult to deal with other people, as they do not usually, or ever, behave entirely logically. On the other hand, <u>those who live too much in the emotional world may have trouble dealing</u> (5) <u>with the world in as much as it *does* behave logically</u>. But living very predominantly in the emotional world doesn't mean being actively irrational; it might just mean being guided more by emotions than by logic. And it might mean being unable to follow complex reasoning about the complex world.

Children often live very predominantly in the emotional world. All their emotions are valid and strongly felt, but they are unable to see more complex long-term arguments such as: if you only ever eat ice cream then eventually this will probably not be very good for you. Or even: if you roll around in the snow it might well be fun, but your clothes will get wet and then you'll be miserable.

One aspect of growing up is developing the ability to comprehend longer chains of causation and logic. One concrete way this manifests itself is in the ability to make long-term plans, or make short-term sacrifices for long-term gains, rather than <u>just living for instant gratification in the moment</u>. At least, (6) this is one of my personal axioms; at the other extreme there are some people who strongly believe in only living in the moment, or living entirely emotionally. When adults live strongly in the emotional world it doesn't necessarily mean they are neglecting the logical world. I believe I live very strongly in both. I respect and trust my emotions, but always look for logical explanations of them so that they're not "just" emotions. The two are not mutually （　ア　）.

出典：Eugenia Cheng (2018) *The Art of Logic: How to Make Sense in a World that Doesn't,* pp. 262-266, Profile Books, London より，一部省略改変

（注意）　解答する際，句読点は１マスに１文字記入すること。

出典追記：The Art of Logic : How to Make Sense in a World that Doesn't by Eugenia Cheng, Profile Books

1. 下線部(1)が言おうとしていることを, that が指す内容を明らかにして, 40字以内の日本語で述べなさい。

2. 下線部(2)の supersede と同じ意味を表す表現を次の中から1つ選び, 記号で答えなさい。

(A) take advantage of　　　　(B) take the shape of

(C) take care of　　　　　　(D) take the place of

3. 下線部(3)のように言っているのはどうしてか, その理由を本文に即して30字以内の日本語で述べなさい。

4. 下線部(4)の harnessed の代わりに使える語として最も適切なものを次の中から1つ選び, 記号で答えなさい。

(A) achieved　　(B) utilized　　(C) produced　　(D) obtained

5. 下線部(5)の内容を, 50字以内の日本語でわかりやすく説明しなさい。

6. 下線部(6)の内容を, 25字以内の日本語で簡潔に説明しなさい。

7. 空所( ア )に入る最も適切な語を次の中から1つ選び, 記号で答えなさい。

(A) dependent　　(B) related　　(C) exclusive　　(D) consistent

## ■感情の世界と論理の世界

❶　感情は嘘をつかない。決して偽りのものでもない。何かを感じた場合には，確実にそれを感じているのである。あなたが何かを感じているのは正しくないと誰かが言ったとしても，その言葉は何の役にも立たない。誰かが自分は全く感じ方が違うと言ったとしても，それも何の役にも立たない。それでも，感じるということには常に理由があり，この意味においては感情には常にある種の論理が存在する。私たちは，感情を否定したり抑制したりせず，感情を理解し説明すべきなのである。さらに一歩進んで言うならば，私たちは感情を利用すべきでさえある。つまり，論理的思考をしているときにおいても，感情はある役割を果たすことができる，あるいはおそらくは果たすべきだ，ということを忘れずにいることが重要なのである。私たちが感情を利用するということは，私たちとコンピュータの間の重要な違いである。感情は，私たちが論理的試みをするあらゆる場面において私たちの役に立つし，必要不可欠なものだと言っても言い過ぎではないだろう。

❷　第一に，感情は私たちが本当に信じているものを実現するときに役に立つ可能性がある。たとえば，私たちが数学において証明しようとし始める前に論理的に何が正しいかを推測するのに役立つ。そして物事を正当化しようとし始めるときにも，私たちの心の奥底の感情がどこから生まれてくるのかを綿密に分析すれば，感情は私たちが論理的正当化に到達するのを助けてくれる。

❸　役に立つ論理の進め方の次なる段階は，物事を他の人々に納得させるということである。この目的で感情を利用することの重要性を取り上げてみたい。しかし，感情は論理に取って代わるべきものではない——感情は論理を補強すべきものなのだ。

❹　人々の中には，結論に至るためには論理的で科学的な根拠のみを使うべきだと主張しようとする人もいる。しかし，もし論理や証拠では納得できない人間に出会ったとしたら，私たちはどうすればその人を説得しそれによって納得させられるだろうか。論理や証拠を用いることはできない。それでは納得させられないからだ。感情を使わねばならなくなるだろう。

❺　つまり，ある意味においては，感情は論理よりもはるかに強力であり，考えうる他のいかなる正当化の手段よりもはるかに説得力があるということになる。何かを感じた場合には，それを否定することは断じてできない。この力は好ましい方法で，つまり論理を否定するよりもむしろ支援する目的で利用されるべきである。

❻　論理の世界に浸りすぎて生きていると，他人と接するのが難しくなるかもしれ

ない。彼らはたいてい，あるいは決して完全に論理的に振る舞うわけではないからだ。一方，感情の世界に浸りすぎて生きている人たちは，世間が実際に論理的に動いているため，世間に対処するのに苦労するかもしれない。しかし，感情の世界に大きく偏りながら生きるというのは，積極的に非合理的であるという意味ではない。それは論理よりも感情の方に左右されるという意味でしかないのだろう。また，複雑な世界についての複雑な推論にはついていけないという意味なのかもしれない。

❼　子供たちは感情の世界にどっぷりと浸って生きていることが多い。彼らの感情はすべて妥当であり強く感じられているのだが，彼らはたとえば以下のようなより複雑で長期的な推論を理解することはできない。アイスクリームばかりいつも食べていたら，結果的には自分にとってあまりよくないことになるだろう。あるいは以下のようなものまでも。雪の中で転げまわるのが楽しいのはもっともだが，服が濡れてしまって情けないことになるだろう。

❽　成長の1つの側面は，より長い一連の因果関係と論理を理解する能力を発達させることである。その具体的な現れ方の1つは，長期的な計画を立てる能力の中に見られる。それはつまり，単にその場の瞬間的な喜びを求めて生きるのではなく，長期的な利益のために短期的には犠牲を払うということである。少なくとも，これは私の個人的な原則の1つである。その一方で，今という瞬間をただ生きること，つまり全く感情的に生きるのがよいことだと強く信じている人もいる。大人が感情の世界で強く生きているとき，それは必ずしもその人が論理の世界を無視しているという意味ではない。私は自分がどちらの世界にもしっかりと生きていると信じている。私は自分の感情を尊重し信頼しているが，それが「単なる」感情で終わらないように，それを論理的に説明してくれるものを常に探している。その2つは相容れないものではないからだ。

---

各段落の要旨

❶ あらゆる感情にはその理由があり，それゆえに常にある種の論理が存在する。我々は感情を理解・説明し，さらには利用すべきである。論理的思考においても感情は役割を果たしているからである。

❷ 感情は，論理的思考を始める前の推測の部分で役立つ。

❸ 感情は論理を補強すべきものである。

❹ 論理や根拠だけで納得できない人に対しては，感情を利用して納得させることになる。

❺ ある意味では，感情は他のどんな手段よりもはるかに説得力を持つ。

❻ 論理一辺倒でも感情一辺倒でも社会的生活は難しくなる。

❼ 子供たちはしばしば感情の世界に浸って生きている。彼らは複雑かつ長期的な推論を理解できない。

❽ 長期的な推論を理解する力をつけることは，成長の側面の1つである。長期的な計画

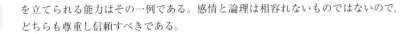を立てられる能力はその一例である。感情と論理は相容れないものではないので，どちらも尊重し信頼すべきである。

---

## 解　説

1　▶下線部の意味は「それは何の役にも立たない」となる。

▶ that が指しているのは，当該文前半（If someone … feeling it,）の内容である。

語句　be justified in *doing*「〜するのももっともである」

▶また，「役に立たない」とは，直前の文（If you feel …）に「何かを感じた場合には，確実にそれを感じている」とあることから，（他人の言葉は）自分が抱いている感情を感じなくするのには役立たない，という意味であると推測できる。

▶したがって，全体として，ある感情を抱くことが道理に合わないと他人から言われたところで，その感情が消えるわけではない，という意味になる。これを40字以内でまとめる。

2　正解は ⒟

▶選択肢の意味は以下の通り。

　⒜「〜を利用する」　⒝「〜の姿をとる」

　⒞「〜を世話する」　⒟「〜に取って代わる」

▶ supersede は「〜に取って代わる」という意味で，これを知っていれば問題ないが，知らない場合には文脈で判断することになる。

▶ダッシュ以下の「それら（感情）はそれ（論理）を補強すべきである」は，当該箇所の内容に対立するものとして述べられている。対立をはっきりさせている表現は⒟である。

3　▶下線部の意味は「感情は論理よりもはるかに強力であり，考えうる他のいかなる正当化の手段よりもはるかに説得力がある」となる。

語句　convincing「説得力がある」

▶なぜ強力で説得力があるのかという理由は，直後の文（If you feel something, …）で説明されている。この部分を30字以内でまとめる。

語句　no　way「絶対に〜ない」　absolutely「全く」も否定をさらに強調している。contradict「〜を否定する」

4　正解は ⒝

▶選択肢の意味は以下の通り。

(A)「達成される」 (B)「利用される」 (C)「生産される」 (D)「入手される」

▶下線部の harness は「（自然の力）を（動力源に）利用する」という意味であるが，知らない場合には文脈で推測することになる。

▶当該文は「この力（感情の力）は，論理を否定するのではなく補強するために，好ましい方法で〜べきである」という意味になる。(A)は「力」という主語に対して使う動詞としては不適。感情はすでに人間の中に存在するので(C)と(D)も不適。よって(B)が最も適切である。

**5** ▶下線部の意味は「感情の世界に浸りすぎて生きている人たちは，世間が実際に論理的に動いているため，世間に対処するのに苦労するかもしれない」となる。

語句 in as much as 〜「〜だから，〜のために」

▶「わかりやすく」という指示があるので，同段第1文（Living too much …）の逆の場合を想像して説明すればよい。これを50字以内でまとめる。

**6** ▶下線部の意味は「単にその場の瞬間的な喜びを求めて生きる」となる。

語句 gratification「喜び，満足」

▶直前で述べられている内容から考えると，「長期的な計画を立て，長期的な利益のために短期的には犠牲を払う」行動と対比されるものであり，それをまとめる。

**7 正解は (C)**

▶選択肢の意味は以下の通り。

(A)「左右される」 (B)「関係がある」 (C)「相容れない」 (D)「一致する」

▶当該箇所は「その2つは互いに〜ではない」という意味で，「その2つ」とは「論理」と「感情」である。

▶同段後半の趣旨は，この2つは相反するもののように見えるが，筆者はそう考えてはいないというものであるから，最も適切なのは(C)である。

▶ mutually exclusive「互いに矛盾する，相容れない」という表現があることにも注意する。

1　自分の感情が道理に合わないと人に言われても，その感情が消えるわけでは
　　ないこと。(40 字以内)

2　(D)

3　何かを感じた場合にそれを否定することは断じてできないから。(30 字以内)

4　(B)

5　世間は論理で動いているため，過度に感情的に生きる人は，世間に対処する
　　のに苦労するだろうということ。(50 字以内)

6　その場ですぐに得られる快楽を重視すること。(25 字以内)

7　(C)

解　答

次の英文を読んで，下の問いに答えなさい。

（星印（＊）のついた語には本文の後に注があります。）

One of the most striking features of living organisms, both animals and plants, is the way their physiology and behavior have adapted to follow the fluctuations of daily light and nightly darkness. A clock in the brain synchronized to environmental cues generates biological changes that vary over a 24-hour cycle — circadian rhythms (from the Latin words *circa* and *diem*, meaning "about" and "a day," respectively). In this way, the Earth's rotation is reproduced in the dynamics of our neural* circuits.

The sleep-wakefulness cycle is a typical circadian rhythm. Wakefulness is characterized by sensory activity and movement; during sleep the senses lose touch with their surroundings, and movements subside. This periodic loss of (1) consciousness appears on electroencephalogram (EEG)* recordings as a clear signature: deep sleep consists of slow oscillations* of high amplitude*. Wakefulness, in contrast, is made up of fast, low-amplitude oscillations. Much about sleep remains a mystery, however. Why would an animal shut down basic sensory and motor activity for hours on end, leaving itself a target for predators? This question becomes more acute in aquatic mammals, which need to regulate (2) breathing and body temperature while they sleep.

Remarkably, some animals have solved this problem by developing the ability to sleep with one half their brain while remaining alert with the other — a behavior known as unihemispheric* slow-wave sleep (USWS). Still others engage in USWS under some circumstances but put both hemispheres to bed when necessary. Marine mammals, bird species and possibly reptiles enter a half-on/half-off state, sometimes keeping one eye open during these intervals. Recently researchers have even discovered a remaining form of unihemispheric sleep in humans.

Half-sleep provides a compelling means to study the science of sleep. While studies are carried out on the resting half, the opposite side can serve as the requisite control for experiments. The ability to thrive with a relative lack of
(3)
sleep, as dolphins and some birds do, may provide ideas for treating human sleep disorders, which often affect one brain hemisphere more than the other.

The study of unihemispheric sleep started in 1964, when controversial researcher John C. Lilly suggested that dolphins could sleep using one side of the brain after observing that the animals keep only one eye closed during their daily rest. Lilly assumed that when asleep, dolphins could still watch and listen to their surroundings. It would take later experiments to determine what was happening in cetacean* brains.

Cetaceans — whales, dolphins and porpoises — are still the subjects of studies on unihemispheric sleep. The animals preserve two physiological features from their ancestors' life on land: lungs for breathing air and mechanisms for maintaining nearly constant body temperature in water. Sleeping with half a brain, it seems, has allowed them to retain those features in an aquatic environment.

More recently, Lev Mukhametov of the A. N. Severtsov Institute of Ecology and Evolution at the Russian Academy of Sciences and his colleagues looked more deeply than John C. Lilly did into what was happening in the cetacean brain. Mukhametov and his colleagues studied sleep extensively in bottlenose dolphins. In EEG recordings, the researchers consistently found that one hemisphere of the animals' brain was in a state of slow-wave sleep, while the other was awake. They rarely observed sleep in both hemispheres, and they recorded no clear signs of the rapid eye movement (REM) sleep associated with dreaming.

During USWS the awake hemisphere of a dolphin's brain controls swimming and surfacing to breathe. As Lilly guessed from cursory observation, the
(4)
animal's one open eye, linked to the opposite-side awake hemisphere of the brain, allows a dolphin to monitor for predators and swim in unison with its companions while the other half of the brain rests. In 1999 P. Dawn Goley of Humboldt State University observed — as did Guido Gnone of the Aquarium of Genoa in Italy and

his colleagues in 2001— that when dolphins swam in groups, the open eye of a group member maintained visual contact with others. If a partner shifted to the opposite side, the eye pattern （　ア　）.

Dolphins also confront cold water temperatures that expose them to high heat loss. Keeping one hemisphere of the brain awake during rest allows the animals to stay warm by frequently moving their flippers and tail to swim and hover near the surface while they sleep — observations reported by Praneshri Pillay and Paul R. Manger, both then at the University of the Witwatersrand, Johannesburg.

Cetaceans evolved from a common terrestrial ancestor with hippopotamuses and other hoofed* mammals. The move from a terrestrial to an aquatic environment was gradual and may have included a semi-aquatic transition that entailed significant physiological and behavioral adjustments. Consequently, cetaceans' sleep behavior represents a singular example of adaptation to a new environment that demonstrates <u>a trade-off between the need for sleep and</u> <sub>(5)</sub> <u>survival</u>.

Humans do not engage in classic USWS, but they occasionally experience <u>something reminiscent of it</u>. Masako Tamaki and her group at Brown University <sub>(6)</sub> made EEG recordings when people spent the night in an unfamiliar environment. In a 2016 publication by Tamaki, the EEGs showed slow waves indicative of deep sleep in the right hemisphere and shallow slow-wave activity in the left hemisphere, a sign of more alertness. The left hemisphere, moreover, was more easily aroused than the opposite half. This asymmetry, referred to as the first-night effect, disappears by the second night but seems to preserve alertness in an unfamiliar place.

出典：Gian Gastone Mascetti (2019) "One Eye Open: Why dolphins, seals and other animals developed the capacity to sleep with half their brain awake," *Scientific American*, June 2019 issue, pp. 36-39 より，一部省略改変

出典追記：Meet the Animals That Literally Sleep with One Eye Open, Scientific American on June 1, 2019 by Gian Gastone Mascetti

（注）　neural　神経の

electroencephalogram（EEG）　脳波図

oscillations　振動

amplitude　振幅

unihemispheric　半脳の

cetacean　海洋哺乳類（の）

hoofed　蹄（ひづめ）のある

（注意）　解答する際，句読点は1マスに1文字記入すること。

1．下線部(1)の内容を40字以内の日本語でわかりやすく説明しなさい。

2．下線部(2)のように言えるのはどうしてか，その理由を本文に即して35字以内の日本語で述べなさい。

3．下線部(3)の thrive と同じ意味を表す表現を次の中から1つ選び，記号で答えなさい。

(A)　stay awake　　(B)　stay resting　　(C)　stay healthy　　(D)　stay warm

4．下線部(4)の cursory の代わりに使える語として最も適切なものを次の中から1つ選び，記号で答えなさい。

(A)　careful　　　(B)　rough　　　(C)　close　　　(D)　detailed

5．下線部(5)の内容を30字以内の日本語でわかりやすく説明しなさい。

6．下線部(6)の something は具体的にどのような現象を指しているか，35字以内の日本語で簡潔に説明しなさい。

7．空所（　ア　）に入る最も適切な語を次の中から1つ選び，記号で答えなさい。

(A)　disappeared　　(B)　reversed　　(C)　resulted　　(D)　followed

**全　訳**

## ■半分の脳しか眠らない動物たち

❶ 動物であれ植物であれ，生物の最も際立った特徴の1つは，それらの生理機能と行動が，昼間の明るさと夜の暗さの間の変動についていけるように順応してきた点にある。環境が発する合図に同調された脳内時計が，24時間周期——概日リズム（それぞれ「およそ」と「1日」という意味の，ラテン語の *circa* と *diem* に由来している）——で変わる生物学的変化を生み出す。このように，地球の自転は我々の神経回路のダイナミクスにおいて再現されるのである。

❷ 睡眠-覚醒の周期は，典型的な概日リズムである。覚醒は，知覚による活動や動きによって特徴づけられる。というのは，睡眠中は感覚が自らを取り巻く環境を認識せず，動きがなくなるからである。この周期的な意識喪失は，脳波図（EEG）の記録に明白なサインとして現れる。つまり，深い眠りは，高振幅のゆっくりとした振動から成るのである。対照的に，覚醒は，速くて低振幅の振動で構成される。しかし，睡眠については多くのことが謎のままである。動物が知覚と運動神経による基本的な活動を何時間も連続で停止して，自らを捕食動物の標的にしてしまうのはなぜなのか。この疑問は，水生の哺乳動物においてより深刻なものになる。水生の哺乳動物は睡眠中に呼吸や体温を調節する必要があるからだ。

❸ 意外なことに，脳の半分が眠っても残りの半分は覚醒したままである——半球睡眠（USWS）として知られる行動——という能力を発達させることでこの問題を解決した動物もいる。さらに，ある状況下では USWS になるが必要な場合には両方の脳を寝かしつけるという動物もいる。海洋哺乳動物，鳥類，そしておそらくは爬虫類も，半分が覚醒して半分が睡眠の状態に入り，時にはこの休息中に片目を開けたままでいる。最近では，研究者たちは，人間にも半脳睡眠の形が残っていることを発見している。

❹ 半脳の睡眠は，睡眠の科学を研究するための説得力のある方法を提供してくれる。活動していない半脳について研究を行いながら，反対側の脳は実験のために必要不可欠な対照例となることができるからである。イルカや一部の鳥類のように，相対的な睡眠不足でも健康でいられる能力は，人間の睡眠障害の治療にアイデアを提供してくれるかもしれない。睡眠障害は片方の脳の方に，もう一方よりも多くの影響を与えることが多いからだ。

❺ 半脳睡眠の研究が始まったのは1964年のことで，その年，物議を醸した研究者であるジョン=C. リリーが，イルカが日々の休息中に片目だけを閉じたままでいるのを観察した後に，その動物は脳の片側を使いつつ眠ることができると示唆した。

リリーは，イルカは眠っているときでも周囲のものを観察し聞き取ることができると推測したのである。海洋哺乳類の脳内で何が起こっているかを解明するには，その後の実験を待つ必要があった。

❻ 海洋哺乳類——クジラ，イルカ，ネズミイルカ——は，依然として半脳睡眠の研究対象である。この動物たちは，祖先の陸上生活から2つの生理的特徴を受け継いでいる。それは空気を呼吸する肺と，水中でほぼ一定の体温を維持するためのメカニズムである。脳の半分による睡眠のおかげで，その動物たちは水中の環境でそれらの特徴を維持することができていると考えられている。

❼ さらに最近になって，ロシア科学アカデミーのA. N. セヴェルツォフ生態学・進化論研究所のレフ=ムハメトフと彼の共同研究者たちが，海洋哺乳類の脳に何が起こっているかについてジョン=C. リリーよりも深く調べた。ムハメトフと共同研究者たちはバンドウイルカの睡眠を広範囲に研究した。EEGの記録では，この研究者たちは，対象となった動物の脳の片側が徐波睡眠の状態にある一方で，もう片方は覚醒しているということを一貫して発見した。脳が両方とも眠っているのが観察されることはめったになく，夢を見ることと関連している急速眼球運動（レム）睡眠の明確な兆候が記録されることは全くなかった。

❽ USWSの間，イルカの脳の覚醒している方の半分は，泳ぐことと呼吸のために浮上することを制御する。リリーが大まかな観察から推論したように，この動物の開いている方の片目——これは反対側の覚醒している半脳とつながっている——のおかげで，イルカは片方の脳が休息している間も，捕食動物を監視したり，仲間たちと共に一斉に泳いだりすることができるのである。1999年に，ハンボルト州立大学のP. ドーン=ゴーリーは，イタリアのジェノバ水族館のガイド=ニョーネと彼の共同研究者たちが2001年に観察したのと同様に，イルカが集団で泳ぐときには集団の成員の開いた目が他のイルカを視認し続けていることを観察した。相手が反対側に位置を変えた場合には，その目の開き方は逆になったのである。

❾ イルカはまた，低水温に直面して多量の熱損失にさらされることがある。休息中も脳の半分を覚醒したままにしておくことで，この動物は眠っている間もヒレや尾を頻繁に動かして泳いだり水面近くまで浮上したりできるので，体温を高く保てるのである。これは，当時ヨハネスブルグのウィットウォーターズランド大学にいたプランシュリ=ピレーとポール=R. マンガーの両者によって報告された観察である。

❿ 海洋哺乳類は，カバやその他の蹄のある哺乳動物と共通の，陸生の祖先から進化した。陸上の環境から水中の環境への移動はゆるやかなものだったので，重大な生理的適応や行動適応を引き起こす半水中の過渡期を含んでいたかもしれない。その結果，海洋哺乳類の睡眠行動は，新しい環境への適応の珍しい一例を表している。

この例は，睡眠の必要性と生存の間の折り合いを示している。

❶ 人間は標準的な USWS をすることはないが，これを連想させるようなことを体験することが時折ある。ブラウン大学の玉置應子と彼女のグループは，人間が不慣れな環境で一夜を過ごしたときの EEG の記録を行った。玉置の 2016 年の発表によると，このときの EEG は右脳では深い眠りを表す徐波を示し，左脳ではそれよりも覚醒していることを表す浅い徐波活動を示した。さらに，左脳は反対側よりも覚醒が容易であった。この非対称は初夜効果と呼ばれ，二晩目には消えてしまうのだが，不慣れな場所での覚醒を維持していると考えられている。

各段落の要旨

❶ 生物の際立った特徴の1つは，昼の明るさと夜の暗さの間の変動に順応できるように 24 時間周期の生物時計を備えている点である。

❷ 睡眠と覚醒には，脳波図でもはっきりとした違いがあるが，なぜ睡眠するのかについては謎が多い。呼吸や体温調節など，睡眠中でも必要なものがあるからだ。

❸ 脳の半分しか眠らないことで，この問題を解決した動物もいる。海洋哺乳動物や鳥類がそうである。

❹ 半脳睡眠の研究が，人間の睡眠障害の治療に役立つかもしれない。

❺ 1964 年，研究者リリーは，イルカが半脳睡眠をしていることを示唆し，眠っていても見たり聞いたりできるのではないかと推測した。

❻ 海洋哺乳動物が肺呼吸や体温調節を維持できるのは，半脳睡眠のおかげである。

❼ 海洋哺乳類の脳についてはさらなる研究が続いていて，研究者ムハメトフは，睡眠中もイルカの脳の片方が覚醒していることを発見した。

❽ イルカの脳の覚醒している半分は，もう片方の脳が休息している間も泳ぎと呼吸を制御している。覚醒している脳とつながっている目が仲間のイルカを捕捉している。

❾ イルカの半脳睡眠は，泳ぎを制御して体温を保つことで低水温にも対応している。

❿ 海洋哺乳類は陸生の祖先から進化したのだが，その過渡期において半脳睡眠のメカニズムが現れたのかもしれない。

⓫ 半脳睡眠に似た兆候は人間においても確認されている。たとえば，右脳は深い眠りをしている一方で左脳はそれよりも覚醒している，というような現象である。

## 解 説

1　▶下線部の意味は「睡眠中は感覚が自らを取り巻く環境を認識せず，動きがなくなる」となる。

語句　lose touch with ～「～と接触が途絶える」　subside「おさまる，静まる」

▶「わかりやすく」という指示があるので，日本語の言い換えが必要になる。「周囲のものとの接触が途絶える」は「自らを取り巻く環境を認識しない」，「動きがおさまる」は「動きがなくなる，動かなくなる」と言い換えられる。

▶〔解答〕では，前半をさらに説明的に「周囲のものを見たり聞いたり感じたりできない」と言い換えている。

2　▶下線部の意味は「この疑問は，水生の哺乳動物においてより深刻なものになる」となる。

語句 acute「深刻な」 aquatic「水生の」

▶直後の which は aquatic mammals を先行詞とする関係代名詞の非制限用法で，疑問がより深刻になる理由を説明している。

▶つまり，「（水生の哺乳動物は）睡眠中に呼吸や体温を調節する必要がある」が理由である。この部分を 35 字以内でまとめる。

3　正解は ©

▶選択肢の意味は以下の通り。

　(A)「起きたままでいる」　(B)「休息し続ける」

　©「健康なままでいる」　(D)「暖かいままでいる」

▶ thrive は「（動植物が）健康に育つ」という意味であるが，この語の意味がわからない場合は文脈から推測することになる。

▶ The ability to thrive with a relative lack of sleep は「相対的に睡眠が足りない状態でも…する能力」という意味になるので，この趣旨に合致する選択肢は©であると考えてよい。

4　正解は ⑱

▶選択肢の意味は以下の通り。

　(A)「注意深い」　⑱「大ざっぱな」　(C)「綿密な」　(D)「詳細な」

▶ cursory は「大まかな，ぞんざいな」という意味なので⑱が最も適切である。

▶この語の意味を知らない場合でも，第5段最終文（It would take …）の「その後の実験を待つ必要があった」や第7段第1文（More recently, Lev …）の「リリーよりも深く調べた」などから，リリーの観察は決して十分なものではなかったことがわかる。

5　▶下線部の意味は「睡眠の必要性と生存の間の折り合い」となる。

▶つまり，完全に眠ってしまうと生存活動ができずに死んでしまうし，生存活動のためにずっと起きていたのでは眠る暇がなくなってしまう，その両立し難い両者のバランスがとられていることを述べているのである。これを 30 字以内でまとめる。

**6** ▶下線部の意味は「それを思い出させるようなこと」となる。

語句　reminiscent「(…を) 思い出させる」(形容詞)

▶it は USWS, つまり脳の半分が眠っている間も, もう半分は起きている状態を指している。

▶具体的には, 最終段第2～4文 (Masako Tamaki and … the opposite half.) に「人間が不慣れな環境で一夜を過ごしたとき…右脳では深い眠りを表す徐波を示し, 左脳ではそれよりも覚醒していることを表す浅い徐波を示した。さらに, 左脳は反対側よりも覚醒が容易であった」の部分を35字以内でまとめればよい。

**7**　正解は (B)

▶選択肢の意味は以下の通り。

(A)「姿を消した」　(B)「逆になった」

(C)「～という結果になった」　(D)「ついていった」

▶the eye pattern「その目の開き方」とは, 左右どちらの目を開いて他のイルカを視界に収めているのかを指している。

▶相手のイルカが反対側に位置を変えて片方の目の視界からいなくなれば, 当然その逆の目を開くことになるだろうと考えられる。よって(B)が最も適切である。

---

**1**　睡眠中の動物は, 周囲のものを見たり聞いたり感じたりできなくなり, 運動も停止する。(40字以内)

**2**　水生の哺乳動物は睡眠中も呼吸や体温調節を停止できないから。(35字以内)

**3**　(C)

**4**　(B)

**5**　睡眠と生存という両立し難いものの間で折り合いをつけること。(30字以内)

**6**　不慣れな場で眠ると, 右脳は熟睡するが左脳は眠りが浅く覚醒しやすい現象。(35字以内)

**7**　(B)

解答

# 12

下の英文の文脈に適合するように，(1)から(3)の（　　）内の語または句を並べ替えるとき，それぞれ 3 番目と 5 番目にくるものを選び，記号で答えなさい。

Modesty or humility is (1) (① important　② of　③ proper behavior　④ aspects　⑤ the most　⑥ one of) in Japan.　In Japanese society, people are expected to be modest regardless of their social position; that is, they must learn to modulate the personal display of talent, knowledge, or wealth in an appropriate manner.　Self-assertiveness is more or less discouraged, while consideration for others is encouraged.　This attitude is illustrated in a famous Japanese proverb "The (2) (① that　② nail　③ down　④ sticks up　⑤ gets　⑥ hammered)" (*Deru kui wa utareru*), which means that those who display their abilities too openly (3) (① by　② the risk　③ crushed　④ run　⑤ of　⑥ being) others.

出典：Roger J. Davies and Osamu Ikeno (eds.) (2002) *The Japanese Mind: Understanding Contemporary Japanese Culture*, p. 143, Tuttle Publishing, North Clarendon, VT より抜粋，一部改変

(1)　3 番目＿＿＿＿　　5 番目＿＿＿＿

(2)　3 番目＿＿＿＿　　5 番目＿＿＿＿

(3)　3 番目＿＿＿＿　　5 番目＿＿＿＿

## 全 訳

### ■出る杭は打たれる

謙遜や謙虚さは日本における適切な振る舞いの最も重要な面の1つである。日本の社会では，人はその社会的地位に関係なく謙虚であることが求められる。つまり，個人的な才能や知識や富を誇示することを，適切に加減できるようにならねばならないのである。自己主張は多かれ少なかれ良しとされず，一方他者への思いやりは奨励される。この態度は有名な日本の諺「出る杭は打たれる」（突き出た釘は打ち込まれることになる）で示されている。これは，自分の能力をあからさまに見せびらかしすぎる人間は，他者から押しつぶされる危険を冒しているのだという意味である。

要旨 日本社会では，謙遜や謙虚さが重要な要素として求められる。この傾向は「出る杭は打たれる」という諺で示されている。

## 解 説

(1) 正解は 3番目：① 5番目：②
▶ one of the＋形容詞の最上級＋名詞の複数形は，英語の表現でよく見られる最上級の使い方である。
▶これに合わせて並べていけば，one of the most important aspects までが完成する。
▶完成文は（Modesty or humility is）one of the most important aspects of proper behavior（in Japan.）となる。

(2) 正解は 3番目：④ 5番目：⑥
▶主語の候補が that と nail，動詞の候補が sticks up と gets で，他に接続詞が見当たらないことから，that は nail を先行詞とする関係代名詞であると考えられる。
▶「出る杭は打たれる」ということわざから，「出る」は関係代名詞 that の動詞，「打たれる」は「出る杭」の述語動詞になる。
▶完成文は（"The）nail that sticks up gets hammered down("）となる。

(3) 正解は 3番目：⑤ 5番目：③
▶ run the risk of *doing*「～する危険を冒す」という表現を知っていれば，ほぼ答えが出来上がる。
▶ *doing* の部分は being で，これに過去分詞 crushed が続き，さらに by（others）

「他人によって」となって英文が完成する。

▶完成文は（… those who display their abilities too openly）run the risk <u>of</u> being <u>crushed</u> by（others.）となる。

# 13

次の英文を読んで，下の問いに答えなさい。

（星印（*）のついた語には本文の後に注があります。）

In Plymouth, under the gray gloom of an English autumn, Richard Thompson waited in a yellow raincoat outside Plymouth University's Coxside Marine Station, at the edge of the harbor. A lean man of 54, Thompson was headed for an ordinary career as a marine ecologist in 1993 — he was studying marine creatures that grow on coastal rocks — when he participated in his first beach cleanup, on the Isle of Man. While other volunteers zoomed in on the plastic bottles and bags and nets, Thompson focused on the small stuff, the tiny particles that lay underfoot, ignored, at the high tide line. At first he wasn't even sure they were plastic. He had to consult forensic chemists to confirm it.

There was a real mystery to be solved back then, at least in academic
　　　　　　　(1)
circles: Scientists wondered why they weren't finding even more plastic in the sea. World production has increased drastically — from 2.3 million tons in 1950, it grew to 162 million in 1993 and to 448 million by 2015 — but the amount of plastic drifting on the ocean and washing up on beaches, alarming as it was, didn't seem to be rising as fast. "That begs the question: Where is it?" Thompson said. "We can't establish harm to the environment unless we know where it is."

In the years since his first beach cleanup, Thompson has helped provide the beginnings of an answer: The (　ア　) plastic is getting broken into pieces so small they're hard to see. In a 2004 paper, Thompson coined the term "microplastics" for these small bits, predicting — accurately, (　イ　) it turned out — that they had "potential for large-scale accumulation" in the ocean.

When I met Thompson in Plymouth last fall, he and two of his students had just completed a study that indicated it's not just waves and sunlight that break

down plastic. In lab tests, they'd watched tiny shrimplike sea creatures that are
(2)
common in European coastal waters devour pieces of plastic bags and
determined they could break down a single bag into 1.75 million microscopic
fragments.　The little creatures chewed through plastic especially fast,
Thompson's team found, when it was coated with the bacterial slime that is their
normal food. They eventually eliminated the plastic bits from their bodies.

Microplastics have been found everywhere in the ocean that people have
searched, from sediments* on the deepest seafloor to ice floating in the Arctic ―
which, (　イ　) it melts over the next decade, could release more than a trillion
bits of plastic into the water, according to one estimate.　On some beaches on the
Big Island of Hawaii, as much as 15 percent of the sand is actually grains of
microplastic.　Kamilo Point Beach catches plastic from the North Pacific gyre*,
the dirtiest of five spinning current systems that (　ウ　) garbage around the
(3)
ocean basins and (　エ　) it into large-scale accumulations.　At Kamilo Point the
beach is piled with laundry baskets, bottles, and containers with labels in
Chinese, Japanese, Korean, English, and occasionally, Russian.　On Henderson
Island, an uninhabited coral island in the South Pacific, researchers have found
an astonishing volume of plastic from South America, Asia, New Zealand, Russia,
and as far away as Scotland.

(　イ　) Thompson and I talked about all this, a day boat called the *Dolphin*
was carrying us through a bay, off Plymouth.　Thompson threw out a fine-mesh
net called a manta trawl, usually used for studying plankton.　We were close to
the spot where, a few years earlier, other researchers had collected 504 fish of 10
species and given them to Thompson.　Dissecting the fish, he was surprised to
find microplastics in the stomach of more than one-third of them.　The finding
made international headlines.

After we'd steamed along for a while, Thompson pulled the manta trawl
back in.　There was a small amount of colored plastic pieces at the bottom.
Thompson himself doesn't worry much about microplastics in his fish and
chips ― there's little evidence yet that they pass from the gut of a fish into the
flesh we actually eat.　He worries (　オ　) can see ― the chemicals added to

plastics to give them desirable properties, and the even tinier nanoplastics that microplastics presumably degrade into. These might pass into the tissues of fish and humans.

"We do know the concentrations of chemicals at the time of manufacture in some cases are very high," Thompson said. "We don't know how much additive is left in the plastic by the time it becomes bite-size to a fish."

"Nobody has found nanoparticles in the environment — they're below the level of detection for analytical equipment. People think they are out there. (4)They have the potential to be stored in tissue, and that could be a game changer."

Thompson is careful not to get ahead of the science on his subject. He's far from an alarmist — but he's also convinced that plastic trash in the ocean is far more than an aesthetic problem. "I don't think we should be waiting for a key finding of whether or not fish are hazardous to eat," he said. "We have enough evidence to act."

出典：Laura Parker (2018) "Planet or Plastic?" *National Geographic Magazine, June Issue*, 49–50. より抜粋，一部改変

（注）

sediment: a soft substance that consists of very small pieces of a solid material that have fallen to the bottom of a liquid

gyre: circular pattern of ocean flow of water

（注意）　解答する際，アルファベットの小文字と数字は１マスに２文字，大文字，引用符，句読点は１マスに１文字記入すること。

1.　下線部(1)について，なぜ mystery とされているのかわかるように，50 字程度の日本語で説明しなさい。

2. 空所（　ア　）に入る最も適切な語を次の中から１つ選び，記号で答えなさい。

(A) harmful　　(B) large　　(C) missing　　(D) precious　　(E) recycled

3. ３カ所の空所（　イ　）に共通して入る最も適切な一語を，本文中から抜き出して書きなさい。ただし，文頭であっても解答は小文字ではじめなさい。

4. 下線部(2)の lab tests でわかったことは何か。最も適切なものを一つ選び，記号で答えなさい。

(A) Tiny shrimplike sea creatures clean up the ocean because they eat up plastic bags.

(B) Tiny shrimplike sea creatures are commonly found in European coastal waters.

(C) Tiny shrimplike sea creatures could break down into very small fragments.

(D) Tiny shrimplike sea creatures are normal food for the plastic-eating bacterial slime.

(E) Tiny shrimplike sea creatures can consume and expel pieces of plastic.

5. 下線部(3)の文について，文脈に合うように（　ウ　）と（　エ　）に入る最も適切な語の組み合わせを次の中から１つ選び，記号で答えなさい。

(A) collect/decrease　　　　　　(B) navigate/extend

(C) purchase/recycle　　　　　　(D) transport/concentrate

6. 空所（　オ　）に次の語を最も適切な順に並べ替えて入れると，２番目と４番目にくる語はそれぞれ何になるか。その語の記号で答えなさい。

(A) none　　　　　　(B) more　　　　　　(C) us

(D) about　　　　　　(E) of　　　　　　(F) the things that

7. 下線部(4)について，"game changer" の意味するところを明らかにしながら，40字程度の日本語で説明しなさい。

## 全　訳

### ■海洋に存在するマイクロプラスチック

❶ プリマスにて，イングランドの秋の灰色の薄暗がりのもと，リチャード=トンプソンは黄色のレインコートを着て，港の端にあるプリマス大学コックスサイド臨界実験所の外で待っていた。54歳のやせた男であるトンプソンは，海洋生態学者としての普通のキャリアへと向かっていた1993年に――彼は沿岸の岩に育つ海洋生物を研究していた――マン島での砂浜の清掃活動に初めて参加した。他の参加者がペットボトルやビニール袋やネットに注目していた一方で，トンプソンは小さいものに，つまり満潮線のところで，足元にあって無視されている極小の粒子に焦点を当てた。初め彼はそれらがプラスチックであることにすら自信がなかった。それを確かめるために彼は法化学者に意見を求めなければならなかった。

❷ 当時，少なくとも学界においては解決すべき本物の謎があった。科学者たちはなぜ海でもっと多くのプラスチックが見つからないのか疑問に思っていた。世界での製造量は劇的に増加した――1950年の230万トンから1993年には1億6200万トンに，そして2015年までには4億4800万トンに増えた――が，海を漂い浜辺に打ち上げられるプラスチックの量は，警戒心を抱かせたにもかかわらず，それほど速く増えているようには見えなかった。「それによって疑問が生じる。それはどこにあるのか？」とトンプソンは言う。「どこにあるのかがわからない限り，環境への害を立証することはできない」

❸ 初めて砂浜の清掃活動に参加して以降何年も，トンプソンは答えの手がかりを与える手助けをしてきた。失われたプラスチックは，砕けてほとんど見えないほど小さな破片になっているのだ。2004年の論文で，トンプソンはこうした小さな破片を指す「マイクロプラスチック」という用語を造ったが，彼が――後でわかったように，正確に――予言していたのは，それらが海で「大規模に集積する可能性」を有しているということであった。

❹ 昨秋にプリマスでトンプソンに会ったとき，彼と教え子の学生2人は，プラスチックを分解するのは波と太陽光だけではないと示す研究を完成させたところであった。研究室での実験で彼らは，ヨーロッパ沿岸の海でよく見られる極小のエビのような海の生物が，ビニール袋の破片をむさぼり食う様を見て，それらが1つの袋を175万の微細な断片に分解しうることを突き止めた。トンプソンのチームは，その小さな生物が，プラスチックが自らの通常の餌である細菌粘質に覆われていると，特に速くそれを噛み砕くことを発見した。それらは最終的にプラスチック片を体内から除去した。

❺　マイクロプラスチックは，最深の海底の沈殿物から，北極に浮かぶ氷——ある推計によると，今後10年間で溶けたときに，1兆個以上のプラスチック片を海水中に放出する可能性がある——まで，人が探索したことがある海のどの場所でも見つかっている。ハワイのビッグアイランドのいくつかの砂浜では，砂のうちなんと15パーセントが実際はマイクロプラスチックの粒である。カミロポイント・ビーチには北太平洋旋廻からプラスチックが流れついているが，それは海盆中のゴミを運搬して集め，大規模に蓄積する，5つの循環海流系の中で最も汚いものである。カミロポイントでは，砂浜には洗濯カゴやボトル，容器が山積みになっており，中国語や日本語，韓国語，英語，そして時たまロシア語で書かれたラベルが付いている。南太平洋にある無人のサンゴ島であるヘンダーソン島で，研究者たちは南アメリカやアジア，ニュージーランド，ロシア，さらには遠くスコットランドから来た驚くべき量のプラスチックを発見した。

❻　このことすべてについて話しながら，トンプソンと私は「ドルフィン号」というデイボートに乗って湾を通り抜け，プリマス沖へと移動していた。トンプソンはマンタトロールと呼ばれる，ふつうプランクトンを調査するのに使われる網目の細かいネットを放り投げた。2，3年前に，他の研究者が10種504匹の魚を収集してトンプソンに渡していた地点の近くに私たちはいた。その魚を解剖してみた際，彼はそのうちの3分の1以上の魚の胃にマイクロプラスチックを見つけて驚いた。その発見は国際的に大きく取り上げられた。

❼　しばらく汽走した後で，トンプソンはマンタトロールを引き戻した。底に少量の色のついたプラスチックの破片があった。トンプソン自身は，自分が食べるフィッシュアンドチップスにマイクロプラスチックが入っているという心配はさほどしていない——それらが魚の内臓を抜けて，私たちが実際に食べる肉に入り込むという証拠はまだほとんどない。彼は私たちの誰も見ることができないものについてより心配しているのだ——プラスチックに望ましい性質を持たせるために添加される化学物質と，マイクロプラスチックが分解されてできると推測される，より一層微小なナノプラスチックである。これらは魚や人間の体組織へ入ってくるかもしれない。

❽　「製造の際の化学物質の濃度はとても高い場合があるということを，私たちは確かに知っている」とトンプソンは言う。「魚にとっての一口大になるまでに，どれくらいの添加物がプラスチックの中に残っているのかはわからない」

❾　「ナノ粒子を環境中に発見した者はいない——それは分析装置で探知できる水準を下回っている。人々はそれらが遠いところにあると思っている。それらは体組織に貯蔵される可能性があり，そうなると流れが変わってしまいかねない」

❿　トンプソンは自分の研究分野の科学的知見を追い越すことがないよう注意して

いる。彼は決して人騒がせな人物ではないのだ——しかしまた，海のプラスチックゴミは美的問題どころの話ではないということを確信してもいる。「魚は食べると危険なのかどうかの鍵となる発見を待っているべきではないと思う」と彼は言う。「私たちは行動するのに十分な根拠を持っている」

**各段落の要旨**

❶ 1993 年，リチャード=トンプソンはマン島の砂浜の清掃活動に参加し，プラスチックと思われる極めて小さな粒子を見つけた。

❷ 科学者たちは，世界でのプラスチックの製造量は年々急増しているにもかかわらず，海や浜辺で見つかる量はそれほど多くないことに疑問を覚えていた。

❸ トンプソンが考えた可能性は，プラスチックが目に見えないほどの小さな破片「マイクロプラスチック」になったのではないかということであった。

❹ プラスチックを分解したのは，波や太陽光だけでなく，プラスチックを噛み砕くエビのような生物だった。

❺ マイクロプラスチックは世界中のどの海でも見つかっており，通常のプラスチックも特定のビーチで大量に集積している。

❻ 数年前に多くの魚の胃からマイクロプラスチックを見つけた地点で，トンプソンと私は目の細かい網を使って調査を行った。

❼ マイクロプラスチックよりもさらに微細なナノプラスチックに変化した場合，人間の体組織へ入ってくるかもしれない。

❽ プラスチックが魚の口に入る大きさにまで分解されたときに，化学物質がどの程度プラスチックに含まれているかは不明である。

❾ ナノプラスチックは体組織内で貯蔵される可能性がある。

❿ 科学的根拠がすべて出そろうのを待っていては間に合わないかもしれない。

## 解 説

1 ▶下線部の意味は「本物の謎」となる。

▶これがどんな謎なのかは，当該文にコロンで続く文（Scientists wondered why …）に述べられている。

▶さらにそれに続く文（World production has …）では，なぜそれが謎なのかが具体的に説明されている。ここを中心に50字程度でまとめる。

2 正解は ⒞

▶選択肢の意味は以下の通り。

⒜「有害な」 ⒝「大きな」 ⒞「失われた，行方不明の」

⒟「貴重な」 ⒠「再利用された」

▶第2段（There was a …）で「増えたプラスチックはどこへ行ったのか」という疑

---

問が呈され，それを受ける第3段第1文（In the years …）に「トンプソンは答えの手がかりを与える手助けをしてきた」とある。

▶それに続く文であるから，「失われたプラスチック」という意味になる(C)が最も適切である。

## 3 正解は as

▶いずれも直後が主語と動詞で始まっていることから，空所（イ）には接続詞か関係詞が入ると予想されるが，先行詞に当たる語が見当たらない点や，2つ目の（イ）ですでに関係代名詞 which が用いられている点などから，関係詞ではなく接続詞が入ると考えてよい。

▶第2段第2文（World production has …）にある as（ここでは［譲歩］の意味）を入れると，第3段第2文（In a 2004 …）は「後でわかったように」という［様態］の意味で成立する。

▶次に，第5段第1文（Microplastics have been …）は「今後10年間で溶けたときに」，また，第6段第1文（（ イ ）Thompson and …）は「このことすべてについて話している間〔話しながら〕」という［時〔同時〕］の意味でそれぞれ成立する。

## 4 正解は (E)

▶選択肢の意味と分析は以下の通り。

(A)「極小のエビのような海の生物はビニール袋を食べつくすので海をきれいにする」この生物が海をきれいにしているという記述はないので不適。

(B)「極小のエビのような海の生物はヨーロッパ沿岸の海に広く見られる」 これは事実で本文でも述べられているが，研究室での実験でわかったことではないので不適。

(C)「極小のエビのような海の生物はとても小さな断片に分解されうる」 生物がプラスチックを分解するのであって，生物自身が分解されるのではないので不適。

(D)「極小のエビのような海の生物はプラスチックを食べる細菌粘質の通常のエサである」 細菌粘質がプラスチックを食べるという記述はなく，逆に細菌粘質の方が海の生物のエサであると述べられており不適。

(E)「極小のエビのような海の生物はプラスチック片を摂取して吐き出すことができる」 第4段第2文（In lab tests, …）から同段最終文（They eventually eliminated …）にかけて，エビのような海の生物は「プラスチックを噛み砕いて微細な断片にし，最終的に体内から除去した」と述べられている。(E)はこの内容に合致する。

語句 devour「〜をむさぼり食う」

## 5 正解は (D)

▶選択肢の意味は以下の通り。

(A)「～を集める／～を減らす」 (B)「～を誘導する／～を拡張する」

(C)「～を購入する／～を再利用する」 (D)「～を運搬する／～を集める」

▶当該文の前半に「カミロポイント・ビーチには北太平洋旋廻からプラスチックが流れついている」とあり，下線部は北太平洋旋廻を同格で言い換えて説明している箇所の一部である。

▶下線部の意味は「海盆中のゴミを（　ウ　）し，（　エ　）して大規模な蓄積にする」となる。この趣旨に合致するのは「運搬して集める」であり，(D)が最も適切である。

[語句] basin「（海）盆」 accumulation「蓄積」

## 6 正解は 2番目：(D)　4番目：(A)

▶まず，直前の worries に対応する前置詞は(D) about であり，その目的語は(F) the things that であると考えられる。

▶この that は関係代名詞と予想されるが，これが導く動詞が選択肢にはないため，空所直後の can see がそれに当たると判断する。

▶次に，動詞 see は他動詞なので，関係代名詞 that がその目的語であると考えると，see の主語になることができるのは(A) none だけであり，(C)・(E)と組み合わせて none of us とし，これが can see の主語になる。

▶残る(B) more は比較の副詞なので動詞 worries の直後に置く。これは直前の文の「トンプソン自身は，自分が食べるフィッシュアンドチップスにマイクロプラスチックが入っているという心配はさほどしていない」との比較である。

▶最後に，空所直後のダッシュ以下は，the things that … と同格で，補足説明をしている。ここで「化学物質やより一層小さいナノプラスチック」と述べられていることからも，「私たちの誰も目に見えない」という意味が当てはまることがわかる。

▶完成文は (He worries) more about the things that none of us (can see) となる。

## 7

▶下線部の意味は「それらは体組織に貯蔵される可能性があり，それがゲームチェンジャーになってしまうかもしれない」となる。

▶ game changer の本来の意味は「試合の状況を一気に好転させる選手」であるが，そこから「大きな変化をもたらす革新的なもの」を指す比喩としても用いられる。

▶下線部の主語 They が指しているのは同段第1文（"Nobody has found …）にある nanoparticles であり，「それが体組織に貯蔵される」ことで変わってしまう「状況」が何であるかを第1文およびその直後の文から読み取る。

▶第1文では「環境中では見つかっていない」，第2文（People think they …）では「それは（自分とは関係のない）遠いところにあるのだと人々が考えている」と述べられている。

▶したがって，変わってしまうのはそのような（ナノ粒子についての懸念がない）状況であると考えられる。この内容を40字程度でまとめる。字数が少ないので，必要な情報を吟味すること。

.

1　世界のプラスチック生産量は急増しているのに，海や浜辺で見つかる量は同じ速さでは増えていないようだから。（50字程度）

2　(C)

3　as

4　(E)

5　(D)

6　2番目：(D)　4番目：(A)

7　ナノ粒子が体組織に蓄積されれば，もはや人間に無関係な存在ではなくなりうるということ。（40字程度）

解答

# 14

次の英文を読んで，下の問いに答えなさい。

（星印（＊）のついた語には本文の後に注があります。）

Anthropologists at the Smithsonian's National Museum of Natural History and an international team of collaborators have discovered that early humans in East Africa had — by about 320,000 years ago — begun trading with distant groups, using color pigments* and manufacturing more sophisticated* tools than those of the Early Stone Age. These newly discovered activities approximately （　ア　）to the oldest known fossil record of *Homo sapiens* and occurred tens of thousands of years earlier than previous evidence has shown in eastern Africa. These behaviors, which are characteristic of humans who lived during the Middle Stone Age, replaced technologies and ways of life that had been in place for hundreds of thousands of years.

Evidence of these significant events in humans' development comes from the Olorgesailie Basin in southern Kenya, which holds an archeological* record of early human life spanning more than a million years. The new discoveries, reported in three studies published March 15 in the journal *Science*, indicate that these behaviors emerged during a period of tremendous environmental variability
(1)
in the region. As earthquakes remodeled the landscape and the climate changed between wet and dry conditions, technological innovation, social exchange networks and early symbolic communication would have helped early humans survive and obtain the resources they needed despite uncertain conditions, the scientists say.

"This change to a very sophisticated set of behaviors that involved greater mental abilities and more complex social lives may have been the leading edge that distinguished our direct ancestors from other early humans," said Rick Potts, director of the National Museum of Natural History's Human Origins

Program. He is the lead author of one of the three *Science* publications that describe the challenges of adaptation that early humans faced during this phase of evolution. Alison Brooks, a professor of anthropology at George Washington University is the lead author of the paper that focuses on the evidence of early resource exchange and use of coloring materials in the Olorgesailie Basin. A third paper, by Alan Deino at the Berkeley Geochronology Center and colleagues, details the timeline of the Middle Stone Age discoveries.

The first evidence of human life in the Olorgesailie Basin comes from about 1.2 million years ago. For hundreds of thousands of years, people living there made and used large stone-cutting tools called handaxes. Beginning in 2002, Potts, Brooks and their team discovered a variety of smaller, more carefully shaped tools in the Olorgesailie Basin. The tools were surprisingly old — made between 320,000 and 305,000 years ago. These tools were carefully crafted and more specialized than the large, all-purpose handaxes. Many were points designed to be attached to a handle and used as weapons, while others were shaped as scrapers.

While the handaxes of the earlier era were manufactured using local stones, the Smithsonian team found small stone points made of non-local obsidian* at their Middle Stone Age sites. The team also found larger, unshaped pieces of the sharp-edged volcanic stone at Olorgesailie, which has no obsidian source of its own. The diverse chemical composition of the artifacts* matches that of a wide range of obsidian sources in multiple directions 15 to 55 miles away, suggesting exchange networks were ( イ ) to move the valuable stone across the ancient landscape.

The team also discovered black and red rocks at the sites, along with
                                    (2)
evidence that the rocks had been processed for use as coloring material. "We don't know what the coloring was used on, but coloring is often taken by archeologists as the root of complex symbolic communication," Potts said. "Just as color is used today in clothing or flags to express identity, these pigments may have helped people communicate membership in alliances and maintain ties with distant groups."

Hoping to understand what might have driven such fundamental changes in human behavior, the research team integrated data from a variety of sources to assess and reconstruct the ancient environment in which the users of these artifacts lived. Their findings suggest that the period when these behaviors emerged was one of changing landscapes and climate, in which the availability of resources would have been insufficient. Geological evidence indicates that an extended period of climate instability affected the region beginning around 360,000 years ago; at the same time earthquakes were continually altering the landscape. Although some researchers have proposed that early humans evolved gradually in response to a dry environment, Potts says his team's findings support an alternative idea. Environmental variability would have presented significant challenges to inhabitants of the Olorgesailie Basin, prompting changes in technology and social structures that improved the likelihood of securing resources during <u>times of shortage</u>.
(3)

出典：Newsdesk (2018) "Scientists Discover Evidence of Early Human Innovation, Pushing Back Evolutionary Timeline." (https://newsdesk.si.edu/releases/scientists-discover-early-human-innovation-pushing-back-evolutionary-timeline より抜粋，一部改変)

（注）

pigment: a substance used for coloring

sophisticated: more complex or refined

archeology: the study of societies and peoples of the past

obsidian: a hard, dark, glass-like volcanic rock

artifact: an object made by humans

（注意）　解答する際，アルファベットの小文字と数字は1マスに2文字，大文字，引用符，句読点は1マスに1文字記入すること。

出典追記：Scientists Discover Evidence of Early Human Innovation, Pushing Back Evolutionary Timeline, Smithsonian on March 15, 2018 by Randall Kremer and Ryan Lavery

1. 空所（　ア　）に入る最も適切な1語を次の中から1つ選び，記号で答えなさい。

(A) date　　　(B) due　　　(C) estimate　(D) originate　(E) prove

2. 下線部(1)の these behaviors は何を指すか，50字程度の日本語で述べなさい。

3. 空所（　イ　）に入る最も適切な2語を次の中から1つ選び記号で答えなさい。

(A) at stake　　　　　(B) in charge　　　　　(C) in place

(D) on purpose　　　　(E) on time

4. 下線部(2)の black and red rocks は具体的にどのような目的で使用されたと推測されているか，40字程度の日本語で説明しなさい。

5. 下線部(3)と同じ意味になるように書きかえるとき，以下の空所に入る最も適切な表現を，同じ段落内から抜き出して書きなさい。

　　times when （　　　　　　　　　　　　　　　　）

6. 次のそれぞれの記述について，本文の内容に合っているものには○を，そうでないものには×を記入しなさい。すべて○あるいは×を記入した場合は採点の対象としません。

(A) Archeologists revealed that color pigments found at ancient sites had been used to dye flags and clothing materials.

(B) The Smithsonian team discovered that artifacts at the Middle Stone Age sites contained materials originating from various regions.

(C) The oldest fossil found in East Africa shows evidence that early humans had more advanced technologies than previously believed.

(D) Recent advances in archeological techniques for analyzing fossils have overturned our common understanding of early human behaviors.

全　訳

## ■東アフリカの石器時代の人類に関する新発見

❶ スミソニアン国立自然史博物館の文化人類学者と国際共同研究チームは，東アフリカの初期人類が，約32万年前までには遠方の集団との取引を始めており，着色顔料を用い，さらに前期旧石器時代のものよりも洗練された道具を製造していたことを発見した。これらの新たに発見された活動は，現存する最古のホモ・サピエンスの化石記録にさかのぼり，東アフリカにおいて以前の証拠が示してきたものより数万年早く起こった。これらの行動は，中期旧石器時代に生きていた人類に特徴的なものであり，それまで数十万年にわたって用いられていた技術と生活様式に取って代わった。

❷ こうした人類の発達における重大な出来事の証拠は，ケニア南部のオロガサリエ盆地に由来し，そこには100万年以上にわたる初期人類の生活の考古学的記録がある。その新たな発見は，3月15日刊行の『サイエンス』誌に掲載された3つの研究において報告されたのだが，これらの行動がその地域における多大な環境変動の時期に発生したと示している。地震によって地形が変わり，気候が湿潤状態と乾燥状態の間で変動する中では，技術的革新や社会的交換網，初期の記号的コミュニケーションが，初期人類が生存し，不確かな条件下であっても必要な資源を入手する手助けとなったのだろうと科学者たちは言う。

❸ 「このような，より高度な知的能力とより複雑な社会生活を伴う，非常に洗練された一連の行動への変化は，私たちの直接の祖先を他の初期人類と区別する最先端であったのかもしれない」と国立自然史博物館の人類起源プログラムを指揮するリック=ポッツは言う。彼は，初期人類が進化のこの時期に直面した適応の課題を説明する『サイエンス』誌の3つの掲載記事のうちの1つの筆頭著者である。ジョージ・ワシントン大学の文化人類学教授であるアリソン=ブルックスは，オロガサリエ盆地における初期の資源の交換と着色料の使用の証拠に焦点を当てる論文の筆頭著者である。第3の論文は，バークレー地質年代学研究所のアラン=ダイノと同僚によるものだが，中期旧石器時代の発見の時系列を詳述している。

❹ オロガサリエ盆地の人間生活の最初の証拠は，約120万年前にまでさかのぼる。数十万年にわたって，そこに住む人々は握斧と呼ばれる，石を切る大きな道具を作って用いていた。2002年に始まって，ポッツとブルックスおよびその研究チームは，オロガサリエ盆地において，より小さく，注意深く形作られた様々な道具を発見した。その道具は驚くほど古く，32万年前から30万5000年前の間に作られたものだった。これらの道具は注意深く精巧に作られ，大きな多目的の握斧よりも用途に

特化していた。多くは持ち手に取り付けて武器として使うよう設計された尖頭器であり、一方ではヘラの形をしているものもあった。

❺ それ以前の時代の握斧は地元の石を用いて製造されていたが、スミソニアンのチームは、調査した中期旧石器時代の遺跡で、地元のものではない黒曜石で作られた小さな石の尖頭器を発見した。チームはまた、より大きく形の整っていない、角の鋭いその火山石の破片をオロガサリエで発見したが、オロガサリエには自前の黒曜石の産地はない。それら遺物の多様な化学組成は、15〜55マイル離れた様々な方角の幅広い黒曜石の産地のそれと一致しており、その貴重な石を古代のあちこちに運ぶために交換網が整備されていたことを示唆している。

❻ チームはまた、その遺跡で黒色と赤色の岩を、その岩が着色料としての用途のために加工されていたという証拠とともに発見した。「その着色料が何に使われたのかはわからないが、着色は複雑な記号的コミュニケーションの起源であると考古学者にみなされることがよくある」とポッツは言った。「色が今日、アイデンティティを表すために服装や旗に使われるのとちょうど同様に、これらの顔料は人々が共同体の一員であることを伝え、遠方の集団とのつながりを維持する助けとなったのかもしれない」

❼ 人類の行動のそのような根本的な変化の原動力となったかもしれないものを理解することを期待して、研究チームは、これらの遺物の使用者が暮らしていた古代の環境を評価し復元するために、様々な出所から得られた資料を統合した。彼らの発見は、これらの行動が生じた時期は地形と気候が変動していた時期であり、そこでは資源の利用可能性が不十分だったのであろうと示唆している。地質学的な証拠により、約36万年前に始まる長期間の気候が不安定な時期がその地域に影響を与え、同時に地震によって絶えず地形が変わっていたことが示されている。初期人類は乾燥した環境に合わせて徐々に進化したという考えを提示する研究者もいるが、ポッツは自分のチームの発見が別の考えを支持していると言う。環境の流動性はオロガサリエ盆地の住人に重大な試練を課し、不足の時代に資源を確保する可能性を向上させる技術と社会構造の変化を促したであろう。

各段落の要旨

❶ 新しい研究によって、約32万年前には東アフリカの初期人類は遠方と取引し、洗練された道具を製造していたとわかった。これは従来の定説よりもさらに数万年早いものである。

❷ このような人類の発達の証拠はケニア南部に由来する。こうした行動は地震や気候変動などの環境変動の時期に発生した。

❸ 初期人類の行動の変化は、『サイエンス』誌の3つの論文で示されており、環境への適応、交易および着色料の使用などに焦点が当てられている。

❹ オロガサリエ盆地では、精巧な作りで目的に特化した道具が発見されている。これ

らは 30〜32 万年前に作られたものである。

❺ これらの道具の材料の産地は現地から遠く離れたところにあるので，運搬のための交換網が整備されていたことが示唆されている。

❻ その遺跡では，黒色と赤色の岩が着色料を作るために加工されていたことも発見された。アイデンティティを表すための顔料として用いられたのではないかと考えられている。

❼ これらの発見は，人類が乾燥した環境の下で徐々に進化したのではなく，環境の変化という試練を乗り越えるために行動が変化したという考えを支持している。

## 解　説

### 1　正解は Ⓐ

▶選択肢の意味は以下の通り。

　Ⓐ「(to と結合して) 〜にさかのぼる」　(B)「(to と結合して) 〜が原因で」

　(C)「見積もりをする」　(D)「起こる，生じる」　(E)「〜であるとわかる」

▶当該箇所にはこの文の主語 These newly discovered activities に対応する動詞が入り，また直後に前置詞の to が続くことから，その動詞は自動詞であると判断できる。Ⓐの date を入れると，「現存する最古のホモ・サピエンスの化石記録にさかのぼる」という意味になり，文として成立する。

### 2

▶下線部の意味は「これらの行動」となり，その指示内容は第1段第1文（Anthropologists at the …）の that 以下に示されている。この部分を和訳して指定の字数でまとめる。

▶なお，第1段第2文にある These newly discovered activities，第3文にある These behaviors も同じ内容を指している。

語句　anthropologist「文化人類学者」　collaborator「共同研究者，共著者」

### 3　正解は Ⓒ

▶選択肢の意味は以下の通り。

　(A)「危機に瀕して」　(B)「担当して」　Ⓒ「整えられて」

　(D)「〜する目的で，わざと」　(E)「時間通りに」

▶当該段落の第1文（While the handaxes …）および第2文（The team also …）には，現地のものではない黒曜石を使った石器や黒曜石の破片が見つかったことが述べられている。

▶また，当該文の前半では，その組成が離れた場所の黒曜石の組成と一致していたこ

とが述べられている。

▶したがって，当該箇所は，to move the valuable stone across the ancient landscape「その貴重な石を古代のあちこちに運ぶために」，exchange networks「交換網」があった，という趣旨であると考えられる。

▶(C)を選べば，「貴重な石を古代のあちこちに運ぶため交通網が整えられていた」となり，意味が成立する。

▶なお，(A)の at stake と(B)の in charge が後にとるのは to 不定詞ではなく of＋動名詞の形である。

語句　obsidian「黒曜石」

**4** ▶下線部の意味は「黒色と赤色の岩」となる。

▶これらの岩の使用目的については，当該段落全体で説明されているので，この部分の内容をまとめればよいのだが，指定の字数が少ないので，必要な情報を端的に盛り込む必要がある。

▶第1文（The team also …）から「着色料としての用途」，第2文（"We don't know …）から「記号的コミュニケーション」，最終文（"Just as color is …）から「仲間であることを伝え，遠方の集団との絆を保つ」という情報をそれぞれ拾い上げる。

**5** ▶下線部の意味は「不足の時代〔時期〕」となる。

▶解答の直前の when は times を先行詞とする関係副詞で，「…な時代」という意味になる。

▶「何かが不足している時代」について具体的な記述がある箇所を探すと，同段第2文（Their findings suggest …）にある the availability of resources would have been insufficient「資源の利用可能性が不十分だったであろう」が答えになっていることがわかる。

▶この文中の関係代名詞 which は，one of … climate を先行詞としており，one は a period のことである。この period は time とほぼ同義語であり，insufficient「不十分な」が shortage の言い換えとなっている。

**6** (A)「考古学者たちは，古代遺跡で見つかった着色顔料は旗や衣料を染めるのに用いられていたことを明らかにした」

▶第6段最終文（"Just as color …）で述べられているように，旗や衣料を染める用途は現代のものであるため不適。

(B)「スミソニアンのチームは，中期旧石器時代の遺跡の遺物は様々な地域を起源と

する物質を含んでいることを発見した」

▶第5段（While the handaxes …）の内容に合致している。

Ⓒ　「東アフリカで発見された最古の化石は，初期人類が以前に考えられていたよりも進んだ技術を持っていたという証拠を示している」

▶本文中に「東アフリカで発見された最古の化石」に関する言及はない。また，東アフリカで新たに発見されたものとして本文のテーマになっているのは着色顔料や石器であり，化石ではないので不適。

Ⓓ　「化石を分析する考古学上の技術における最近の進歩は，初期人類の行動についての私たちの共通の理解を覆した」

▶化石を分析する考古学上の技術が進歩したという記述はないので不適。

---

1　Ⓐ

2　東アフリカで，初期人類が遠方の集団と交易し，着色顔料を使い，前期旧石器時代より洗練された道具を製造していたこと。(50字程度)

3　Ⓒ

4　仲間であることを伝え，遠方の集団との絆を保つ記号を示す着色料として使用された。(40字程度)

5　the availability of resources would have been insufficient

6　Ⓐ—×　Ⓑ—○　Ⓒ—×　Ⓓ—×

# 15

次の英文を読んで，下の問いに答えなさい。

（星印（＊）のついた語には本文の後に注があります。）

A recent survey concluded that the average British person will say *sorry* more than 1.9 million times in his lifetime. This may strike some as a conservative estimate. From this, one might think that the British are especially polite. This might be true if *sorry* were always, or even usually, a straightforward apology. It isn't. The reason they stay on the sorry-go-round is
(1)
that the word, in their English, is so very versatile. A.A. Gill, writing for the benefit of visitors to the London Olympics, boasted that Londoners were just permanently irritated. He said, "I think we wake up taking offense. All those English teacup manners, the exaggerated please and thank yous, are really the
(2)
muzzle we put on our short tempers. There are, for instance, a dozen inflections* of the word sorry. Only one of them means 'I'm sorry.'"

Here are just a few of the many moods and meanings these two syllables can convey:

"Sorry!" (I stepped on your foot.)

"Sorry." (You stepped on my foot.)

"Sorry?" (I didn't catch what you just said.)

"SOrry." (You are an idiot.)

"SORRY." (Get out of my way.)

"SorRY." (The nerve of some people!)

"I'm sorry but..." (Actually I'm not at all.)

"Sorry..." (I can't help you.)

It's all in the tone, of course, and this is where *sorry* becomes permanently lost in translation. An American friend will never forget （　ア　） she finally

figured out that *sorry* can be a tool of passive aggression in Britain's hierarchical social system — a form of dismissal. （　ア　） she was a college kid in England and people gave her an apology that was not sincere, but meant to put her in her place, she would respond earnestly, "Oh, no, it's OK!　Don't worry!"　Why
(3)
wouldn't she?　There are times when luck favors the ignorant.

　　The British have a reputation for being passive-aggressive because they seem not to be saying what they mean — at least, not with words.　In British culture, a word like *sorry* takes on shades of meaning that someone from outside will not be able to understand （　イ　） any degree of sophistication*, especially if he is from a culture that is more comfortable （　イ　） confrontation, or one that accepts a wider range of small talk among strangers.　The British use *sorry* to protest, to ask you to repeat yourself, to make you feel calm, and to smooth over social awkwardness as much as — if not more than — they use it to apologize.　But most of the time, their object is politeness of a particularly British kind, to wit: politeness as refusal.

　　British courtesy often takes the form of what sociolinguists Penelope Brown and Stephen C. Levinson have called "negative politeness" — which depends on
(4)
keeping a respectful distance from others and not imposing on them.　Its opposite, positive politeness, is inclusive and assumes others' desire for our approval.

　　Only the Japanese — masters of negative politeness — have anything even approaching the British *sorry* reflex.　No wonder visiting Americans are so often caught off guard, and so often feel they've been the objects of passive aggression or dismissal instead of politeness.　Their misunderstanding of what constitutes politeness in Britain is not surprising, since Americans epitomize* positive politeness.

　　（　ア　） Americans say *sorry*, they mostly mean it.　But, at least to British ears, they don't necessarily mean anything else they say.　Americans repeat seemingly empty phrases like "Have a nice day!"　They also give and receive compliments easily, even among strangers.　The British find this behavior highly suspect.　Hence, the American reputation for insincerity.

The English novelist Patricia Finney has said that she loves Americans because "it doesn't matter whether people actually respect me or not, so long as they treat me （　イ　） courtesy and respect... I really don't mind if nice American check-out guys tell me to have a nice day and are really thinking, 'hope you have a terrible day,' so long as I don't know about it. I think sincerity is overrated in any case." Americans don't. Americans prize sincerity above most qualities. An American friend of Finney's accordingly defended the practice, saying Americans "... do respect people. It's not faked."

It could be that Americans have stopped hearing themselves. Just like the British with their *sorry*, they have certainly stopped expecting a response. Imagine the shock of a salesman who said, "Have a nice day!" to the grandfather of a friend, who answered, "Thank you, but I have other plans."

Americans are sociable and approval-seeking. They look for common ground with others and genuinely want to connect. This often takes the form of compliments — especially to complete strangers. This is because <u>American society's fluidity can lead to insecurity</u>. Your place in the hierarchy is based not
<sub>(5)</sub>
on who you *are*, but what you *do* (and how much you *make*). Therefore, Americans seek reassurance that they are doing all right. But the marvelous thing is that they also seek to give reassurance. That may be the quality that Finney was responding to.

In British culture, you're assumed to be secure in your place, to know where you stand. But in real life, who does? Practically no one. （　　6　　） When there's nothing to say, we can avoid social awkwardness and either deflect* (UK) or connect (USA) — all in the name of politeness. *Sorry* simultaneously avoids confrontation and, when used sincerely, allows people to show how lovely they are, *really*, despite their minor transgressions*. American compliments allow for a little connection, and strengthen your belonging on a level that's comfortable — at least if you're American.

出典追記：That's Not English : Britishisms, Americanisms and What Our English Says About Us by Erin Moore, Gotham Books

(注)

inflection: the way the sound of your voice goes up and down when you are
speaking

sophistication: the state of being very well designed and very advanced

epitomize: to be a very typical example of something

deflect: to do something to stop people paying attention to you, criticizing
you, etc.

transgression: something that is against the rules of social behavior or
against a moral principle

(注意)　解答する際, アルファベットの小文字は2文字で1字分, 大文字は1文字で1字分とします。

1. 下線部(1)が示す現象が生じているのはなぜか, 40字程度の日本語で説明しなさい。

2. 以下の選択肢の中で, 下線部(2)の言い換えとして最も適切なものはどれか, 記号で答えなさい。

All those English teacup manners, the exaggerated please and thank yous,
are really what...

(A)　make us offensive

(B)　prevent us from showing anger

(C)　we are sorry about

(D)　we really want to show

3. 以下の選択肢の中で, 下線部(3)の意味に最も近いのはどれか, 記号で答えなさい。

(A)　apologize to her for taking her place

(B)　remind her of her position

(C)　return her to where she was

(D)　take the place of her


4. 下線部(4)が示す現象の具体例として最も<u>不適切なもの</u>を以下の選択肢から１つ
選び，記号で答えなさい。


　　相手に頼みごとをするときに，

(A)　直接的な表現を避ける。

(B)　はじめに謝罪する。

(C)　ためらい表現を入れる。

(D)　友達口調で話す。


5. 下線部(5)のような理由を挙げる背景とはどのようなものか，70字程度の日本
語で説明しなさい。


6. 空所(　6　)に入る最も適切な英文を以下の選択肢から１つ選び，記号で答え
なさい。


　　*Sorry . . .*

(A)　and American compliments are contrary to each other.

(B)　and American compliments serve similar social purposes.

(C)　is very different from American compliments for social purposes.

(D)　serves as a politeness device, but American compliments do not.


7. 空所(　ア　)と(　イ　)のそれぞれに共通して入る最も適切な語を以下の選択
肢から１つ選び，記号で答えなさい。ただし，本文では文頭にくる場合も，以下
の選択肢では小文字にしてある。

[(　ア　)用の選択肢]

(A)　how　　　　(B)　since　　　　(C)　when　　　　(D)　where


[(　イ　)用の選択肢]

(A)　at　　　　(B)　in　　　　(C)　on　　　　(D)　with

8. 次のそれぞれの記述について，本文の内容に合っているものにはTを，そうで
ないものにはFを記入しなさい。

(A)　Americans often give and receive compliments because their behavior is
based on negative politeness.

(B)　Americans often say seemingly empty phrases because they usually want
a relationship with others.

(C)　The British do not use *sorry* to mean it, because they have a negative
nature.

(D)　The British tend to conceal what they really feel.

## ■イギリス人は sorry という言葉をどのように使うか

❶ ある最近の調査によると，一般的なイギリス人は sorry という言葉を，生涯を通じて 190 万回以上も口にする，と結論づけられた。この数字は，控えめに見積もられたものであるとの印象をもつ人もいるかもしれない。このことから，イギリス人は特に礼儀正しいのだと思う人もいるだろう。そうかもしれないが，sorry という言葉がいつも，もしくは大体の場合でもよい，直接的な謝罪の言葉であればの話である。実際はそうではないのである。sorry という言葉をしょっちゅう口にする理由は，イギリス英語において，sorry という言葉が，幅広い用途で用いられているからである。ロンドンオリンピック来場者のために執筆活動をしている A. A. ギルは，ロンドン人が単に永久的にイライラしているんだと自慢げに言った。「我々は腹を立てた状態で目覚めるんだと思います。お茶に関するイギリス人のマナー，つまり，大げさな please や thank you は，実際は怒りっぽさを抑えるための口輪のようなものです。例えば，sorry という言葉の抑揚は多岐にわたります。そのうちの 1 つだけが，『ごめんなさい』を表すのです」と彼は言う。

❷ ほんのわずかではあるが，この 2 音節の語が伝えうる様々な心的状態や意味を以下に挙げる。

"Sorry！"（あなたの足を踏んでしまいました。）

"Sorry."（私の足を踏んでいますよ。）

"Sorry？"（今おっしゃったことが聞き取れませんでした。）

"SOrry."（ばかだなあ。）

"SORRY."（道をあけてくれ。）

"SorRY."（何とあつかましい！）

"I'm sorry but..."（実際そうでは全然ない。）

"Sorry..."（お手伝いできません。）

❸ もちろん，これはすべて抑揚の問題であって，これが sorry という言葉を翻訳しても永久に意味が通じない点なのである。あるアメリカ人の友人は，sorry という言葉はイギリスの階級的社会制度において，受動的攻撃性をもつ道具，拒否の一形態になりうるということを最終的に知ったのだが，それは彼女にとって忘れられない出来事になるだろう。イングランドの大学生だったとき，周りの人たちが彼女に，心からではなく，身の程を思い知らせようとした謝罪をしたのだが，彼女はまじめに，「いいえ，大丈夫よ！ 心配しないで！」と返していたのだ。そうするしかないだろう。運は何も知らない人の味方をすることもあるのだ。

❹ イギリス人は意図していることを言わない——少なくとも言葉では表さない——らしいから，受動的攻撃性があると言われている。イギリスの文化において sorry のような言葉は，外部からやってきた人ならどんな教養をもっていても理解できないようなわずかな意味の違いを帯びる。特に，人と直面する方が快いとする文化や，他人との様々な世間話を容認するような文化からやってきた人の場合は。イギリス人は sorry という言葉を，謝罪に用いる以上にとは言わないまでも，それと同じくらい，抗議したり，同じことを繰り返してもらったり，相手を落ち着かせたり，社会的な気まずさを丸く収めたりするのに用いる。しかし，ほとんどの場合においてイギリス人のねらいは，イギリス人に特有の礼儀正しさ，つまり，拒絶としての礼儀正しさなのである。

❺ イギリス人の礼儀は，社会言語学者のペネロピ＝ブラウンやステファン＝C.レヴィンソンが「消極的礼儀正しさ」と呼んだもののような形をとることがしばしばである。他者に遠慮して近寄らず，迷惑をかけることもない。その反対である積極的礼儀正しさとは，包括的で，他者は我々の承認を求めているという願望を前提にしている。

❻ 消極的礼儀正しさの名人である日本人だけが，イギリス人の sorry を連呼する行動様式に近いものをもっている。訪れたアメリカ人が非常によく不意を突かれ，礼儀正しさではなく受動的攻撃性や拒否の対象となっていると感じることが非常によくあるというのは何も驚くことではない。イギリスの礼儀正しさを構成するものに対する彼らの誤解は何も驚くことではない。アメリカ人は積極的礼儀正しさの典型だからである。

❼ アメリカ人が sorry と言うと，たいていはその意味である。しかし，少なくともイギリス人の耳には，アメリカ人が他に何か言うときはその意味というわけではない。アメリカ人は「よい１日を！」といったような，中身がなさそうな言葉を繰り返す。アメリカ人はまた，他人同士でさえも，気安くお世辞を言い合ったりする。イギリス人はこうした行動を，非常にうさんくさく思ってしまう。したがって，アメリカ人は不誠実だという評判になってしまうのである。

❽ イギリス人小説家のパトリシア＝フィニーが言っていたが，彼女はアメリカ人のことが大好きだそうで，理由はこうだ。「礼儀正しさと敬意をもって遇する限りは，人が実際に私を尊敬していようといまいと問題ではないの…もし良さげなアメリカ人のレジ係の男の子が，よい１日を，と言ってくれたとして，実際は『悪いことが起こるといいな』と思っていたとしても，自分がそれを知らなければ私は全く気にしないわ。誠実さというものがいかなる場面においても過大評価されていると思います」 アメリカ人は誠実さが過大評価されているとは思っていない。彼らはほとんどの資質よりも誠実さを重んじる。それゆえ，フィニーのアメリカ人の友人の一

人はその習慣を擁護し，アメリカ人は「本当に人を尊敬する。見せかけのものではない」と言っている。

❾ アメリカ人が，自分たちの声に耳を向けるのをやめてしまったということはありうる。イギリス人の sorry と同じように，返事を期待するのをきっとやめてしまったのだ。考えてみよう。あるセールスマンが友人の祖父に「よい1日を！」と言ったのに対し，「ありがとう，でも別の予定があるんだ」と答えられたときのショックを。

❿ アメリカ人は社交的で，承認を求めるものである。他者と共通点を探し，他者とつながりたいと心から思っている。このことは，お世辞という形になってしばしば表れる。特に全くの他人に対して。これは，アメリカ社会の流動性が不安定さにつながりうるからである。社会階層における位置は，その人が何者かではなく，その人が何を為すか（そしてどれだけ稼ぐのか）に基づいている。したがって，アメリカ人は自分たちがうまくやっているという安心感を求めるのである。しかし驚くべきことに，アメリカ人はまた安心感を与えようともする。それというのが，フィニーが好反応を示した気質なのかもしれない。

⓫ イギリスの文化においては，人は安定した立場にある，立ち位置がわかっていると思われている。しかし実生活において，そんな人がいるのだろうか？　ほとんど誰もいないだろう。sorry という言葉とアメリカ人のお世辞は，同じような社会的目的を果たしているのである。言うことが何もないときには，礼儀正しさという名のもと，社会的な気まずさを回避し，人の気をそらしたり（イギリス），人とつながる（アメリカ）ことができる。sorry という言葉は衝突を避けると同時に，誠実に用いれば，実際，小さな逸脱があっても，自分がどれだけ素敵かを示すことができる。アメリカ人のお世辞は若干のつながりを念頭に置いており，人との間柄を快いと思うレベルで強めるものである。少なくともアメリカ人であればの話だが。

各段落の要旨

❶ 一般的なイギリス人は sorry という言葉を頻繁に口にするが，それはこの言葉の用途が実に幅広いからである。

❷ sorry が伝えうる様々な心的状態のうち，例を8つ挙げる。

❸ イギリスの階級的社会制度においては sorry が受動的攻撃性をもつのであるが，これは外国人には伝わらない。

❹ イギリス人が sorry によって伝えようとするものとして，謝罪だけでなく抗議や拒絶なども含まれる。

❺ イギリス人の礼儀は他者と一定の距離をとるものであり，「消極的礼儀正しさ」と呼ばれる。

❻ 日本人は消極的礼儀正しさの名人なので，イギリス人に近い行動様式をもっている。一方，アメリカ人は典型的な積極的礼儀正しさの持ち主である。

❼　アメリカ人は sorry を文字通りの意味で用いる。アメリカ人は中身のない言葉やお世辞を言い合うが，これはイギリス人にはうさんくさく感じられる。

❽　アメリカ人は他の資質よりも誠実さを重んじており，したがって礼儀正しさと敬意をもって人と接する。お世辞を言うのもそのためである。

❾　アメリカ人は自分たちの声に耳を傾けなくなったのかもしれない。返事を期待しなくなったのだ。返事をすると，かえって驚かせるかもしれない。

❿　アメリカ社会が流動的で不安定であるため，アメリカ人はお世辞を言って相手とつながろうとする。アメリカ人は安心感を求めながら，相手に安心感を与えようともする。

⓫　イギリス人の sorry とアメリカ人のお世辞は，結局は同じ役割を果たしている。

## 解　説

1　▶下線部の意味は「sorry という言葉をしょっちゅう口にすること」となる。この表現はもちろん merry-go-round をもじったもので，sorry という言葉が始終次々と用いられる様子を表している。

▶当該文（The reason they …）が，その現象が生じている理由を説明しているので，この部分をまとめればよい。

▶versatile は「用途の広い」の意味の形容詞であり，第1段第4・5文（This might be … It isn't.）にあるように，sorry という言葉が直接的な謝罪の言葉だけでなく，様々な用途に用いられるということを表している。

2　正解は ⒝
▶選択肢の意味は以下の通り。
　⒜「我々を攻撃的にさせる」
　**⒝「怒りの気持ちを示すようなことをさせない」**
　⒞「我々は残念に思っている」
　⒟「ぜひ示したいと思っている」
▶muzzle は「犬に付ける噛みつき防止用の口輪」のことであり，short temper は「短気」の意味であるから，「怒りの気持ちを抑えるもの」という意味になる。よって⒝が最も適切である。

▶muzzle の意味がわからない場合でも，下線部直前の「おおげさな please や thank you」が何のための言葉かを考えると正解を選べるであろう。

3　正解は ⒝
▶選択肢の意味は以下の通り。

[15] 135

(A)「彼女に取って代わることに対して謝罪する」

(B)「彼女に自分の地位に気づかせる」

(C)「彼女を元いた場所に戻す」

(D)「彼女の代わりをする」

▶下線部の意味は「彼女に自分の身の程を思い知らせる」となる。

語句 put *A* in *A's* place「*A* に身の程を思い知らせる」

▶当該文（（ ア ）she was a …）は，イギリス人の受動的攻撃性を示す一例であることを踏まえ，反抗や怒りを間接的に表す方法として sorry を用いていることからも，(B)が正解だと推測できる。


**4 正解は (D)**

▶下線部の意味は「消極的礼儀正しさ」となる。

▶下線部直後のダッシュ以下に，消極的礼儀正しさの説明として「他者には遠慮して近寄ったりせず，あつかましくして迷惑をかけたりはしない」とある。

▶(D)の「友達口調」は「遠慮がなくあつかましい」ものなので説明の内容に反している。


**5** ▶下線部の意味は「アメリカ社会の流動性が不安定さにつながりうる」となる。

▶「下線部のような理由を挙げる背景とはどのようなものか」という問いだが，「背景」は英語だと ground で「理由」のことで，「挙げる」主体は筆者だと考えられる。

▶上記より，「筆者はなぜ，下線部のような理由を述べたのか？」という問いだと解釈した。

▶この内容を述べた理由は，下線部の前の This の理由を説明するためである。

▶This が指すのは，同段第 2 文（They look for …）の内容であり，第 6 文（Therefore, Americans …）の内容も同じことを述べている。

▶This の内容について説明的に書くと，「アメリカ人が他者との共通点を探してつながりを求めること，言い換えると自分がうまくやっているという保証を追い求めること」などとなる。

▶70 字程度なので，これに同段第 3 文（This often takes …）と第 7 文（But the marvelous …）の内容を入れてまとめるとよいだろう。

語句 common ground「共通点，共通の土台」 complimnent「お世辞」


**6 正解は (B)**

▶選択肢の意味は以下の通り。

(A)「sorry とアメリカ人のお世辞は相反するものである」

　(B)「sorry とアメリカ人のお世辞は同じような社会的目的を果たしている」

　(C)「sorry は，社会的目的という観点ではアメリカ人のお世辞とはだいぶ異なっている」

　(D)「sorry は礼儀正しさを示す手段を担うが，アメリカ人のお世辞はそうではない」

▶最終段第5文（When there's nothing …）では，言うことが何もなくて気まずいとき，イギリスであれば注意をそらし，アメリカであれば人とつながることができる，そしてそれは礼儀正しさという名のもとでのことである，と述べられている。

▶また，同段最終の2文（*Sorry* simultaneously avoids … you're American.）に，sorry は他者との衝突を避け，アメリカ人のお世辞は他者との親密感を強めるとあることからも，両者は同じような目的を果たしていると考えられる。


**7　ア　正解は (C)**

▶第3段第2文（An American friend …）では，アメリカ人の友人が sorry という言葉の意味について身をもって理解した話が始まっている。

▶直後の第3文（（　ア　）she was …）はそれが具体的に示され，その友人がイングランドの大学在学時の話となっていることから，空所（ア）に補うのに最も適切なものは(C)の when である。

▶第7段第1文（（　ア　）Americans say …）も，「アメリカ人が sorry と言うときは，…」となり，文意が通る。

**イ　正解は (D)**

▶第4段第2文（In British culture, …）の1つ目の空所（イ）の直後は「どんな教養の程度」，2つ目の（イ）の前後は「より快適な」と「対面」，第8段第1文（The English novelist …）の（イ）の前後は treat *A*（　イ　）*B* という形になっており，このことから(D)の with「〜を伴う，〜について，〜を持つ」が最も適切である。

掛句　treat *A* with *B*「*B* をもって *A* を扱う」


**8　(A)**「アメリカ人がよくお世辞を言い合うのは，彼らのふるまいが消極的礼儀正しさに基づいたものだからである」

▶第6段最終文（Their misunderstanding of …）では，消極的礼儀正しさに基づく礼儀を良しとするイギリス人に対してアメリカ人が誤解をしたり，アメリカ人が積極的礼儀正しさの典型であったりすると述べられている。この部分に合致していないので不適。

(B)「アメリカ人はよく中身がなさそうな言葉を言うが，それは彼らがたいていの場合他者との結びつきを求めるからである」

▶中身がなさそうな言葉については，第7段第3文（Americans repeat …）で述べられているが，彼らの気質は第10段で説明されている。

▶第10段第1～3文（Americans are … to complete strangers.）より，アメリカ人は社交的で承認を求め，他者との結びつきを欲するということから，一致している。

Ⓒ 「イギリス人はsorryという言葉をその意味で用いることはないが，それは彼らの性格が消極的だからである」

▶第1段の最終2文（There are, … means 'I'm sorry.'）より，sorryという言葉には抑揚パターンがたくさんあり，そのうちの1つだけが「ごめんなさい」を表しているのだとわかる。「ごめんなさい」の意味で用いられることももちろんあるので，不適である。

Ⓓ 「イギリス人は自分たちが本当に思っていることを隠す傾向がある」

▶第4段第1文（The British have a reputation …）より，イギリス人は思ったことを言わない，少なくとも言葉には出さない気質があることが説明されている。この内容に一致している。

---

1　イギリス人のsorryという言葉は，謝罪だけではなく様々な用途に用いられるため。（40字程度）

2　Ⓑ

3　Ⓑ

4　Ⓓ

5　アメリカ人がお世辞を通じて他者とのつながりを求める理由，言い換えると自分がうまくやっているという保証を求め，与えたがる理由を説明するため。（70字程度）

6　Ⓑ

7　アーⒸ　イーⒹ

8　Ⓐ─F　Ⓑ─T　Ⓒ─F　Ⓓ─T

解答

# 16

次の英文を読んで，下の問いに答えなさい。

（星印（＊）のついた語には本文の後に注があります。）

In 2050, the human population could reach 10 billion, but even now, some 800 million people go hungry. Feeding ourselves without spoiling the planet is one of the biggest challenges we face. We are running out of land, water and time. To make matters worse, as the world warms, agriculture will get harder. Feeding the 10 billion will require some creative solutions — and unpleasant compromises. How far are we prepared to go to kick-start green revolution 2. 0?
(1)

It's not that the original green revolution has nothing left to give. It relied on mechanized farming, modern fertilizers and better seeds to increase productivity. New technology can make existing methods more effective, while also extending the benefits to parts of the world that didn't gain so much from the original green revolution. That's Africa above all.

"By 2050, the world will need to increase agricultural production by at least 70 percent. Nowhere else is the potential to achieve this increase as great as it is in Africa," says Agnes Kalibata, president of a non-profit organization in Africa. Around half of the world's unused agricultural land is in that continent. What's more, yields from cultivated land there are much lower than in Europe or North America. There is potential to triple the worth of Africa's agricultural output by
(2)
2030.

Traditional green-revolution approaches will play a big part, especially in sub-Saharan Africa, where two-thirds of the power used to prepare land for farming is still provided by human muscle. But digital technology could provide an additional increase. A smartphone application helps dairy farmers keep milk records. Farmers with smartphones can also benefit from satellite data providing information such as which crops need more water or fertilizers.

Precision agriculture — applying the optimal* amount of inputs such as water, fertilizer, pesticides* and labor, at the right location and time — can help increase yields in the West, too. "The long-term goal is to increase the level of detail in crop management to the point of single-plant management. Production optimization can offer a great deal of help in feeding the world," says Alex Thomasson at Texas A&M University. It also allows us to farm in ways and places not considered possible before.

In some cities, vertical farms are taking (　ア　) rooftops and abandoned buildings. They can be highly efficient, with yields up to 130 times those on an equivalent area of farmable land. As well as using 95 percent less water than conventional cultivation, it benefits from the fact that night-time temperatures tend to be higher in urban areas than in the countryside, lowering heating costs.

But further increases in productivity and extending the range of agriculture are not going to feed the 10 billion (　イ　) their own. That's going to require a fundamental rethink of what we eat. There are some 50,000 edible plants, yet just three — wheat, rice and corn — account (　ウ　) over 60 percent of the world's calorie intake. Native plants better suited to local conditions could offer better solutions.

People are also starting to recognize the nutritional potential of algae*, including seaweed. Some types, when dried, contain 70 percent protein; others are packed with essential fatty acids. Seaweeds are abundant in micronutrients, too. There's plenty (　エ　) scope for expansion. A big advantage of algae is that its cultivation doesn't require agricultural land. It can be done offshore or in places where the groundwater is salty, even in the Sahara.

Currently, a third of Earth's farmable land is used to grow feed for farm animals. If everyone ate a US-style diet, by 2050 we would need around 4.5 times as much meat as we produce now. There simply isn't enough land to do that. One way to fill that gap is to eat more of what 2 billion people across the globe already do: insects. It takes 25 kilograms of feed to produce 1 kg of beef, but just 2 kg to get 1 kg of crickets. Insects contain all the essential amino acids we need, and some are better sources of protein than beef or chicken.

An alternative is more plant-based meat substitutes. Mock meats are made by breaking and reassembling plant-derived protein molecules in extruders — the same machines used to produce breakfast cereals and spaghetti. Already there are dozens of them on the market, from sausages made from beans to the Impossible Burger, which takes imitation meat to a new level using a plant-derived version of heme* to create a veggie burger that bleeds.

(3)

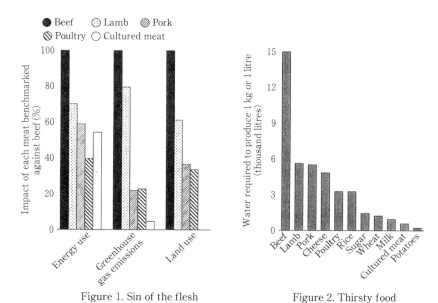

Figure 1. Sin of the flesh          Figure 2. Thirsty food

Then there's "clean" meat grown from muscle tissue in labs, which also has big environmental advantages over conventional meat (see Figure 1 and Figure 2). Four years since we saw the first lab-grown burger, the technology is gathering pace. How clean meat will go down with consumers remains to be seen. "These cells are dead, as in any meat. Stem cells are everywhere: in your muscles, in your regular food," says Anon van Essen at Maastricht University, who worked on the first clean burger.

Even before we are eating lab-grown meat, we could be consuming cow-free milk and chicken-free eggs. Such products are possible thanks to biotechnology that genetically modifies yeast to "brew" animal proteins. Again, there are environmental advantages over conventional production methods. Yeast-made milk uses 98 percent less water and requires up to 91 percent less land than a cow's milk. Synthetic products can be healthier, too: it's possible to make milk without lactose, for example. Companies developing them liken their process to making beer.

There's no doubt that feeding 10 billion people will require far-reaching changes both in what we eat and how we think about food. "With a problem as complex as food security, the idea that you should dismiss anything that can contribute to solving it is inappropriate," says Ottoline Leyser at the University of Cambridge. "We have an extensive toolbox to address food security and we need to make sure we pick the right tools for the right job, at the right time."

©2017 New Scientist Ltd.

（注）

optimal：最適な

pesticide：農薬

algae：藻類

heme：ヘモグロビンの色素成分

1. 下線部(1)の最終的な目標は何か，40字程度の日本語で答えなさい。

2. 下線部(2)の可能性の背景にある理由を2つ挙げ，70字程度の日本語で答えなさい。

3. 空所(ア)～(エ)に入る最も適切な前置詞を次の中から1つ選び，記号で答えなさい。
(A) for　　(B) of　　(C) on　　(D) over　　(E) to

4. 下線部(3)に関して，どのような点でa new levelと言えるのか，40字程度の日本語で答えなさい。

出典追記：Tomorrow's menu : Termites, grass and synthetic milk, New Scientist on March 22, 2017 by Marta Zaraska

5. Figure 1 と Figure 2 にある cultured meat の cultured と最も近い意味で使われている語を本文から1語抜き出しなさい。

6. 下線部(4)の内容について it が何を指しているかを明らかにしながら，日本語で説明しなさい。

7. 以下の空所（ ① ）～（ ⑥ ）に入る最も適切な語句を Figure 1 と Figure 2 にある語句から選びなさい。

Figure 1 indicates that conventional meat, especially （ ① ） followed by （ ② ）, is very inefficient to produce for the nutrition we get from it. Thus, switching to （ ③ ） could help to reduce energy use, greenhouse gas emissions and land use as a whole.

Figure 2 also shows how much more water meat requires. If we are to feed a growing world's population, we will have to use limited water resources wisely. In this respect, among the 11 products shown in Figure 2, （ ④ ） seem to be most suited to land where water supply is limited. （ ⑤ ）, one of the world's staple crops, needs as much water as （ ⑥ ）, but still less water than other kinds of meat. Therefore, we may have no option but to eat more plants and less meat in the future.

8. 次のそれぞれの記述について，本文の内容に合っているものにはTを，そうでないものにはFを記入しなさい。

(A) Companies developing synthetic milk compare the process to making beer.

(B) Currently 30% of the seaweed naturally grown is taken for food.

(C) People can buy mock meats at a grocery store.

(D) Precision agriculture means that crop management is made precise with the help of digital technology.

## ■世界の食料問題

❶ 2050 年，人口は 100 億人に到達する可能性があるが，今でさえ，およそ 8 億人の人が飢餓状態にある。地球をだめにすることなく自分たちの食料を手にするということは，我々が直面している最も大きな課題のうちの一つである。我々には土地も水も時間もなくなりかけている。さらに悪いことに，世界の温暖化につれ，農業も難しくなるだろう。100 億人分の食料供給には独創的な解決策が必要となるだろう。そして，面白くない妥協も。グリーンレボリューション 2.0 の活性化に向け，我々はどの程度準備ができているのだろうか。

❷ 元々のグリーンレボリューションに，与えるものが何も残っていないわけではない。それは，生産性を上げるため，機械化された農業，現代的な肥料，そしてより品質の良い種に頼った。新たな技術は既存の方法をより効果的にする一方で，世界の諸地域への恩恵を拡大することもできる。それらは最初のグリーンレボリューションからは多くを得られなかった地域である。特にアフリカがそうであった。

❸ 「2050 年までに，世界は農業生産を，少なくとも 70 ％上昇させる必要があるだろう。アフリカほど，この上昇を成し遂げる可能性が大きな場所は他にありません」 そう言うのは，アフリカの非営利組織の代表である，アグネス＝カリバタだ。世界で利用されていない農地の約半分が，アフリカ大陸に存在する。さらには，アフリカにおける耕作地の収穫は，ヨーロッパや北アメリカよりもずっと少ない。2030 年までに，アフリカの農業生産高が 3 倍になる可能性がある。

❹ 従来のグリーンレボリューションの取り組みは，特にサハラ砂漠以南の地域において大きな役割を果たすだろう。そこでは農地を用意するのに用いる動力の 3 分の 2 が，いまだに人間の力によって供給されているのだ。しかし，デジタル技術によってさらなる増加がもたらされる可能性がある。スマートフォンのアプリケーションが，酪農家が生産した乳を記録しておくのに役立つのだ。スマートフォンを手にした農家はまた，どの作物にもっと水や肥料が必要かといったような情報を提供する衛星データからも恩恵を受けることができる。

❺ 精密農業——水，肥料，農薬，労働力といったものの最適な投入量を，適切な場所と時期に適用すること——により，欧米諸国でも収穫の増加が見込まれる。「長期的目標としては，収穫管理における細かな部分のレベルを，苗木 1 本の管理と同様のところにまで上げていくということです。生産の最適化は，世界に食料を供給する上でかなりの手助けになりうるのです」と，テキサス A&M 大学のアレックス＝トマソンは言う。それによりまた，以前は不可能だとされていたような方

法や場所で農業が可能になるのである。

❻　都市の中には，垂直農法が屋根の上や廃ビルで行われているところもある。それは非常に効率的で，耕作可能な土地でのそれに相当する面積の収穫と比べると最大130倍にもなる。従来の耕作と比較すると95％も水を節約できるだけでなく，田舎と比べて都市部の方が夜間の気温が高くなりがちで，暖房費を抑えられるということからも利益を得ることができる。

❼　しかし，生産性がずっと増加し，農業の幅が広がっても，それだけでは100億人の人々に食料を供給できるには至らない。我々が何を口にするのかについて，根本的な再考が必要となるだろう。約50,000種の食用植物があるが，それでもいまだ，たった3つ——小麦，米，トウモロコシ——が，世界の人々のカロリー摂取の60％以上を占めている。その地域の状況によく合ったその土地の植物がよりよい解決策を提示してくれるだろう。

❽　人々はまた，海藻を含む藻類がもつ栄養分の可能性について認識し始めている。乾燥させると，たんぱく質が70％になるものもある。必須脂肪酸が詰まったものもある。海藻は微量栄養素も豊富である。繁殖の余地も十分にある。藻類の大きな利点は，栽培に農地が必要ないということである。沖や，地下水が塩分を含んだところ，サハラ砂漠でさえ可能なのである。

❾　現在，地球上の耕作可能な土地の3分の1は，家畜の餌を作るのに使われている。もしもアメリカ風の食事を誰もがとったら，2050年までには現在生産している量の約4.5倍もの肉が必要となるだろう。（しかし）それができるほどの土地は全然ないのである。そこのずれを埋める一つの方法は，世界の20億人の人がすでにそうしているのだが，昆虫を食べることである。牛肉1kgを生産するのに必要な餌の量は25kgであるが，コオロギ1kgを得るのに必要な餌の量はわずか2kgである。昆虫には我々が必要とする必須アミノ酸のすべてが含まれており，中には牛肉や鶏肉よりもたんぱく源として優れているものもある。

❿　選択肢としては，植物由来の代用肉をもっと摂取することも挙げられる。模造肉というのは，植物由来のたんぱく質の分子を成型機の中でつぶし，再度成型することで作られる。押し出し成型機は，朝食のシリアルやスパゲッティを作るのに使われる機械と同じものである。すでに市場には，豆から作ったソーセージからインポッシブルバーガーに至るまで，非常に多くの模造肉がある。インポッシブルバーガーは模造肉を新たなレベルへと引き上げ，植物由来のヘモグロビン色素成分を用いて血の滴る野菜バーガーを作るものである。

⓫　それから，研究室で筋肉組織から作った「クリーンな」肉もあるのだが，従来の肉に対して大きな環境的利点もある（図表1・2を参照）。研究室で作った最初のバーガーを目にしてから4年が経ち，その技術はスピードを増している。このクリ

ーンミートが消費者にどのように受け入れられるかはまだわからないでいる。「ど
んな肉においても同じように，この細胞も死んでいます。幹細胞はどこにでもあり
ます。筋肉にも，いつもの食事にもね」と，マーストリヒト大学のアノン=ヴァン=
エッセンは言う。彼は最初のクリーンバーガー開発に携わった。

⓬　研究室で作った肉を口にする以前でさえ，牛を使わない牛乳や鶏を使わない卵
を消費しているかもしれない。こうした製品が可能なのは，酵母を遺伝子的に組み
換えて動物性たんぱく質を「醸造」するバイオテクノロジーのおかげである。もう
一度言うが，従来の生産方法よりも環境的な利点がある。酵母で作った牛乳は，牛
から搾乳した牛乳よりも，使用する水が98％少なく，必要な土地も91％少なくて
済む。合成食品はまた，より健康的でもある。例えば，乳糖を使わずに牛乳を作る
ことも可能である。こうしたものを開発する企業は，その過程を，ビール製造にな
ぞらえている。

⓭　間違いなく，100億人分の食事を供給するには，我々が何を食するか，そして
食物に対してどのように考えるか，その両方において広範囲に及ぶ変化が求められ
るだろう。「食の安全保障のように複雑な問題に直面し，その解決の一助となりう
るものを，それが何であれ，退けるなどという考えは不適切です」と，ケンブリッ
ジ大学のオットリン=ライザーは言う。「我々には食の安全保障に対処するための大
きな道具箱があり，適切な作業に適切な道具を，適切なときに選ぶようにしなけれ
ばならないのです」

❶　世界の人口は増え続けている一方で，温暖化などにより食料生産は伸び悩んでいる。
　　我々はグリーンレボリューション 2.0 に向けて，どの程度準備できているだろうか。

❷　元々のグリーンレボリューションは，機械化や肥料の開発や品種改良などを行って
　　きたが，特にアフリカではあまり成果が上がらなかった。

❸　世界の未利用の農地の半分がアフリカ大陸に存在し，現在の耕作地からの収穫も少
　　ないため，アフリカの農業に残された可能性は大きい。

❹　サハラ以南では，農地準備のための動力の多くを人力に頼っている。デジタル技術
　　の導入による農業の発展が期待されている。

❺　欧米諸国でも，精密農業によって生産を最適化すれば，さらなる収穫の増加が見込
　　まれている。

❻　都市部では垂直農法が行われているが，これは収穫率が非常に高く，水や暖房費の
　　節約にもつながっている。

❼　しかし，それでも農業は人口増加に追いつけない。小麦，米，トウモロコシの 3 種
　　に偏った食習慣を再考する必要がある。

❽　一つの可能性として，藻類が認識され始めている。栄養素が豊富で，繁殖の余地も
　　十分にあり，特別な農地を必要としないからだ。

❾　現在，地球上の耕作可能な土地の 3 分の 1 が家畜の餌のために使われている。肉食

から昆虫食に変えることで，今後の食料不足に対応できるかもしれない。

⑩ 植物由来の代用肉も選択肢の一つである。すでに市場には，多くの種類の模造肉食品が出回っている。

⑪ 研究室の中で筋肉組織から作るクリーンミートも，消費者に受け入れられるべく研究が進められている。

⑫ 酵母を遺伝子的に組み換えて，動物性たんぱく質を作らせるバイオテクノロジーは，土地や水をあまり使わなくてよいだけでなく，健康上の利点もある。

⑬ 全世界の人口に食料を供給していくためには，何を食べるかや食物についてどう考えるかなど，広範囲な意識変化が求められる。

## 解 説

1 ▶ green revolution 2.0 とは，第2段第1文（It's not that …）における the original green revolution や， 第4段第1文（Traditional green-revolution approaches …）の traditional green-revolution から一歩進んだ，次のステップに向けてのものであると考えられる。

▶その「次のステップ」とは，第1段第1・2文（In 2050, the human … we face.）のことであると推測できる。最終的な目標は，この部分をまとめればよい。

語句 sub-Saharan Africa「サハラ砂漠以南のアフリカ」

2 ▶下線部の意味は「アフリカの農業生産高が3倍になる可能性」となる。

語句 potential「可能性」 output「生産高」

▶アフリカにおける農作物の収穫増加に関しては，第3段（"By 2050, …）で述べられている。

▶同段第2文（Nowhere else is …）では，アフリカほど農作物収穫の増加が見込める地域はないと述べられている。

▶その具体的理由は，その直後の第3・4文（Around half of … or North America.）で述べられているので，この2文をまとめればよい。

3 ア 正解は (D)

▶ take over 〜 で「〜を乗っ取る」の意味になる。垂直農場が建物の屋根や廃墟となったビルを乗っ取る，つまり，そういった場所で垂直農法が行われているということになり，文意が成立する。よって(D)が正解。

イ 正解は (C)

▶直後の their own がヒントとなる。on one's own で「単独で，それだけで」という意味になる。当該部分の意味は「それだけで100億人の人々に食料を供給できるに

は至らない」となり，意味が通る。よって(C)が正解。

**ウ　正解は (A)**

▶直前の account の用法を考える。account for ～ で「～を占める」「～の原因となる」「～を説明する」などの意味になる。ここでは，直後が over 60 percent「60パーセント以上」と割合を表す表現になっていることから，「～を占める」の意味であると考えられる。よって(A)が正解。

**エ　正解は (B)**

▶直前の plenty が大きなヒントとなる。plenty of ～ で「多くの～」という意味になる。よって(B)が正解。

**4**　▶下線部の意味は「新たなレベル」となる。

▶当該文において，「インポッシブルバーガーは模造肉を新たなレベルへと引き上げる」と述べられており，「新たなレベル」とは，模造肉をよりリアルに見せるということである。

▶つまり，下線部直後にあるように，実際は肉ではないのに血が滴るような野菜バーガー（模造肉）を作ったということである。この部分をまとめればよい。

**5　正解は lab-grown**

▶図表1では，牛肉を 100 としたときの，子羊肉，豚肉，鳥肉，cultured meat それぞれのエネルギー消費・温室効果ガス排出量・土地利用の割合を示している。

▶図表2では，牛肉，子羊肉，豚肉，チーズ，鳥肉，米，砂糖，小麦，牛乳，cultured meat，ジャガイモそれぞれ 1 kg か 1 リットルを生産するのに必要な水の量が示されている。

語句 poultry「家禽（ニワトリ，アヒル，七面鳥，ガチョウなど）」

▶2つの図表を見ると，cultured meat はエネルギー消費・温室効果ガス排出量・土地利用・水の使用量のすべての項目において数値が非常に低いことがわかる。

▶第 11 段第 1 文（Then there's "clean" …）において，研究室で作った環境に優しい肉がある，と述べられていることから，これが cultured meat のことであるとわかる。

▶1語という指示があることを踏まえ，同段第 2 文（Four years since …）や，第12 段第 1 文（Even before we …）に見られる lab-grown「研究室で作った」を抜き出す。

**6**　▶下線部の意味は「それ（食の安全保障という複雑な問題）の解決の一助となるものを，それが何であれ，退けるなどという考えは不適切である」となる。

語句　dismiss「〜を退ける」

▶つまり，これまで述べられてきたような，藻類や昆虫や代用肉を食すといった食の確保を解決する可能性があるものを，それがどういったものであっても退けるべきではなく，我々はそれを受け入れるべきなのだ，という趣旨である。これをまとめる。

**7** 　正解は　① beef　② lamb　③ cultured meat　④ potatoes　⑤ Rice　⑥ poultry

▶まず，空所②直後の very inefficient に注目し，図表1を見てみると，beef の生産が最も非効率であることがわかり，その次に非効率なのが lamb となっている。

第1段第1文の訳　「図表1で示されているのは，従来の肉，特に①牛肉，次いで②子羊肉が，我々が摂取する栄養に対して非常に生産効率が低いという点である」

▶次に，エネルギー消費や温室効果ガス排出，土地利用の削減に最も効果的なものは cultured meat であることが見て取れるので，③は cultured meat となる。

第1段第2文の訳　「したがって，③培養肉へ切り替えることで，エネルギー消費や温室効果ガスの排出や土地利用を全体的に減らすのに役立つかもしれない」

第2段第1・2文の訳　「また，図表2では，肉の生産にどれくらいの量の水が必要であるかを示している。増えつつある世界の人口に食料を供給しようとすれば，限られた水資源を賢明に利用しなければならない」

▶各作物の使用水量を示す図表2を見ると，最も水を使わないのは potatoes であることがわかる。④には，水の供給に制限がある土地に適している作物が入るので，potatoes を選択する。

第2段第3文の訳　「この点では，図表2で示されている 11 の作物のうち，④ジャガイモが水の供給に制限がある土地に最も適していると思われる」

▶空所⑤直後の one of the world's staple crops「世界の主要穀物の一つ」に着目すると，⑤には rice か wheat が入ると考えられる。

▶また，空所⑥直後の than other kinds of meat「他の肉よりも」という記述から，⑥には肉の種類が入ると考えられる。

▶最後に，説明文では，⑤と⑥の作物には同じ水量が必要であると述べられているので，⑤には Rice，⑥には poultry を選択するのが適切である。

第2段第4・5文の訳　「⑤米は世界の主要穀物の一つであり，⑥鳥肉と同じ量の水を必要とするが，それでも他の肉よりも必要水量は少ない。よって，我々は将来，肉を食べる量を減らして植物を食べる量を増やす以外の選択肢はないかもしれない」

8 (A) 「合成乳を開発する企業は，そのプロセスをビール製造になぞらえている」

▶第12段最終の2文（Synthetic products can … to making beer.）に「こうしたもの（合成乳）を生産する企業は，その過程をビール製造になぞらえている」とあり，この部分に合致している。

(B) 「現在，天然の海藻の30％が食用として採取されている」

▶藻類については第8段で言及されているが，ここで出てくる数字（70％）はたんぱく質の割合で，食用での採取の割合についての記述はなく不適。

(C) 「模造肉は食料品店で買うことができる」

▶第10段第3文（Already there are …）で「すでに市場には，豆から作ったソーセージからインポッシブルバーガーに至るまで，非常に多くの模造肉がある」とある。市場に出ているということは，食料品店で買えるということなので，この部分に合致している。

(D) 「精密農業とは，デジタル技術の助けにより収穫管理を精密なものにすることである」

▶第4段第3文（A smartphone application …）から第5段第1文（Precision agriculture …）にかけて，スマートフォンのようなデジタル技術を駆使し，水や肥料の最適な投入量や投入場所，そのタイミングに関する情報を得ることができる，とある。この部分に合致している。

---

1　地球環境を損なうことなく，世界の人口が100億人となる2050年に食料を供給すること。(40字程度)

2　世界の未使用の農地の約半分がアフリカ大陸にあり，また，アフリカ大陸の耕作地における収穫がヨーロッパや北アメリカに比べてはるかに少ないため。(70字程度)

3　ア―(D)　イ―(C)　ウ―(A)　エ―(B)

4　植物由来のヘモグロビン色素成分を使った，血が滴っているように見える模造肉である点。(40字程度)

5　lab-grown

6　食の安全保障といったような複雑な問題を解決する一助となりうるものは，それが何であれ，退けるべきではないということ。

7　① beef　② lamb　③ cultured meat　④ potatoes　⑤ Rice　⑥ poultry

8　(A)―T　(B)―F　(C)―T　(D)―T

解答

# 17

次の英文を読んで，下の問いに答えなさい。

（星印（＊）のついた語には本文の後に注があります。）

　　Music is not tangible. You can't eat it, drink it or mate with it. It doesn't protect against the rain, wind or cold. It doesn't defeat predators or mend broken bones. And yet humans have always loved it. In the modern age we spend great sums of money to attend concerts, download music files, play instruments and listen to our favorite artists whether we're in a subway or salon. But even in the Old Stone Age, people invested significant time and effort to create music, as the discovery of flutes carved from animal bones would suggest. So why does this thingless "thing"— at its core, a （　ア　） sequence of sounds — hold such potentially enormous value? The quick and easy explanation is that music brings a unique pleasure to humans. Of course, that still leaves the question of why. But for that, neuroscience* is starting to provide some answers.

　　More than a decade ago, our research team used brain imaging to show that music that people described as highly emotional engaged the reward system deep in their brains — activating subcortical* nuclei known to be important in reward, motivation and emotion. And we found that listening to what might be called "peak emotional moments" in music causes the release of dopamine, an essential signaling molecule in the brain. When pleasurable music is heard, dopamine is released in an ancient part of the brain found in other animals as well.

　　But what may be most interesting here is *when* dopamine is released: not only when the music rises to a peak emotional moment, but also several seconds before, during what we might call the （　イ　） phase. The idea that reward is partly related to anticipation (or the prediction of a desired outcome) has a long history in neuroscience. Making good predictions about the outcome of one's actions would seem to be essential in the context of survival, after all. And dopamine neurons, both in humans and other animals, play a role in recording which of our predictions turn out to be correct.

To dig deeper into how music engages the brain's reward system, we designed a study to simulate online music purchasing. Our goal was to determine what goes on in the brain when someone hears a new piece of music and decides he likes it enough to buy it. We used music-recommendation programs to modify the selections to suit our listeners' preferences. And we found that neural activity within the reward-related structure was directly proportional to the amount of money people were willing to spend.

But more interesting still was the cross talk* between this structure and the auditory cortex*, which also increased for songs that were ultimately purchased compared with those that were not. Why the auditory cortex? Some 50 years ago, Wilder Penfield, the famous neurosurgeon and the founder of our institute in Montreal, reported that when neurosurgical patients received electrical stimulation to the auditory cortex while they were awake, they would sometimes report hearing music. Dr. Penfield's observations, along with those of many others, suggest that musical information is likely to be represented in these brain regions.

The auditory cortex is also active when we imagine a tune: think of the first four notes of Beethoven's Fifth Symphony — your cortex is buzzing! This ability
(1)
allows us not only to experience music even when it's physically absent, but also to invent new compositions and to reimagine how a piece might sound with a different tempo or instrumentation. We also know that these areas of the brain encode the abstract relationships between sounds — for instance, the particular sound pattern that makes a major chord major, regardless of the key or instrument. Other studies show distinctive neural responses from similar regions when there is an unexpected break in a repetitive pattern of sounds. This is akin to what happens if you hear someone play a wrong note — easily noticeable even in an unfamiliar piece of music.

These cortical circuits allow us to make predictions about coming events on the basis of past events. They are thought to accumulate musical information over our lifetime, creating models of the statistical regularities that are present in the music of our culture and <u>enable</u> us to understand the music we hear in
(2)
relation to our stored mental representations of the music we've heard. So each act of listening to music may be thought of as both summarizing the past and predicting the future. When we listen to music, these brain networks actively create expectations based on our stored knowledge. Composers and performers instinctively understand <u>this</u>: they handle these prediction mechanisms to give us
(3)
what we want — or to surprise us, perhaps even with something better.

In the cross talk between our cortical systems, which analyze patterns and yield expectations, and our ancient reward and motivational systems, may lie the answer to the question: does a particular piece of music move us? When that answer is yes, there is little — in those moments of listening, at least — that we value more.

（注）

　neuroscience：神経科学。neuro-, neural は「神経の」

　subcortical：皮質下の

　cross talk：クロストーク。生物学用語で，あるシグナル伝達経路が情報を伝える際，他の伝達経路と影響し合うこと

　auditory cortex：聴覚皮質，聴覚野。cortical は「皮質の」

1. 空所（　ア　）に入る最も適切な語を次の中から1つ選び，記号で答えなさい。

　(A) joyful　　　　(B) long　　　　(C) mere　　　　(D) particular

2. 空所（　イ　）に入れる語として<u>不適切な</u>ものを次の中から1つ選び，記号で答えなさい。

　(A) anticipation　　(B) emotion　　(C) expectation　　(D) prediction

3. 下線部(1)の This ability とはどのような能力か，30字以内の日本語で説明しな
さい。

4. 下線部(2)の enable を最も適切な形に書き換えなさい。

5. 下線部(3)の this とはどのようなことか，50字以内の日本語で説明しなさい。

6. 次のそれぞれの記述について，本文の内容に合っているものにはTを，そう
でないものにはFを記入しなさい。

(A) No one has ever tried to answer why music gives us a rare pleasure which
is totally different from any other pleasure.

(B) Research shows that our experiences of listening to music are closely
related to the reward system in our brains.

(C) Dopamine neurons are important in that they help us memorize the results
of our predictions.

(D) The author and his research team bought many expensive songs online
and asked people to participate in their experiments with music.

(E) When a new piece of music stimulates the cross talk between the reward-
related structure and the auditory cortex in our brains, we are often
confused and decide not to buy it.

(F) We judge a particular piece of music by examining the prediction
mechanisms in its composer's and performer's brains.

## 全　訳

### ■人が音楽を愛する理由を脳の機能から探る

❶ 音楽に手で触れることはできない。音楽を食べたり，飲んだり，仲間にすることはできない。音楽は雨や風や寒さから守ってくれもしない。捕食者を退治したり，折れた骨を治してくれたりもしない。しかし，人類は音楽をずっと愛してきた。現代においては，多額のお金を使ってコンサートに行ったり，音楽ファイルをダウンロードしたり，楽器を演奏したり，あるいは地下鉄やサロンにいる時であっても，お気に入りのアーティストの作品を聴いたりする。しかし旧石器時代にでさえ，動物の骨から作られたフルートの発見が示唆するように，人々はかなりの時間と労力をかけて音楽を作り出したのである。では，なぜ，本質は単なる音の連続に過ぎない，このモノではない「もの」が，それほど大きな価値を秘めているのだろうか。その手早く簡単な説明は，音楽は他に類のない喜びを人類にもたらす，ということである。もちろん，それはなぜか，という疑問が依然として残る。しかしその疑問に対して，神経科学はいくつかの答えを出し始めている。

❷ 10年以上前に，我々の研究チームは脳の画像を使って，人々が非常に感情に訴えかけると表現する音楽は，報酬や動機や感情において重要であると知られている皮質下の神経核を活性化することで，脳の奥深くにある報酬系に作用することを証明した。そして我々は，音楽のもつ「感情の最も高まる瞬間」とでも呼べるものを聴くことで，ドーパミン，つまり脳内の重要なシグナル伝達分子の分泌が引き起こされることを発見した。楽しい音楽が聞こえると，他の動物にも見られる脳の原始的な部分で，ドーパミンが分泌されるのである。

❸ しかし，おそらくここで最も興味深いことは，いつドーパミンが分泌されるか，ということである：それは音楽が感情の最も高まる瞬間に登りつめる時だけではなく，その数秒前の，我々が予測の段階と呼ぶ時も同様なのである。報酬が期待（すなわち望ましい結果を予測すること）にある程度関係しているという考えは，神経科学において長い歴史をもつ。自分の行為がもたらす結果を正しく予測することは，生存との関連においては，やはり絶対に必要だからである。そしてドーパミンニューロンは，人間にとっても，またそれ以外の動物にとっても，我々が立てた予測のどれが結果的に正しかったのかを記録する上で，大切な役割をもつのである。

❹ 音楽がどのように脳の報酬系に作用するのかを詳しく探るために，我々はオンラインでの音楽の購買をシミュレーションする研究を計画した。我々の目標は，人が新しい音楽を耳にし，それを気に入って買うと決める時に，脳の中で何が起こっているのかを見定めることだった。我々は，聞き手の好みに合うよう選曲を修正す

るために，音楽推薦プログラムを使った。そして我々は，報酬に関連する組織内にある神経の活動は，人々が使いたがるお金の金額と正比例することを発見した。

❺ しかし，それよりもさらに興味深いのは，この組織と聴覚皮質のクロストークで，これも購入されなかった曲と比べると，最終的に購入された曲を聴いた時に増加した。なぜ聴覚皮質なのだろうか。約50年前に，著名な神経外科医でモントリオールにある我々の研究所の創始者でもあるワイルダー＝ペンフィールドは，神経外科の患者は目を覚ましている時に聴覚皮質に電気的な刺激を受けると，音楽が聞こえた，と言うことがあると報告した。ペンフィールド博士の報告は，他の多くの人の報告と同様に，音楽情報がこれらの脳の部位で処理される可能性が高いことを示している。

❻ 聴覚皮質は，我々が音楽を想像する時にも活発になる：ベートーベンの交響曲第5番の最初の音符4つを考えてみてほしい。あなたの皮質は活性化している！この能力によって我々は，音楽が物理的には存在しなくてさえ経験できるだけでなく，新しい曲を作ったり，ある曲が異なるテンポや楽器編成だとどう聞こえるのかを再構成できるのだ。また我々は，脳のこれらの部位が，音と音の間にある抽象的なつながりをコード化することがわかっている。例えば，キーや楽器に関係なく，メジャーコードを長調にする特定の音のパターンである。他の研究は，音の反復パターンの中に予想外の中断があると，同じような領域から特有の神経反応があることを示している。これは誰かが間違った音を鳴らしたのを聞いた時の反応と似ている。それは聞き慣れない楽曲の中でさえ，たやすくわかるものである。

❼ これらの皮質回路によって我々は，過去の出来事に基づいて，来るべき出来事を予測することができるのである。これらの回路は，音楽的情報を生涯にわたって蓄積し，我々の文化のもつ音楽に存在する統計的規則性のモデルを作り出し，我々が耳にする音楽を，今まで聞いてきた音楽から構成される，頭の中に蓄えられた記憶と関連させて理解することを可能にすると考えられる。よって，音楽を聴くという行為の一つ一つは，過去を要約することと，将来を予測することの両方であると考えられるかもしれない。我々が音楽を聴く時，これらの脳の回路は，我々に蓄積された知識を基に，活発に予想を作り出す。作曲家と演奏者は，本能的にこのことを理解している：彼らはこれらの予想メカニズムを使って，我々が求めるものを供給したり，またおそらくはより優れたもので我々を驚かしたりするのである。

❽ パターンを分析して予想を生み出す我々の皮質系と，原始的な報酬と動機付けシステムの間に存在するクロストークの中には，特定の音楽は我々を感動させるのか，という質問に対する答えがあるかもしれない。もしその答えがイエスであるならば，少なくとも音楽を聴いている時には，我々がそれ以上に価値を見出すものは，ほとんどないだろう。

各段落の要旨

❶ 単なる音の連続に過ぎない音楽は，他に類のない喜びをもたらしているが，その理由が神経科学によって明らかにされつつある。

❷ 人が音楽を聴いて感動するのは，脳の皮質下でドーパミンが分泌されるからである。

❸ ドーパミンは，音楽がクライマックスに達した瞬間だけではなく，それ以前の予測の段階から分泌される。

❹ 新しい音楽を耳にし，それが気に入って購入を決める時に，脳の中で何が起こっているのかを探ったところ，使いたい金額が多いほど神経活動が活発になることがわかった。

❺ 報酬関連組織と聴覚皮質とのクロストークも同様の比例関係を示した。これは，音楽情報が聴覚皮質で処理されていることを示唆している。

❻ 聴覚皮質は，音楽を想像するときにも活性化する。また，音の反復パターンに予想外のことが起こると，同様の領域から特有の神経反応がある。

❼ 皮質回路によって，過去に基づいて未来を予測できる。音楽を聴く行為は，過去を要約することと将来を予測することの2つを同時に行っている。

❽ 今後，これらの研究によって，特定の音楽は我々を感動させるのかという疑問の答えが見つかるかもしれない。

---

## 解　説

**1　正解は Ⓒ**

▶選択肢の意味は以下の通り。

　(A)「楽しい」　(B)「長い」　**Ⓒ「単なる」**　(D)「特定の」

▶当該文中の this thingless "thing"「このモノではない『もの』」とは，第1段の内容から考えて，明らかに music を説明したものである。

▶ sequence of sounds「音のつながり」の前に形容詞を置いて，この句が音楽そのものの特徴を表すようにするには，(C)の mere が最も適切である。(A)・(B)・(D)はいずれも特定の音楽にだけ当てはまる特徴なので不適。

**2　正解は Ⓑ**

▶選択肢の意味は以下の通り。

　(A)「予測，予知」　**Ⓑ「感情，興奮」**　(C)「期待，予想」　(D)「予言，予想」

▶第3段第1文（But what may …）に，ドーパミンの分泌は，感情の最も高まる瞬間に音楽が達した時だけでなく，その数秒前から始まるとある。この段階の呼び名が，空所を含んだ the（　イ　）phase である。

▶これが感情の高まりを前もって察知する「段階」という意味だと考えると，(A)・(C)・(D)を補った場合，いずれも「予測の段階」というような意味になり文意が通る。

▶この空所に入れる語として不適切なものを選ぶ問いなので，(B)が正解となる。

**3** ▶下線部の意味は「この能力」となる。

▶ This ability は，第6段第1文（The auditory cortex …）にある，ベートーベンの交響曲第5番の最初の音符4つを思い浮かべると，頭の中で音楽が聴こえる能力を指している。

▶この内容を一般化して30字以内でまとめると，〔解答〕のようになる。

**4　正解は enabling**

▶当該文は，同段第1文（These cortical circuits …）に続いて皮質回路（cortical circuits）の働きを具体的に説明している文である。

▶まず，「これらの回路は，音楽的情報を生涯にわたって蓄積し」とあり，そのあとに分詞構文 creating 以下「我々の文化のもつ音楽に存在する統計的規則性のモデルを作り出し」と続いている。

▶ enable 直前の and は，文法的に等価なもの同士を結ぶのが基本なので，enable 以下「我々が耳にする音楽を，今まで聞いてきた音楽から構成される，頭の中に蓄えられた記憶と関連させて理解することを可能にする」を，creating と並列された分詞構文にすれば文法的にも正しく，内容的にも皮質回路の働きの説明を補足することになり意味が通る。よって enable を enabling とすればよい。

　語句　accumulate「～を蓄積する」　enable O to *do*「Oが～するのを可能にする」

**5**　▶ this が指す内容は，直前の第7段第4文（When we listen …）にあり，その日本語訳は「我々が音楽を聴く時，これらの脳の回路は，我々に蓄積された知識を基に，活発に予想を作り出す」となる。この部分を50字以内でまとめる。

　語句　based on ～「～に基づいて」

**6**　(A)「音楽が他の楽しみとは全く異なる珍しい楽しみをもたらす理由に答えようとした人は誰もいない」

▶筆者は第1段第8文（So why does …）で「音楽が特別な価値をもつ理由は何か」と問いかけ，続く第9文（The quick and …）で「他に類のない喜びを人類にもたらす」と答えている。

▶それを受けた第10文（Of course, …）の「なぜか，という疑問が残る」に続く最終文（But for that, …）に「その疑問に対して神経科学はいくつかの答えを出し始めている」と述べられている。

▶つまり，神経学者は，音楽がユニークな楽しみをもたらす理由について答えようと

しているのである。(A)はこの趣旨に合致しないので不適。

(B)　「研究によれば，我々が音楽を聴く経験は脳内の報酬系と密接に関わっている」

▶第2段第1文（More than a …）に，「我々の研究チームは人々の感情に訴えかける音楽は，脳の奥深くにある報酬系に作用することを証明した」という趣旨の記述があり，(B)はこの部分に合致している。

(C)　「ドーパミンニューロンは，我々が予測の結果を記憶するのを助ける点で大切である」

▶第3段最終文（And dopamine neurons, …）に「ドーパミンニューロンは，我々が立てた予測のどれが結果的に正しかったのかを記憶する上で，大切な役割をもつ」と述べられている。(C)はこの部分の趣旨に合致している。

(D)　「筆者とその調査チームは，たくさんの高価な楽曲をオンラインで購入し，人々に音楽に関する彼らの実験に参加するよう依頼した」

▶音楽に関する実験については，第4段で触れられている。

▶しかし，第1文（To dig deeper …）に we designed a study to simulate online music purchasing「我々はオンラインでの音楽の購買をシミュレーションする研究を計画した」とあり，実際に音楽をオンラインで購入したわけではない。(D)はこの部分に合致していないので不適。

(E)　「新しい楽曲が脳内の報酬に関する組織と聴覚皮質のクロストークを刺激する時，我々は困惑し，その曲を買わないと決めることがよくある」

▶報酬に関する組織（the reward-related structure）と聴覚皮質（the auditory cortex）のクロストークと音楽の購入に関しては，第5段第1文（But more interesting …）で述べられている。

▶クロストークは最終的に購入した曲を聴いた時に増加した，という記述はあるが，クロストークが刺激されて購入しないと決めることがよくある，という記述はない。よって(E)は不適。

(F)　「我々は特定の楽曲を，その作曲者と演奏者の脳内の予測機構を精査することで判断する」

▶第7段最終文（Composers and performers …）に，作曲者と演奏者は，脳内の予測機構を本能的に理解し，作曲や演奏に応用する，という趣旨の記述はあるが，聴き手が作曲者と演奏者のもつ予測機構を精査する，といった記述はない。よって(F)は不適である。

1　(C)

2　(B)

3　聴覚皮質の働きによって，想像した音楽を頭の中で奏でる能力。(30字以内)

4　enabling

5　　人間が音楽を聴く時には，蓄積された情報を基にして，脳内で先を積極的に予測しながら聴いていること。(50字以内)

6　(A)—F　(B)—T　(C)—T　(D)—F　(E)—F　(F)—F

# 18

次の英文を読んで，下の問いに答えなさい。

（星印（＊）のついた語には本文の後に注があります。）


Plato, Newton, Da Vinci, Goethe, Einstein: All these great minds and many more struggled with the profound complexity of color. They sought to understand it, creating systems to explain its mysterious workings. Some were more successful than others, and from the viewpoint of our current scientific knowledge, many of their attempts now seem funny, strange, or fanciful*.

Color is everywhere, but most of us never think to ask about its origins. The average person has no idea why the sky is blue, the grass green, the rose red. We take such things for granted. But the sky is not blue, the grass is not green, the rose is not red. It has taken us centuries to figure this out.
(1)

It stands to reason that for thousands of years, many casual observers must have seen what Newton did: that light passing through a prism creates a rainbow on the surface (　ア　) it lands; but Newton saw something no one else had seen. He deduced* that the white light that appears to surround us actually contains all the different colors we find in a rainbow. White was not separate from these colors — or a color by itself — but was the result of all colors being reflected at once. This revolutionary theory did not take hold easily. Some of those greatest minds we mentioned simply wouldn't accept this theory. The idea that white light contained all color upset Goethe so that he refused — and demanded others refuse — even to attempt Newton's experiment.

Although Newton's discovery was more than enough to upset his contemporaries, he didn't stop there; Newton also found out that colors
(2)
refracted* through a prism could not be changed into other colors. Here's (　イ　) he did it. He took a prism and placed it between a beam of light (coming from the hole in his window shutters) and a board with a small hole in

it. The hole in the board was small enough that it only allowed one of the refracted colors to pass through it. He then placed all kinds of materials (including a second prism) in front of the beam passing through the small hole to try to alter the refracted color passing through the small hole. Prior to the experiment, he had believed that if, for example, a blue piece of glass was placed in front of a red beam of light, the red would be transformed into another color. But he found that this was not the case. No matter ( ウ ) color or type of material he placed in front of an individual beam of light, he couldn't get the refracted color to change. From this experiment, he deduced that there was a certain number of what he called "spectral" colors — colors that cannot be broken down, colors that are fundamental.

Once Newton confirmed that his spectral colors were unchangeable, he decided to name them — and here's ( エ ) his method takes a turn from the scientific to the fanciful. Taken with the idea that the rainbow should reflect the musical scale, Newton decided to name his colors in accordance with aesthetics*. There are seven main tones in the musical scale, so Newton came up with seven corresponding colors. Hence the origin of ROYGBIV, the acronym by ( オ ) we know Newton's seven spectral colors — red, orange, yellow, green, blue, indigo, and violet.

Although the relationship to music was later set aside by scientists who
(3)
questioned the basis for comparison, ROYGBIV is still used today as a teaching tool, even though indigo is not a color most people can even identify.

The truth is, there's no perfect way to name the colors of the rainbow. Take a look at a real rainbow, and you'll see that its colors merge seamlessly* from one to the other. Any judgment on where one color ends and the other begins is arbitrary. Even Newton was not sure on this point. At the beginning of his experimentation, his spectrum included eleven colors. Once he'd reduced the number down to seven, he still thought of orange and indigo as less important.

There's another issue with naming the colors of the rainbow: The language of color is fluid, changing over time and across geographies in response to cultural forces that are sometimes too complex to pin down. For example, the color Newton called indigo is the one most people would identify as plain old blue or a true blue that falls midway between green and violet. Newton's blue is what we now call cyan, a more turquoise blue that falls between blue and green.

(注)

fanciful: based on imagination and not facts or reason

deduce: to form an opinion about something based on the information or evidence that is available

refract: to make light change direction when it goes through water, glass, etc.

aesthetics: a set of principles about beauty or art

merge seamlessly: if two things merge seamlessly, you cannot clearly see them as separate things

1. 下線部(1)の内容を，this が何を指しているかを明らかにしながら，50字以内の日本語で説明しなさい。

2. 空所（ ア ）～（ オ ）に入る最も適切な語を次の中から1つ選び，記号で答えなさい。ただし，同じ語が2回以上使われることもあり得ます。

(A) who    (B) what    (C) where    (D) which    (E) how

3. ニュートンの説に対するゲーテの反応を表す語句として最も適切なものを次の中から1つ選び，記号で答えなさい。

(A) fairly favorable

(B) strongly opposed

(C) utterly neutral

(D) deeply concerned

出典追記：Secret Language of Color by Joann Eckstut and Arielle Eckstut, Black Dog & Leventhal Publishers

4. 下線部(2)の意味と内容的に合っていないものを次の中から1つ選び，記号で答えなさい。

(A) Newton carried out an additional experiment.

(B) Newton made another proposal about the nature of color.

(C) Newton criticized his contemporaries.

(D) Newton was not satisfied with his own theory.

5. 下線部(3)の言い換えとして最も適切な語を次の中から1つ選び，記号で答えなさい。

(A) considered　　(B) compared　　(C) identified　　(D) ignored

6. 虹の色を命名する際にどのような問題があるか，60字以内の日本語で要点を説明しなさい。

7. 次のそれぞれの記述について，本文の内容に合っているものにはTを，そうでないものにはFを記入しなさい。

(A) Newton's theory about the nature of white light was not accepted by many people at his time.

(B) Before performing an experiment, Newton had expected that there are spectral colors.

(C) There are no reasonable grounds for naming spectral colors in accordance with aesthetics.

(D) ROYGBIV stands for the seven main tones in the musical scale.

## 全　訳

### ■ニュートンが見つけた色の正体

❶ プラトン，ニュートン，ダ＝ヴィンチ，ゲーテ，アインシュタイン：これらの偉人やそれ以外にも多くの人々が，色のもつ大変な複雑さに取り組んできた。彼らは色を理解しようと努め，その神秘的な働きを説明するための体系を作り出した。成功の度合いは人によって様々だった。そして現代の科学知識の視点から見ると，彼らの試みの多くは現在では滑稽で，奇妙で，空想的なものに思える。

❷ 色はどこにでも存在するが，ほとんどの人は，その起源について尋ねようと考えたことはない。普通の人は，空が青く，草は緑で，バラが赤い理由はわからない。我々はこれらのことを当たり前だと思っている。しかし，空は青くはないし，草は緑ではなく，バラは赤くない。我々はこのことを理解するために，数世紀を要したのである。

❸ 数千年の間，多くの素人の観察者が，ニュートンが見たものと同じものを目にしてきたことは明白だ：それは，プリズムを通過する光は，それが到達したものの表面に虹を作り出す，ということだ；しかしニュートンは，他の誰もが見なかったものを見たのである。彼は，我々の周りにあふれているように見える白色光は，実は我々が虹の中に見る様々な色すべてを含んでいる，と推論した。白はこれらの色から分化されるものや，色そのものではなく，すべての色が一度に映し出された結果なのである。この革命的な理論は，簡単には定着しなかった。我々が触れた最も偉大な人々の中には，頑なにこの理論を受け入れない人もいた。白色光がすべての色を含むという考えはゲーテを非常に不快にさせ，その結果，彼は自分がニュートンの実験を試すことすら拒否し，また他の人にも拒否することを求めた。

❹ ニュートンの発見は同時代の人々を不快にさせるのに十分以上のものであったが，彼はそこで立ち止まらなかった；ニュートンはまた，プリズムを通して屈折した色は，他の色に変化できないことを発見した。彼は以下のように，それを成し遂げた。彼はプリズムを用意し，それを（窓のシャッターに開いた穴から漏れる）一筋の光と小さな穴の開いた板の間に置いた。板の穴は小さく，屈折した色のうち一つしかその穴を通れなかった。それから彼は，（二つ目のプリズムを含む）あらゆる材料を小さな穴を通る光の筋の前に置き，その小さな穴を通った屈折色を変化させようとした。実験の前に彼が考えたのは，例えば，もし青いガラス片が赤い光線の前に置かれれば，その赤は別の色に変わるだろう，ということだった。しかし彼は，そうはならないことを発見した。いかなる色や種類の物質を独立した光線の前に置いても，彼はその屈折した色を変化させることができなかったのである。この

実験から，ニュートンは，彼が「スペクトル」色と呼んだ，分離できない基本となる色がいくつか存在する，と推論した。

❺　ニュートンは，彼が見つけたスペクトル色は変化させることが不可能だと確認すると，名前をつけようと決めた。そしてこの時点で，彼のやり方は科学的なものから空想的なものへと方向を変えたのだ。虹は音階を反映しているはずだ，という考えに取りつかれ，ニュートンは自分が見つけた色を美学に従って名づけようと決めた。音階には7つの主音があるので，ニュートンはそれに対応する7つの色を考え出した。その結果が，我々がニュートンの7つのスペクトル色——赤，オレンジ，黄，緑，青，藍色（インディゴ），スミレ色（バイオレット）を知るためにある，頭字語の ROYGBIV（ロイジービヴ）の起源である。

❻　音楽との関連性は，相似性の根拠に疑問をもった科学者たちによってのちに退けられたが，ロイジービヴは教えるための道具として今日でも使われている。ただし藍色は，大半の人が認識できる色でさえないのだが。

❼　本当のところを言えば，虹の色に名前をつける完璧な方法は存在しない。本物の虹を見れば，その色は，ある色から別の色へと，つなぎ目なしで混ざり合っていることがわかるはずである。色がどこで終わり，どこで始まるかに関するいかなる判断も，恣意的なものなのだ。ニュートンでさえも，この点においては明確でなかった。彼の実験の始まりでは，スペクトラムは11色だった。彼はその数を7まで減らしたが，それでもオレンジと藍色の重要性は低いとまだ考えていた。

❽　虹の色の命名に関しては別の問題がある：それは色を表す言葉は不安定なもので，時に理解不能なほど複雑な文化的な力に反応し，時代や場所によって変化してしまう，ということである。例えば，ニュートンが藍色と呼んだ色は，ほとんどの人が緑とスミレ色の中間にある本当の青，あるいは色あせた素朴な青だと認識するであろう。ニュートンの青は，現在我々がシアンと呼ぶ，青と緑の間にあるターコイズブルーに近い色なのだ。

めのものとして現在も使われている。

❼ 虹の色は，実際にはつなぎ目なしで混ざり合っているので，完璧に分けて命名するのは不可能である。

❽ 加えて，色を表す言葉は時代や場所によって変化するので，万人に通じる名前をつけるのは難しいという問題もある。

## 解　説

1　▶下線部の意味は「我々はこれを理解するために，数世紀を要した」となる。

語句　it takes＋人＋…（時間の長さ）＋to *do*「人が～するのに…かかる」　figure out ～（または figure ～ out）「～を理解する」

▶this が指す内容は，同段第4文（But the sky …）にある「空は青くはないし，草は緑ではなく，バラは赤くない」という部分である。

▶したがって，「これ」の代わりに第4文の内容を一般化して説明し，50字以内でまとめると〔解答〕のようになる。

2　ア　正解は ©

▶空所を含む部分 on the surface（　ア　）it lands は，「それ（＝プリズムを通った光）が到達したものの表面に」という意味になると予想される。

▶関係詞節の動詞 land(s) は，「到達する」の意味の自動詞なので，直接目的語を取らない。つまり，前置詞＋関係代名詞を用いるか関係副詞を用いるかになる。

▶よって，場所を先行詞とする関係副詞 where を選択する。

イ　正解は ⓔ

▶直前に先行詞と思われる語が見当たらない点に注意する。選択肢の中で，先行詞をとらない関係詞は what，where，how である。

▶関係詞節を見ると，he did it と主語も目的語も揃っているので，関係代名詞 what が入るとは考えにくい。

▶また，後続の同段第3～5文（He took a … the small hole.）では，ニュートンがどのような手順で実験を行ったかが説明されている。

▶よって，空所には，方法や手順などを導く関係副詞の how が入り，当該部分の意味は「これが，彼がそれを成し遂げた方法である」という意味になる。

ウ　正解は Ⓑ

▶空所を含む部分 No matter（　ウ　）color … beam of light, は，「いかなる色，いかなる種類の物質を，独立した光線の前に置いても」という副詞節にすると，主節の内容と合致する。

▶よって，［譲歩］の副詞節を導く no matter what（＝whatever）「いかなる～も」
を作る what を選択する。

**エ　正解は Ⓒ**

▶直前がイと同じ here's になっているが，同じ関係詞が入るとは限らないので注意
する。

▶ここの here は，ニュートンが色に名前をつけようと決めた段階を指している。

▶それを先行詞として，空所直後の his method takes … to the fanciful につなげるに
は，当該部分の意味を「この段階が，彼のやり方が科学的なものから空想的なもの
へと方向を変えた場所である」とすれば，文意が通る。よって関係副詞 where を
選択する。

語句　take a turn「変化する」

**オ　正解は Ⓓ**

▶直前の表現を見ると，the acronym が先行詞で，by は前置詞＋関係代名詞の形を
作っていると考えられる。この用法となるのは，which と whom である。whom
は選択肢になく，先行詞はモノなので which を選択する。

▶当該部分の意味は「我々が（それによって）ニュートンの 7 つのスペクトル色を知
っている頭字語」となる。

語句　acronym「頭字語（各語の頭字をつづり合わせて作った語で，1 つの単語と
して発音される）」

**3　正解は Ⓑ**

▶選択肢の意味は以下の通り。

　(A)「かなり好意的な」　(B)「強く反対する」

　(C)「完全に中立の」　(D)「非常に心配した」

▶ニュートンの説に対するゲーテの反応は，第 3 段最終文（The idea that …）で述
べられている。

▶意味は，「白色光がすべての色を含むという考えはゲーテを非常に不快にさせ，そ
の結果，彼はニュートンの実験を試すことすら拒否し，また他の人にも拒否するこ
とを求めた」となるので，(B)が最も適切である。

語句　so that …「それで…，その結果…」

**4　正解は Ⓒ**

▶選択肢の意味は以下の通り。

　(A)「ニュートンは追加の実験を行った」

　(B)「ニュートンは色のもつ性質について別の提言をした」

(C)「ニュートンは同時代の人々を批判した」

(D)「ニュートンは自分自身の説に満足しなかった」

▶下線部の意味は「彼はそこで立ち止まらなかった」となる。

▶これは，白色光がすべての色を含むという説を打ち出した後にも，光の研究を続けたことを指す。(A)・(B)・(D)はこの趣旨に合致している。

▶(C)の his contemporaries「同時代の人々」は，下線部直前に出てくる表現であるが，「（彼らを）不快にさせた」という表現はあるものの，彼が批判したという記述はない。よって「合っていない」のは(C)である。

[語句]　more than enough「十二分に」

## 5　正解は (D)

▶選択肢の（be 動詞と連結した受動態の）意味は以下の通り。

(A)「考慮された」　(B)「比較された」　(C)「特定された」　(D)「無視された」

▶ set aside ～ は「～をわきに置く」が原義で，ここから意味が広がったと考えると理解しやすい。

▶ここでは，「～を退ける，～を無視する」という意味に近く，本文では was later set aside「のちに退けられた」と受動態になっている。よって正解は(D)である。

## 6　▶命名する際の問題については，The truth is, there's no perfect way to name the colors of the rainbow.「本当のところを言えば，虹の色に名前をつける完璧な方法は存在しない」で始まる第7段で述べられている。

▶そこでは，虹は色と色との間に明確な境界がなく，数え方は恣意的にならざるを得ないという問題が指摘されている。

▶また，最終段では，another issue with naming the colors of the rainbow「虹の色の命名に関する別の問題」として，色を表す言葉は不安定で，文化的な力に反応し，時代や場所によって言葉の指す色が変化してしまう，という問題に触れている。

▶以上の2点を60字以内でまとめると，〔解答〕のようになる。

[語句]　arbitrary「恣意的な」　fluid「変わりやすい，流動的な」　in response to ～「～に応じて」　pin down「～を正確に理解〔説明〕する」

## 7　(A)「白色光の性質に関するニュートンの理論は，彼が生きた時代には多くの人に受け入れられなかった」

▶第3段第4文（This revolutionary theory …）から同段最終文（The idea that …）にかけて，ニュートンの説は簡単には定着せず，ゲーテをはじめとする当時の人々を不快にさせた，と述べられており，この趣旨と合致している。

語句 take hold「定着する」

(B)「実験を行う前に、ニュートンはスペクトル色があると予測した」

▶第4段第6文（Prior to the …）で述べられているように、実験の前にニュートンは「もし青いガラス片が赤い光線の前に置かれたら、その赤は別の色に変わるだろう」と予想していた。

▶つまり、変化させることができないスペクトル色の存在を予測したわけではないので、本文の趣旨に合致していない。

(C)「美学に一致させてスペクトル色に名前をつけることに合理的な根拠はない」

▶第5段第1文（Once Newton confirmed …）で、ニュートンが色に名前をつける際に用いた方法に関して、「彼のやり方は科学的なものから空想的なものへと方向を変えた」と述べられている。

▶また、第6段第1文（Although the relationship …）では、「音楽との関連性は、相似性の根拠に疑問をもった科学者たちによって、のちに退けられた」と述べられている。

▶つまり、ニュートンの命名の仕方は合理的な根拠をもっていなかったことがわかる。よって、この趣旨に合致している。

(D)「ロイジービヴは音階の中の7つの主要な音を表す」

▶第5段最終文（Hence the origin …）にある通り、ROYGBIV はニュートンのスペクトル色の頭文字（red, orange, yellow, green, blue, indigo, violet）を取ったものである。よって音階の主要音とは無関係であり、合致しない。

---

1 身の回りにある物の色は見た通りではないと人類が理解するのに、数世紀の年月が必要だったということ。（50字以内）

2 アー© イーⒺ ウーⒷ エー© オーⒹ

3 Ⓑ

4 ©

5 Ⓓ

6 色と色の間に明確な境界がないため区別が恣意的になる点と、文化の影響から時代や場所によって色を表す言葉の指す色が変わる点。（60字以内）

7 (A)—T (B)—F ©—T Ⓓ—F

# 19

次の英文を読んで，下の問いに答えなさい。

（星印（＊）のついた語には本文の後に注があります。）

　　Deep in the woods, two distinguished arthropods* — renowned in the animal kingdom for their ingenuity and technical accomplishments — have struck up a conversation.　One is ANT, the other is SPIDER.　Both being philosophically inclined, their concern is to understand the world and their place in it.　On this particular occasion, it is ANT's turn to open the debate.

　　'We ants', he declares, 'are not isolated individuals.　Our brains may be no bigger than pinheads, yet we can achieve great things.　Our nests are monumental mounds, and our roads are highways through the forest, overrunning everything in their path.　We can accomplish these feats because we collaborate.　We live together in colonies, many thousand strong, sharing our food and work.　In a word, we are the most *social* of insects.'

　　SPIDER, more solitary by nature, finds the idea of life in a colony hard to grasp.　She admits that she would be more inclined to eat others of her kind than to work with them.　Curious to know what it means to be social, she resolves to press ANT on the issue.　'In the course of your activities', she remarks, 'you have
(1)
to deal with all sorts of things.　I have seen you dragging worms and bugs that you have killed for food to your nests, along with building materials like twigs, pine needles and leaves, often many times your body size.　I have seen you "touching up" aphids* and licking the honeydew from their bodies.　And I have seen you picking up and carrying around the larvae* of your own kind.　Tell me, do you have social relations with these things, or only with mature members of the colony like yourself?'

　　'Now there, my dear SPIDER', replies ANT, 'you have touched on an issue that has been the source of some controversy in the ant world, and I have to

confess that my own views on the matter are somewhat <u>unorthodox</u>. To cut a
(2)
long story short, there have up to now been two schools of thought. According
to one school, we should think of the colony as a functioning totality that is more
than the sum of its parts — a sort of super-organism — within which the life of
every individual is entirely given over to the greater good of the collectivity*.
According to the other school, what we call "the colony" does not correspond to
any real, concrete entity. We merely use the term as shorthand for what, in
reality, is a vast number of individuals, each driven by those basic instincts with
which it has been innately endowed. My own view, however, is that we should
characterise the colony, in the first place, in terms not of its membership or
composition but of what is actually going on there. Every colony is busy with
activity. And if we follow the lines of activity, we find that they can be traced
back neither to a single, collective super-organism nor to a plurality of individual
organisms. Rather, to trace the lines of activity is to describe a vast network, in
which any individual appears as but a particular node. Every ant in the colony is
part of the action and carries it forward in its own way; it is, if you will, an *act-
ant*.'

'So if you want to assign responsibility for what is going on', interjects
SPIDER, 'you could not lay it at the door of the individual or the collectivity. It
is rather spread around the entire network.'

<u>ANT waves his antennae in approval</u>. 'Exactly so. That's why I say that the
(3)
individual act-ant is not an agent. Rather, agency — that is, what makes things
happen — is *distributed* throughout the network.'

'That is all very well', retorts SPIDER, 'but you have still not answered my
original question. You speak of the colony as a network of *act*-ants. But can the
network also include *non*-ants? Can non-ants also have social lives?'

'Absolutely', ANT continues. '( ア ) can belong to the network, whether
ant or non-ant. It is on precisely this point that I take issue with my colleagues.
They seem to think there is something about being an ant — some essential
anthood — that sets them apart from other creatures, in a separate world of

*anture* as distinct from the material world of *nature* in which the existence of all other creatures is confined. <u>Social relations, they claim, are not natural but</u> (4) *antural*. But the world I inhabit comprises both act-ants and non-ants, including such things as pine needles, aphids and larvae. I insist that these things are not just passive objects. I am bound up in relations with them, as I am with my fellow ants. They, too, are part of the network. And they are caught up in it just as flies, my dear SPIDER, are caught up in your web.'

'But there you are surely wrong', exclaims SPIDER. 'The lines of my web (5) are not at all like those of your network. In your world there are just bits and pieces of diverse kinds that are brought together or assembled so as to make things happen. Every "relation" in the network, then, is a connection *between* one thing and another. As such, the relation has no material presence. For the materiality of the world, in your view, is fully comprehended in the things connected. The lines of my web, to the contrary, are themselves spun from materials from my own body, and are laid down as I move about. You could even say that they are an extension of my very being as it trails into the environment. They are the lines *along* which I live, and conduct my perception and action in the world. For example, I know when a fly has landed in the web because I can feel the vibrations in the lines through my legs, and it is along these same lines that I run to retrieve it. But the lines of my web do not *connect* me to the fly. Rather, they are already threaded before the fly arrives, and set up through their material presence the conditions of entrapment under which such a connection can potentially be established.'

(注)

arthropod：節足動物

aphid：アリマキ，アブラムシ

larvae：larva（幼虫）の複数形

collectivity：group as a whole

（注意）　解答に ANT と SPIDER を用いる場合は，英語の綴りのまま表記しなさい。アルファベットの大文字は，1 文字1 字分とします。

出典追記：Material Agency：Towards a Non-Anthropocentric Approach edited by Carl Knappett and Lambros Malafouris, Springer

1. 下線部(1)の the issue は何を指していますか。その内容を表す英語を本文の中から抜き出しなさい。

2. ANT はコロニー（巣）に関する自説を下線部(2)のように特徴づけていますが，それは内容的にどのような点で unorthodox なのか，50 字以内の日本語で説明しなさい。

3. 下線部(3)の ANT の動作を人間の動作に言い換えて表現すると，次の（　　　　）内にはどのような語が入りますか。英語 1 語で答えなさい。

ANT nods his（　　　）in approval.

4. 空所（　ア　）に入る最も適切な語を次の中から 1 つ選び，記号で答えなさい。

(A)　Everything　　(B)　Something　　(C)　Anything　　(D)　Each

5. 下線部(4)の内容を次のように言い換えると，（　　　　）内にはどのような語が入りますか。本文から最も適切な 1 語を選び，英語で答えなさい。

They claim that social relations are possible with ants, but not with
（　　　）.

6. 下線部(5)で SPIDER が指摘する ANT のネットワークとの違いはどこにあるか，50 字以内の日本語で説明しなさい。

7. 次のそれぞれの記述について，本文の内容に合っているものには T を，そうでないものには F を記入しなさい。

(A)　Cooperation enables ants to achieve things that would be impossible for a single ant.

(B)　SPIDER finds it hard to understand how to live in a colony, which is why she prefers to be alone rather than with others.

(C)　One of the two schools of thought mentioned by ANT claims that the group has priority over the individual.

(D) ANT calls individual ants 'act-ants', and emphasises that they do what they do because of the network they are involved in.

(E) ANT suspects that there is a special world of ants which makes them distinct from all other creatures.

## 全　訳

### ■コロニーをめぐるアリとクモの哲学的対話

❶　森の奥深くで，動物界ではその創造力と技巧的才能で有名な，二匹の優れた節足動物が会話を始めた。一匹はアントで，もう一匹はスパイダーである。両者ともに哲学の才があり，その関心は世界とその中に存在する自分たちの位置を理解することに向けられている。このような特定の状況にあって，議論の口火を切るのは，アントの番である。

❷　「我々アリは，独立した個体ではないのです」と彼は言った。「我々の脳はピンの頭ほどの大きさしかないかもしれませんが，それでも我々は大仕事を成し遂げることができます。我々の巣は巨大な塚であり，また我々の通り道は森を抜ける幹線道路で，その通り道にあるすべてのものを乗り越えて伸びています。我々がこれらの偉業をなし得るのは，協力をするからです。我々はコロニーの中で何千匹という規模で共に暮らし，食料や仕事を分け合っています。つまり，我々は最も『社会的な』虫なのです」

❸　生まれながらに，より孤独に生きるスパイダーには，コロニーにおける生活という考えは理解困難である。彼女は，同じ種族の仲間と共に働くよりは，彼らを食べてしまう傾向を持っていることを認めている。社会的であるとは何を意味するのかを知りたくなり，彼女はこの問題をアントに答えさせようと決める。「あなたたちは活動する中で様々なことに対処しなければなりませんよね」と彼女は話す。「私はあなたたちが，食糧にするために殺したミミズや虫を巣まで引きずっていったり，木の枝や松葉や木の葉のような材料を組み立てているのを見かけたことがあります。それらのものは，あなたたちの体の何倍も大きいこともよくありました。私はあなたたちがアリマキに『優しく接し』ながら，その体から出る糖液をなめているのを見たことがあります。またあなたと同じ種の幼虫を持ち上げて運んでいるのを見たこともあります。教えてください。あなたは，これらのものとの間にも社会的な関係を持っているのですか。それとも，あなた自身のような，コロニーの成長した仲間との間に限られるのでしょうか」

❹　「これは，これは，親愛なるスパイダーさん」とアントは答える。「あなたは長い間，アリの世界で論争の元になっている問題に触れてしまいましたね。白状すると，この件に関する私自身の見解は，やや異端なのです。手短に言うと，今までのところ，考え方には二つの学派があります。一つの学派によると，コロニーは，部分の総和以上の機能する全体，つまりある種の超有機体だと考えられるべきだ，ということになります。その有機体の中では，個々の個体が持つ生命は，集団全体の

より大きな利益のために，完全に捧げられるものなのです。もう一方の学派によれば，『コロニー』と呼ばれるものは，現実の明確な実体には当たらないことになります。我々はこの言葉を，実際は生まれながらに与えられた基本的本能によって動かされている，膨大な数の個体を意味する術語として使っているだけなのです。しかし，私が考えるに，まず我々は，構成員や組織という観点ではなく，そこで何が起きているか，という観点からコロニーを特徴づけるべきです。すべてのコロニーは忙しく活動しています。そして我々は活動の流れを追いかけると，単独の一体となった超有機体にも，また個々の有機体が多数いることにもたどり着かないことがわかります。そうではなく，活動の流れをたどることは，巨大なネットワークを描き出すことになるのです。その中においては，いかなる個も個々の交点にしか見えません。コロニーのすべてのアリはその活動の一部であり，それぞれの働きによって活動を進展させるのです。個々のアリは，言うなれば『行為アリ（actant はフランス語で「行為項」の意)』なのです」

❺「それでは，現状を説明する原因を特定しようとしても，それを個，または集団に帰することはできないということですね。原因はむしろネットワーク全体に広がっていることになりますね」とスパイダーは口を挟んだ。

❻ アントは同意して触角を振った。「まったくその通りです。だから私は個々の行為アリは行為の主体ではなく，むしろ仲介者だと言っているのです。つまり，ものごとを引き起こすものであり，ネットワーク全体に分散しているのです」

❼ スパイダーは言い返す。「なるほどね。でも，あなたはまだ私の最初の質問に答えていません。あなたはコロニーを，行為アリのネットワークだと言っているのですよね。しかし，そのネットワークには，『アリでないもの』も含まれるのでしょうか。アリでないものも，社会的な生活を持ち得るのでしょうか」

❽「その通りです」とアントは続ける。「アリであろうとなかろうと，何者でもネットワークに加わることは可能です。私が仲間たちと意見を異にするのは，まさにこの点なのです。仲間たちは，アリであることは特別なことで，何らかの不可欠なアリの資質（anthood）によって，自分たちは他の生物と区別され，他のすべての生物の存在が閉じ込められる『自然界（nature)』という現実世界から切り離された，『アリ界（anture)』という別の世界にいると考えているようなのです。彼らが主張する，社会的な関係とは，自然なもの（natural）ではなく，『アリ的なもの（antural)』なのです。しかし，私が住む世界は，行為アリと，松の葉やアリマキや幼虫のようなアリでないものの両方から成っています。私が主張したいのは，これらのものは単なる受動的な客体ではない，ということです。私がこれらのものとの関係に縛られているのは，仲間のアリとの関係に縛られているのと同様です。これらのものも，ネットワークの一部なのです。そして親愛なるスパイダーさん，こ

れらがネットワークに捕らえられているのは、ハエがあなたの巣に捕らえられているのとまったく同じなのです」

❾「しかし、そこであなたは明らかな間違いを犯しています」とスパイダーは強く言う。「私の巣の糸は、あなたのネットワークの糸とはまったく異なります。あなたの世界には、いろいろな種類の断片が存在するだけで、それらが集められたり、組み立てられたりしてものごとが生じます。そうだとすると、ネットワーク内のすべての『関係』は、ある物と、別の物とのつながりです。その場合、つながりには物質的な実体はありません。というのは、世の中の物質性は、あなたの考えによれば、つなげられたものの中に完全に含まれるからです。反対に、私の巣の糸は、それ自体が私の体内にある材料から紡がれたもので、私が動き回って張られたものです。これらの糸は、環境の中に伸びていった私なので、私自身の存在が延長されたものとさえ言えるかもしれません。これらは、私がその上を動いて生活する糸であり、この世界での私の知覚や行動を肩代わりしてくれるのです。たとえば、私は巣にいつハエが止まったのかわかりますが、それは私の足を通じて、糸の振動を感じることができるからです。そして、同じ糸に沿って私は走り、そのハエを捕獲します。しかし、私の巣の糸は、私をハエと結びつけるわけではありません。そうではなくて、糸はハエが来る前にすでに張り巡らされていて、その物理的な存在を通して、ワナの状態を作り出すのです。その状態のもとで、そのようなつながりが、潜在的に確立され得るのです」

各段落の要旨

❶ 森の中で、優れた創造力と技巧力を持つアントとスパイダーが会話を始めた。

❷ アントは、自らを、巨大なコロニーを形成して協力し合う最も「社会的な」存在であると主張する。

❸ スパイダーは、「社会的」の意味が理解できず、アントに尋ねる。「『社会的な』関係というのは、コロニー内の仲間同士だけのものなのでしょうか」

❹ それに対して、アントは二通りの答えを返す。一つはコロニーを、個体を超えるひとまとまりの有機体とみなす考え方、もう一つはコロニーには実体がなく、個々の個体が複数いるだけという考え方である。しかし、アント自身の考え方はどちらとも違う。アントはそこで起こっている活動からコロニーを特徴づけ、ネットワークによって定義する。

❺ スパイダーは、コロニーは一つの集団でも個体の寄せ集めでもなく、ネットワーク全体から生じるものだと自身の理解を示す。

❻ アントは同意して、行為アリは行為の主体ではなく仲介者であり、ネットワークに分散していると述べる。

❼ スパイダーは再び尋ねる。「あなたたちのネットワークには『アリでないもの』も含まれるのですか」

❽ アントの答えはこうである。「私たちの世界は『アリ的なもの』と『アリでないも

の』の両方で成り立っているので，どちらもネットワークに含まれます」
❾ スパイダーは最後にこう言う。「あなたたちのネットワーク内の関係は，物質的な実
体のない『つながり』ですが，私の巣はまったく異なります。巣は物質であり，私
の体の一部であり，私の延長なのです」

---

## 解　説

**1　正解は　what it means to be social**

▶下線部 the issue の意味は「その問題」となるので，どのような問題なのかを読み
取る。

▶第3段第3文（Curious to know …）の前半部分は，形容詞 curious で始まってい
るが，これは be curious to *do*「しきりに～したがる」の分詞構文において Being
が省略されたものであると考えられる。

▶it は to be social「社会的であること」を受ける形式主語なので，前半部分の意味
は「社会的であるとはどういうことかを知りたくなり」と解釈することができる。

▶この部分が当該文の主節（she resolves … on the issue）「彼女はこの問題をアント
に答えさせようと決める」を修飾しているので，the issue の内容は what it means
to be social であることがわかる。

語句　resolve to *do*「～しようと決心する」


**2**　▶下線部の意味は「正統ではない，異端の」となる。この語の意味を知らない場
合でも，日本語でよく使われる orthodox「オーソドックス」に否定の un がついた
ものだということから推測可能である。

▶スパイダーの質問を受けたアントが，当該文の前半部分で「あなたは長い間アリの
世界で論争の元になっている問題に触れてしまいましたね」と言っているように，
当該文ではアリ社会の見方に関する議論が導入されている。

▶このテーマに関してアントが，まず同段第3文（According to one …）で「一つ
の学派によると」，第4文（According to the …）で「もう一つの学派によると」
と一般的な学説を紹介している。

語句　school「学派」　give over ～ to …「（責任・管理など）を…に譲る，任せる」

▶これに対して第6文（My own view, …）では，「しかし，私が考えるに」とアン
トが自説を展開している。これらの部分を踏まえ，解答では一般的な説と比べてア
ントの説が異なる点を50字以内でまとめればよい。

語句　in terms not of *A* but of *B*「*A* という観点からではなく，*B* という観点から」

## 3 正解は head

▶下線部 ANT waves his antennae in approval の意味は「アントは同意して触角を振った」となる。in approval は「同意・賛成して」という意味なので，ここでは，触角という体の一部を振るジェスチャーが，賛同の意を表していると考えられる。

▶人間が賛成・同意を示す時のジェスチャーには nod *one's* head「うなずいて賛成・同意をする」があるので，空所には head が入る。

## 4 正解は ⓒ

▶当該文とその直前の第8段第1文（'Absolutely', ANT continues.）は，第7段第3・4文（But can the … have social lives?）の「そのネットワークには，『アリでないもの』も含まれるのでしょうか。アリでないものも，社会的な生活を持ち得るのでしょうか」という問いに対する答えとなっている。

▶第1文で Absolutely「もちろんです」と肯定しているため，第2文の内容は「アリであってもなくても（whether ant or non-ant），何でも含まれる」という内容になるはずである。よってⓒを選択する。

## 5 正解は non-ants

▶下線部の意味は「彼らが主張する社会的な関係とは，自然なものではなく『アリ的なもの』なのです」となる。

▶一方，これを言い換えた設問中の英文の意味は，「彼らは，社会的な関係はアリとの間でのみ可能で（　　）とは不可能だと主張する」となる。

▶当該文とその直前の文は，*anture* や *antural* など筆者の造語があってやや理解しづらいが，「アリの世界はアリのみによって構成されている」と考えられている点が読み取れれば解答は可能である。

▶空所にはアリでないものを意味する1語が入ることになるので，その候補を探すと，第7段第3・4文にある non-ants が最も適切と考えられる。言い換え文の with ants と対応する語形（複数形）になっていることからも，これが正解。

## 6

▶下線部の意味は「『しかし，そこであなたは明らかな間違いを犯しています』とスパイダーは強く言う。『私の巣の糸は，あなたのネットワークの糸とはまったく異なります』」となる。

語句　web「クモの巣」

▶最終段で，クモの巣の糸と，アリの世界のネットワークを作るための糸の特色と違いが説明されている。

語句　as such「それゆえに」

▶ポイントは，アリの世界のネットワークにおいて，ネットワーク内の物どうしを結ぶ線は，関連性を示すための架空のものであるのに対し，クモの糸は，クモが生きるために作り出した実体を持つ存在であるという点である。

▶この内容を50字以内でまとめる。


**7** (A) 「アリは協力することで，単独では不可能であろうことを達成できる」

▶第2段第4文（We can accomplish …）に，「我々がこれらの偉業をなし得るのは，協力をするからです」と述べられている。

▶ these feats「これらの偉業」とは，直前の文（Our nests are …）にある our nests「我々の巣」や our roads「我々の道」のことで，1匹のアリでは作ることのできないものである。(A)はこの部分の趣旨に合致している。

(B) 「スパイダーはコロニーで生きることを理解するのは難しいと考えるが，それが理由で彼女は他のクモといるよりも単独でいることを好むのである」

▶第3段第1文（SPIDER, more solitary …）に，スパイダーが孤独に生きるのは by nature「生まれながらに」とあるため，選択肢のようにコロニーで生きることが難しいと考えた結果として孤独に生きるというのは，因果関係の逆転になる。よって本文の趣旨とは合致していない。

(C) 「アントが述べた二つの学派の一つでは，集団は個体に優先すると主張されている」

▶第4段第3文（According to one …）では，一つ目の学派の考えがまとめられている。

▶これによると，アリの社会は a sort of super-organism「超有機体」で，within which the life of every individual is entirely given over to the greater good of the collectivity「その中では個々の個体が持つ生命は，集団全体のより大きな利益のために，完全に捧げられるもの」である。この部分の趣旨に合致している。

(D) 「アントは個々のアリを『行為アリ』と呼び，自分たちの普段の活動は，自分たちが加わるネットワークがあるから可能だ，と力説している」

▶第4段の終わりから2つ目の文（Rather, to trace …）に，「アリはネットワークの中の個々の交点でしかない」とあり，さらに最終文（Every ant in …）では，「個々のアリは，言うなれば『行為アリ』なのです」と述べられている。(D)はこの2文の内容に合致している。

(E) 「アントは，それのおかげで他の生き物とは区別される，アリの特別な世界があると考えている」

▶第8段第4・5文（They seem to … natural but *antural.*）で，「彼らは～だと考えているようなのです」とある点から，アリには特別な世界があるという考えは，

my colleagues「仲間たち」の考えであり，第6文（But the world …）以下の考え方（アリでないものも含まれる）がアントのものである。よって，この部分の趣旨に反している。

1　what it means to be social
2　コロニーの本質を集団に見るのでも個体に見るのでもなく，アリたちの行う活動に見ようとする点。(50字以内)
3　head
4　(C)
5　non-ants
6　SPIDER の巣の糸は，物の結びつきを示す架空のものではなく，実体を持つ生きるための道具である点。(50字以内)
7　(A)―Ｔ　(B)―Ｆ　(C)―Ｔ　(D)―Ｔ　(E)―Ｆ

# 20

次の英文を読んで，下の問いに答えなさい。

（星印（＊）のついた語には本文の後に注があります。）

One of the most important things that language does for us is help us make distinctions. When we call something edible, we distinguish it from — implicitly, automatically — all other things that are inedible. When we call something a fruit, we necessarily distinguish it from vegetables, meat, dairy, and so on. Even children intuitively understand the nature of words as restrictive. A child asking for a glass of water may complain, "I don't want *bathroom* water, I want *kitchen* water." The little munchkins* are making subtle discriminations of the physical world, and exercising their categorization systems.

Early humans organized their minds and thoughts around basic distinctions that we still make and find useful. One of the earliest distinctions made was between now and not-now; *these* things are happening in the moment, these other things happened in the past and are now in my memory. No other species makes this self-conscious distinction among past, present, and future. No other species lives with regret over past events, or makes deliberate plans for future ones. Of course many species respond to time by building nests, flying south, hibernating*, mating — but these are preprogrammed, instinctive behaviors and
(1)
these actions are not the result of conscious decision, meditation, or planning.

Simultaneous with an understanding of *now* versus *before* is one of object
(2)     (3)
permanence: Something may not be in my immediate view, but that does not mean it has ceased to exist. Human infants between four and nine months show object permanence, proving that this cognitive* operation is innate. Our brains represent objects that are here-and-now as the information comes in from our sensory receptors. For example, we see a deer and we know through our eyes that the deer is standing right before us. When the deer is gone, we can

remember its image and represent it in our mind's eye, or even represent it externally by drawing or painting or sculpting it.

This human capacity to distinguish the here-and-now from the here-and-not-now showed up at least 50,000 years ago in cave paintings. These constitute the first evidence of any species on earth being able to explicitly represent the distinction between what *is* here and what *was* here. In other words, those early cave-dwelling Picassos, through the very act of painting, were making a distinction about time and place and objects, an advanced cognitive operation we now call *mental representation*. And what they were demonstrating was an articulated sense of time: There was a deer *out there* (not here on the cave wall of course). He is not there now, but he was there before. Now and before are different; *here* (the cave wall) is merely representing *there* (the meadow in front of the cave). This prehistoric step in the organization of our minds ( ア ) a great deal.

In making such distinctions, we are implicitly forming categories, something that is often overlooked. Category formation runs deep in the animal kingdom. Birds building a nest have an implicit category for materials that will create a good nest, including twigs, cotton, leaves, fabric, and mud, but not, say, nails, bits of wire, melon skins, or pieces of glass. The formation of categories in humans is guided by a cognitive principle of wanting to encode as much
(4)
information as possible with the least possible effort. Categorization systems optimize the ease of conception and the importance of being able to communicate about those systems.

Categorization permeates* social life as well. Across the 6,000 languages known to be spoken on the planet today, every culture marks, through language,
(5)
who is linked to whom as "family." Kinship terms (such as *mother, father, daughter, son, sister, brother,* etc.) allow us to reduce an enormous set of possible relations into a more manageable, smaller set, a usable category. Kinship structure allows us to encode as ( イ ) with the least cognitive effort.

出典追記 : The Organized Mind : Thinking Straight in the Age of Information Overload by Daniel J. Levitin, Dutton

（注）

munchkin: a child or small person

hibernate: to sleep through the winter

cognitive: connected with mental processes of understanding

permeate: to affect every part of something

1. 下線部(1)の preprogrammed と置き換えることのできる最も適切な1語を本文中から選び，英語で答えなさい。

2. 下線部(2)の one が表す内容に相当する2語からなる表現を本文中から選び，英語で答えなさい。

3. 下線部(3)の object permanence とはどのようなことか，35字以内の日本語で簡潔に説明しなさい。

4. 空所（　ア　）に入る最も適切な語を次の中から1つ選び，記号で答えなさい。

(A)　painted　　　(B)　mattered　　　(C)　needed　　　(D)　differed

5. 下線部(4)の principle はどのような原則か，その内容を30字以内の日本語で説明しなさい。

6. 下線部(5)と同じ意味を表す2語からなる表現を本文中から選び，英語で答えなさい。

7. 空所（　イ　）に，次の語を最も適切な順に並べ替えて入れると，2番目にくる語は何になりますか。その語の記号で答えなさい。

(A)　possible　　　　　(B)　information　　　(C)　as

(D)　relevant　　　　　(E)　much

8. 次の中から，本文の内容と合って<u>いない</u>ものを3つ選び，選択肢の順に記号で答えなさい。

(A) Categorization systems help us form our ideas as efficiently as possible.

(B) We can have a mental image of a deer by drawing, painting, or sculpting it.

(C) Children understand that the use of words is restricted to making distinctions.

(D) The process of forming categories implicitly can be hard to notice, but is even found in animals such as birds.

(E) Saying something is edible means that it is not something we cannot eat.

(F) Humans and other species differ as to whether they can respond to time by their behaviors.

(G) We can distinguish members of the same family fairly easily by using kinship terms.

(H) Cave paintings indicate that early humans did make a clear distinction between present and past.

## 全 訳

## ■カテゴリー化という認知機能について

**❶** 言語が我々にしてくれる最も大切なことの一つは，我々がものを区別する手助けをすることである。我々が何かを食用に適すると言うとき，我々はそれを暗黙のうちに，自動的に食用に適さない他のものすべてと区別することになる。我々が何かを果物と呼ぶときは，我々は必然的に，それを野菜や肉や乳製品やその他のものと区別しているのである。子供でさえも，言葉の本質は限定することだと本能的に理解している。コップ一杯の水を欲しがる子供は，「僕はお風呂の水は欲しくない，台所の水が欲しい」と不満を口にするかもしれない。小さな子供は，現実世界に微妙な区別をつけて，自分たちの分類機能の訓練をしているわけである。

**❷** 初期の人類は，基本的な区別を中心に思考を組織化したが，我々はその区別をいまだに使っているし，また役に立つと考えている。最も早くつけられた区別の一つに，今と今ではないときの違いがある。これらのことはこの瞬間に起きており，これらの他のことは過去に起きて，現在では記憶の中にある，といったことだ。他のいかなる生物も，過去，現在，未来に関する，この意識的な区別はしていない。他のいかなる生物も，過去の出来事について後悔しながら生きることはないし，将来の出来事に関して意図的に計画を立てることもしない。もちろん，多くの生物が時間に反応して巣を作ったり，南へ飛び立ったり，冬眠や交配をすることはあるが，これらはすでに備わっていた本能的な行動であり，これらの活動は意識的な決断や，熟考や，計画の結果ではない。

**❸** 現在と過去を理解することと同時に存在するのが，物体の永続性を理解することである。あるものは現在の自分の視界にはないかもしれないが，それはその存在自体が消滅したことを意味するわけではない。4カ月から9カ月までの人間の乳児は，物体の永続性への理解を見せるが，それはこの認知的な働きが，生得的なものであることを証明する。我々の脳は，感覚受容器から情報が入ってくると，今この場にある事物をイメージ化する。たとえば，我々はシカが目に入ると，目を通して，これが我々の目の前に立っているということを知る。シカが行ってしまっても，我々はその姿を記憶し，我々の頭の中でそれをイメージ化することができる。また，絵に描いたり，彫刻したりすることで，外的にイメージを表現することさえもできる。

**❹** 人間が持つ，「ここで，今」を，「ここで，今ではないときに」から区別するこの能力は，少なくとも5万年前の洞窟壁画に現れた。これらは地球上のいかなる種のものとしても，ここに「ある」ものと，ここに「あった」ものの区別を，明示的

に描く能力を示した最初の証拠となる。言い換えると，このような大昔に洞穴に住んでいたピカソたちは，まさに絵を描くという行為を通じて，時と場所と物体に関する区別をしていたわけだが，これは我々が『心的表象』と呼ぶ，高度な認知的働きなのである。そして彼らが示していたのは，明確に表現された時間の感覚である。シカは外にいた（もちろんこの洞窟の壁の上ではない）。今はそこにはいない。しかし前はそこにいた。今と前は異なる。ここ（洞窟の壁）は単にそこ（洞窟の前にある草地）を描いているだけだ。我々が思考を組織化する中での，この先史時代の段階は，非常に重要な意味を持ったのである。

❺ このような区別をする際に，我々は暗黙のうちにカテゴリーを設けているが，それは気づかれないことも多い。カテゴリーを設けることは，動物界に根深く存在する。巣を作る鳥は，良い巣を作るための材料の暗黙的カテゴリーを持っている。そこには小枝，綿，葉，布，泥は含まれるだろうが，たとえば釘，針金の切れ端，メロンの皮，ガラス片は含まれないだろう。人間におけるカテゴリーの形成は，可能な限り最小限の努力で，できるだけ多くの情報をコード化したいという認知的な原則に則っている。カテゴリー化のシステムは，概念化の容易さと，それらのシステムに関してコミュニケーションが可能だという重要性を最大化するのである。

❻ カテゴリー化は，社会生活にも行きわたっている。今日地球上で話されていることが知られている 6,000 種の言語にわたって，すべての文化では，言語を通じて，誰が誰に対して「家族」としてつながっているかの記号づけがされている。親族関係を表す語（「母」「父」「娘」「息子」「姉妹」「兄弟」など）によって，我々は，あり得る関係から成る巨大な集合を，より管理可能で小さな集合，つまり使用可能なカテゴリーに縮小することが可能なのだ。親族関係の組み立てにより，我々は最小限の認知的な努力で，できるだけ多くの関連する情報をコード化することが可能なのである。

**各段落の要旨**

❶ 我々は，あるものを言葉で表現することによって，それと他のものとを区別している。

❷ 人間には，過去と現在と未来とを区別して，後悔したり決断したり計画したりするという特性がある。

❸ 我々はまた，物体の永続性を理解することもできる。視界にその対象物が存在しなくても消滅したわけではないとわかり，頭の中でイメージ化したり絵に描いたりできる。

❹ 今とそれ以外の区別，言い換えると時と場所と物体に関する区別は，少なくとも 5 万年前には行われていた。これは，『心的表象』と呼ばれる高度な認知機能である。

❺ 人間が区別を行うときに暗黙のうちに設けられるカテゴリーは，最小限の努力で最大限の情報を処理するという認知的原則に基づいている。

❻ 世界中のどんな言語においても，親族関係を表す語が多数存在するという事実は，カテゴリー化の一例である。

## 解 説

### 1　正解は innate

▶下線部の語 preprogrammed は，接頭辞 pre- + programmed の形で，「あらかじめ
プログラムされていた」という意味になる。

▶これは比喩的な表現で，生まれてから獲得されるのではなく生まれつき備わってい
る，という意味である。

▶第3段第2文（Human infants between …）では，「生後4カ月から9カ月の人間
の乳児は，物体の永続性への理解を見せるが，それはこの認知的な働きが，生得的
なものであることを証明する」と述べられており，ここで用いられている語 innate
「生まれつきの，生得的な」が正解である。

### 2　正解は an understanding

▶one of ～ という形を見てすぐに思いつくのは，「～のうちの一つ」という表現であ
るが，直後の object permanence は可算名詞の複数形ではなく，また意味も通ら
ない。

▶そこで，当該文（Simultaneous with an …）前半の an understanding of … という
表現から，下線部の one は不定冠詞＋可算名詞（an understanding）の繰り返しを
避けるために用いられる代名詞の one であると考えると，意味も成立する。よっ
て an understanding が正解である。

### 3　▶下線部の意味は「物体の永続性」となるが，この直後にコロンがある点に注意
する。

▶コロンは「すなわち」と言い換えることができ，直前の内容を具体的に説明すると
きに使われることが多い。ここでもその目的で用いられていると考えられる。

▶コロン以下の内容は「あるものは現在の自分の視界にはないかもしれないが，それ
はその存在自体が消滅したことを意味するわけではない」となるので，これを35
字以内でまとめればよい。

### 4　正解は (B)

▶選択肢の意味は以下の通り。

　(A)「絵を描いた」　(B)「重要であった」　(C)「必要とした」　(D)「異なった」

▶空所を含む第4段は，人間が認知機能の発達過程で得た mental representation「心
的表象」について説明している箇所である。

▶当該文の意味は「我々が思考を組織化する中での，この先史時代の段階は，非常に

（　ア　）」となり，文意が成立するためには(B)の「重要であった」を補うのが最も適切である。

**5**　▶下線部直後の of は，同格の内容を導く前置詞で，続く部分が principle「原則」の内容を具体的に説明している。

▶よって wanting to encode … least possible effort の内容を 30 字以内でまとめればよい。

語句　as much 〜 as possible「できる限り多くの〜」

**6　正解は on earth**

▶下線部の意味は「この惑星上で」となるが，the planet は当然「地球」のことなので，第 4 段第 2 文（These constitute the …）にある on earth が正解である。

**7　正解は (D)**

▶まず，直前の as や，選択肢中の possible, as, much から，第 5 段第 4 文（The formation of …）で用いられている as much 〜 as possible「できる限り多くの〜」という表現が考えられる。

▶続いて，形容詞 relevant「関連がある」と名詞 information「情報」を組み合わせて much 以下に置くと「最小限の認知的努力で，最大の関連情報をコード化する」という意味の英文が完成する。

▶完成文は（Kinship structure allows us to encode as）much relevant information as possible（with the least cognitive effort.）となる。

**8　正解は (B)・(C)・(F)**

▶選択肢の意味と分析は以下の通り。

(A)「カテゴリー化のシステムは，我々が自分の考えをできる限り効率的に形作る助けになる」　人間のカテゴリー化のシステムについては，第 5 段最終の 2 文（The formation of … about those systems.）で述べられている。最終文では，カテゴリー化のシステムによって最大化されるものとして，the ease of conception「概念化の容易さ」が挙げられている。(A)の内容は，これを具体的に言い換えたものだと考えられるので，本文の内容に合致している。

(B)「我々は，描いたり色づけしたり彫刻したりすることによって，頭の中でシカをイメージ化することができる」　第 3 段第 3 文（Our brains represent …）にあるように，我々は感覚受容器から入ってくるものを脳内でイメージ化する。同段最終文（When the deer …）では絵や彫刻の作成について触れており，それらは脳内のイ

メージ化によって可能になることかもしれないが，絵や彫刻を作成することで脳内のイメージができるという流れは逆である。よって一致しない。

Ⓒ「子供は，言葉の使用が区別をすることに限定されると理解している」 第1段第4文（Even children intuitively …）で，「子供でさえも，言葉の持つ本質は限定することだと本能的に理解している」と述べられている。確かに，言葉には，たとえば red car「赤い車」と表現することで別の色の車と区別できるという「制限」の働きがある。しかし，このような制限・区別をするためだけに言葉の働きが限定されている，という意味ではない。Ⓒはこの趣旨に合致していない。

Ⓓ「暗黙的なカテゴリー形成過程に気づくのは難しいかもしれないが，それは鳥のような動物にさえも見られるものである」 第5段第2文（Category formation runs …）に，動物界にもカテゴリーの形成があることが述べられ，続く第3文（Birds building a …）では，その具体例として，鳥は巣を作る材料に関する暗黙的カテゴリーを持つと説明されている。この部分の趣旨と合致している。

Ⓔ「何かが食用に適していると言うことは，それが食べられないものではないということを意味する」 it is not something we cannot eat と二重否定になっている点に注意。「食べられないものではない」=「食べられる」である。第1段第2文（When we call …）では，「我々が何かを食用に適すると言うとき，我々はそれを暗黙のうちに，自動的に食用に適さない他のものすべてと区別することになる」と述べられているが，この区別とは，「食べられるか食べられないか」の区別である。要は，「食べられる」と言えば，食べられるものを指すことになるので，Ⓔはこの部分の趣旨に合致している。

Ⓕ「人類と他の種は，行動によって時間に反応できるかという点で，異なる」 第2段第5文（Of course many …）が参照箇所である。「…多くの生物が時間に反応して巣を作ったり，南へ飛び立ったり，冬眠や交配をしたりすることはあるが…」と述べられていることから，人間以外の種も時間に反応していることがわかる。この趣旨に合致していない。筆者が言いたいのは，他の動物の反応は本能的である点が人間と異なる，ということである。

Ⓖ「我々は，親族関係を表す語を使うことで，同一家族内の成員をとても容易に区別することが可能である」 最終段第3文（Kinship terms …）で，「親族関係を表す語…によって，…をより管理可能で小さな集合，つまり使用可能なカテゴリーに縮小することが可能になる」と述べられている。「より管理可能で小さな集合に縮小する」とは，たとえば brother は，ある人と自分の関係性を「自分と同じ親を持つ別の男性」という家族の関係に限定する語だということである。言語の区別する機能を考えると，家族の中で brother といえば，father，mother などではない人を指すことになるので，家族の成員を簡単に区別できることになる。Ⓖはこの趣旨に

合致している。

語句　kinship「親族関係」

(H)「洞窟の絵画は，初期の人類が現在と過去との明確な区別を間違いなく持っていたことを示している」　第4段第1・2文（This human capacity … what *was* here.）を参照。初期の人類が現在と過去を区別する能力を持っていたことは，洞窟壁画に現れたと述べられており，この箇所の趣旨と合致している。

1　innate

2　an understanding

3　今現在視界にないものも，どこか別の場所に存在しているということ。（35字以内）

4　(B)

5　最小限の努力でなるべく多くの情報をコード化したいという原則。（30字以内）

6　on earth

7　(D)

8　(B)・(C)・(F)

解答

# 21

　下の英文の文脈に適合するように，(1)と(2)の（　　　）内の語または句を並べ
替えるとき，それぞれ3番目と5番目にくるものを選び，記号で答えなさい。

　　It is important to understand why the seemingly simple task of saying
"No" can be somewhat complicated in Japan.　The underlying reason is
(1)(イ how　ロ related　to　ハ acutely　tuned　into　ニ Japanese　people
ホ their social status　ヘ are) relative to whomever they are speaking
with.　Clearly stating "No" to someone of lower status is acceptable, but
there is an eagerness to avoid conflict among people of equal status
and certainly a strong desire to (2)(イ someone　ロ being　ハ from
ニ prevent　ホ put into a situation　ヘ of higher status) where they
could lose face.　Thus, by directly denying a request from your boss, a
colleague at work or a customer, you could cause the person who made the
request to become embarrassed.

　　　　　　　From How To Say No In Japan by Mark Kennedy, GaijinPot


　(1)　3番目＿＿＿＿　　5番目＿＿＿＿
　(2)　3番目＿＿＿＿　　5番目＿＿＿＿

出典追記：How To Say No In Japan, GaijinPot on June 4, 2015 by Mark Kennedy

## 全 訳

### ■日本人が「ノー」と言うのを避ける理由

「ノー」と言うような一見単純な仕事が，日本ではやや面倒なことになり得る理由を理解することは大切である。隠された理由は，日本人が話をしている相手との相対的な社会的地位に，どのように敏感に合わせるかということに関係する。地位の低い人間に対してはっきりと「ノー」と言うことは容認されるが，同じ地位にいる人々の間では争いを避けたい気持ちがあるし，高い地位にいる人が面目を失うような状況に陥ることは避けたい，という強い望みは間違いなくある。上司や職場の同僚や顧客からの要求をはっきりと断ることで，その要求をした人に恥ずかしい思いをさせることになるかもしれないからだ。

要旨　日本では「ノー」とはっきり言うことが避けられる場面がある。自分と同じ地位の人に対しては争いを避けるために，高い地位の人に対してはその人に恥ずかしい思いをさせないために，「ノー」が避けられるのである。

## 解 説

(1)　正解は　3番目：ニ　5番目：ハ

▶「ノー」と言うことが，日本では難しい理由について述べている部分。

▶直前の語は動詞の is だが，これは単独で述語動詞になっている場合と現在分詞や過去分詞と結びついて進行形や受動態を作っている場合が考えられる。

▶ロに related to があり，related を形容詞ととっても過去分詞ととっても，これが is の直後に来ると考えられる。

▶次に，当該部分直後の relative to は「～との相対的な」という意味になるので，直前（つまり並べ替えの最後の部分）には their social status が来て「話している相手との相対的な社会的地位」となる。

▶最後に，残りの選択肢で how S V で名詞節を作る可能性を考えると，how Japanese people are acutely tuned into ～「いかに日本人は～に敏感に合わせるか」となり英文が完成する。

▶完成文は（The underlying reason is）related to how Japanese people are acutely tuned into their social status（relative to whomever they are speaking with.）となる。

(2)　**正解は　3番目：ヘ　5番目：ロ**

▶ここは，地位が同じか上の人に「ノー」を言うときの日本人の心情について述べている部分である。

▶there is の後続部分が，an eagerness to ～「～したいという熱意」と a strong desire to ～「～したいという強い希望」が and で結ばれて並列関係になっている点に気づくと，並べ替えの最初には不定詞を作るために動詞の原形 prevent が来ることがわかる。

▶次に，prevent の代表的な用法 prevent O from *doing* の形を想定すると，O に当たるのは someone だけ，*doing* に当たるのは being だけなので，prevent someone from being までが決まる。

▶さらに，並べ替え部分直後の where は関係副詞であると考えられ，この先行詞は higher status か a situation が候補となる。where 以下の意味が「彼らが面目を失いかねない」となるので，a situation「状況」の方が適切だと判断できる。

▶残った of higher status は someone の後に置かれて「より高い地位の人」という意味を作っていると考えれば英文が完成する。

▶完成文は，(… certainly a strong desire to) prevent someone of higher status from being put into a situation (where they could lose face.) となる。

(1)　3番目：二　5番目：ハ
(2)　3番目：ヘ　5番目：ロ

解　答

# 22

次の英文を読んで，下の問いに答えなさい。

（星印（＊）のついた語には本文の後に注があります。）

For most of Western history, truth and morality came from God and king, and free will was a theological* question. This began to change in the 1700s, and the idea that humans were individuals with the freedom of rational choice soon found its way into the belief systems of the upper classes of society. Over time, the concepts of rationality and individualism profoundly shaped the governments and culture of the West.

But to what extent are we freethinking individuals? The question matters
(1)
because economics and psychology have, at their basis, the concept of an independent individual. Perhaps it is this assumption which has led to the difficulty these disciplines* have had accounting for phenomena such as financial bubbles, political movements, mass panics and technology fads*.

Recent research is beginning to uncover the degree to which we act as independent individuals. By combining big data from cellphones, credit cards, social media and other sources, we can now observe humans in the same way （　ア　）biologists can observe animals in their natural habitats using cameras, GPS and other recording devices. From these observations of people, we can derive mathematical rules of behavior — a "social physics" that provides a reliable understanding of how information and ideas flow from person to person. This social physics shows us how the flow of ideas shapes the culture, productivity and creative output of companies, cities and societies.

To develop this new science, my students and I have been studying living
(2)
laboratories. By distributing smartphones with special software to all the residents of several small communities, we could track their social interactions with their peers — both friends and acquaintances — and at the same time ask

questions about their health, politics and spending behavior. For instance, when we looked at weight gain, we found that people picked up new habits from exposure to the habits of peers, and not just through interactions with friends. This means that when everyone else in the office (take) a doughnut, you
(3)
probably will too. In fact, this type of exposure turned out to be more important than all the other factors combined, highlighting the importance of automatic social learning in shaping our lives. We found that this same pattern held true for voting and consumer consumption.

The largest single factor driving adoption of new behaviors was the behavior of peers. Put another way, the effects of this implicit social learning were roughly the same size as the influence of your genes on your behavior, or your IQ on your academic performance.

The logic behind this is straightforward. If others have invested the effort to learn something useful, then it is easier to copy them than to learn it from the very beginning by yourself. If you have to use a new computer system, why read the manual if you can watch someone else who has already learned to use the system? People mostly rely on social learning and are more efficient because of it. Experiments such as those from my research group show us that, over time, we develop a shared set of habits for how to act and respond in many different situations, and these habits account for most of our daily behavior.

In light of this, perhaps we should ask how important individual choices are compared with shared habits. Here again the power of sharing ideas, ( イ ) individual thinking, is clear. When we study decision-making in small groups, we find that the pattern of communication — who talked to whom and how much they talked — is far more important than the characteristics of the individuals. In studies of workplaces (range) from call centers to drug-discovery companies,
(4)
communication patterns are usually the single most important factor in both productivity and creative output. And in our recent study of 300 cities in the United States and Europe, variations in the pattern of communication accounted for almost all of the differences in average earnings — much more important

than variations in education or class structure. Importantly, income per person grows dramatically larger （　ウ　） more people share ideas, so it is the sharing that causes the growth, not just having more individuals contributing.

　　Instead of individual rationality, our society appears to be governed by a collective intelligence that comes from the surrounding flow of ideas and examples. That means we learn from others in our environment, and they learn from us. A community with members who actively engage with each other creates a group with shared, integrated habits and beliefs. What social physics shows is that, when the flow of ideas incorporates a constant stream of outside ideas as well, the individuals in the community make better decisions than they could by finding solutions to problems on their own.

（注）

　　theological: relating to religious belief

　　disciplines: fields of academic studies

　　fads: temporary trends

1.　下線部⑴を日本語に訳しなさい。

2.　空所（　ア　）に入る最も適切な語を１つ選び，記号で答えなさい。

　(A)　that　　　　　(B)　how　　　　　(C)　why　　　　　(D)　what

3.　下線部⑵の内容として，最も不適切なものを１つ選び，記号で答えなさい。

　(A)　Researchers deal with big data taken from social networking activities.

　(B)　Participants in the study are kept in scientific laboratories for observation.

　(C)　Researchers can derive mathematical rules of human behavior from observations of social interactions.

　(D)　The study aims to clarify how ideas or information gets passed on from person to person.

4.　下線部⑶ take を最も適切な形に書き換えなさい。

出典追記：Hive minds : Time to drop the fiction of individuality, New Scientist on April 2, 2014 by Alex Pentland

5. 空所(　イ　)に入る最も適切な語句を 1 つ選び，記号で答えなさい。

(A)　as well as

(B)　as opposed to

(C)　in addition to

(D)　owing to


6. 下線部(4) range を最も適切な形に書き換えなさい。


7. 空所(　ウ　)に入る最も適切な語を 1 つ選び，記号で答えなさい。

(A)　that　　　　　(B)　than　　　　　(C)　to　　　　　(D)　as


8. 本文の主張として正しいものには T を，間違っているものには F を記入しな
さい。

(A)　Your peers can influence your behavior as much as your genes or IQ can.

(B)　The concept of "social physics" has its theory based on the freethinking individual.

(C)　We rely constantly on individual choice for the decisions we make every day, instead of our habits.

(D)　The concept of individual rationality is believed to be a worldwide phenomenon.

(E)　The idea of an independent individual cannot account for the cause of financial bubbles or mass panics.

(F)　It is easier to learn new things by reading manuals than by learning from someone else familiar with them.

## ■社会物理学が明かす情報と知識の共有化の重要性

❶ 西洋史の大半の期間において，真実と道徳は神と王に由来するもので，自由意志は神学上の問題だった。このことは1700年代に変わり始め，人間とは理性的な選択をする自由を持った個々の存在である，という考えがまもなく社会の上流階級の思想体系に取り入れられた。時が経ち，合理性と個人主義という概念は，西洋の政治と文化の形成に大きく影響した。

❷ しかし，⑴我々はどの程度まで，自由に考える個人なのだろうか。この問いかけは重要である。なぜなら，経済学と心理学は，その根底に，自立した個人という概念を持つからである。これらの研究分野は，もしかするとこの思い込みが原因で，金融バブル，政治運動，大衆のパニックやある科学技術の一時的な流行を，うまく説明することができなかったのかもしれないのだ。

❸ 最近の研究は，どの程度まで我々が自立した個人として行動するのかを解明し始めている。携帯電話やクレジットカード，ソーシャルメディア，その他の情報源からビッグデータをまとめることで，我々は現在，生物学者がカメラやGPSやその他の記録装置を用いて自然の生息環境にいる動物を観察できるのと同じように，人間を観察することが可能になった。このような人間に対する観察から，我々は行動に関わる数理的な法則，つまり情報と知識がいかに人から人へと伝わるかに関して，信頼性のある見解をもたらす「社会物理学」を導き出すことができるのである。この社会物理学は，知識の流れが，企業や都市や社会の文化，生産性，創造的生産物をいかに作り出すのかを我々に示してくれる。

❹ この新しい科学を発展させるために，私の教える学生と私は，生きた実験場を調査している。いくつかの小さな地域に住む住民全員に特別なソフトの入ったスマートフォンを配付することで，我々は住民が仲間（友達と知人の両方）と交わす社会的なやり取りを追いかけながら，同時に健康や政治や消費行動について質問ができるようにした。たとえば，我々は体重の増加を見つけた時に，人々が仲間の習慣に触れることで新しい習慣を獲得したことを知ったが，それは友人との交流のみに限られたことではなかった。このことは，会社の他の人が皆ドーナツを食べるなら，おそらくあなたも食べるようになるだろう，ということを意味する。それどころか，このタイプの接触は，他のすべての要因を合わせたものよりも重要であることがわかり，無意識の社会的学習が，自己の生活を形成する上で重要であることを際立たせた。我々はこれと同じパターンが，投票や消費者の消費行動においても当てはまることを知ったのである。

❺　新しい習慣の獲得を引き起こす唯一の最も大きな要因は，仲間の行動であった。言い換えると，無意識に起こる社会的学習の影響は，遺伝子が行動に与える影響や，知能指数が学業成績に与える影響とほぼ同じ大きさだったのである。

❻　その背景にある論理は明瞭である。もし他人が労力を注いで何か役に立つことを身につけたなら，それを自力で一から学ぶよりは，真似をした方が楽である。新しいコンピュータシステムを使わなければならない時に，そのシステムの使い方をすでに覚えた人のやり方を見られるのなら，いったいマニュアルを読んだりするだろうか。人々は多くの場合，社会的学習に頼るもので，そのおかげでより効率的になれるのだ。私の研究グループが行ったこれらの実験が示すのは，我々は様々な状況下でいかに行動し対応するかのために，時間をかけて一連の共有された習慣を発達させるということだ。そしてこれらの習慣は，我々の日常的行動の大半を占めているのである。

❼　この点を考えた上で，我々はおそらく，個人的な選択は共通の習慣と比較した時にどのように重要なのかを問うべきなのだろう。ここで再び，個人の思考と比べた場合の，知識を共有することの持つ力が明らかになる。我々は，小さなグループ内の意思決定を観察すると，意思伝達のパターン，言い換えると誰が誰と話したか，彼らはどれくらい話したのかということの方が，個々の人の持つ特性よりもはるかに大切であることに気づく。コールセンターから新薬開発会社までに及ぶ職場の研究によれば，意思伝達のパターンは，生産性と創造的生産物の両方においてたいてい唯一の最も重要な要因であることがわかる。そして，アメリカとヨーロッパにある 300 の都市を対象とした我々の最近の研究では，意思伝達のパターンにおける差異が，ほぼすべての平均所得の差を生む理由であり，教育や社会階層の違いよりもはるかに重要だったのである。さらに重要なことには，多くの人が知識を共有するほど，1 人当たりの所得は劇的に増えるのである。だから，成長を促すのはこの分かち合いであり，単により多くの個人に貢献させることではない。

❽　我々の社会は，個人の持つ合理性ではなく，周りを取り巻く知識や実例の流れから生じる集合知によって治められているようである。すなわち，我々は同じ環境にいる他者から学び，他者は我々から学ぶ，ということだ。積極的に他人と関わり合うメンバーから成る共同体は，共有され，統合された習慣や思想を持つ集団を作り出す。社会物理学が示すのは，知識の流れが外部の知識の不断の流れも取り込んでいる時，その共同体の個々人は自力で問題への解決策を見つけて判断する時よりも，よい判断をするのである。

❶ 合理性と個人主義の概念は，西洋諸国の政治と文化に大きな影響を与えた。

❷ 経済学や心理学の研究では，個人は自立した存在だと想定するが，この前提のせいで金融バブルなどの説明がうまくできなかったのかもしれない。

❸ 人がどの程度まで自立した個人として行動するかが解明され始めている。人間に対する観察から，人間の行動にかかわる数理的法則「社会物理学」が導き出された。これは，知識の流れが文化，生産性，生産物をいかに作り出すのかを示してくれる。

❹ 筆者の実験によって，他者の習慣や行動様式が個人に影響を及ぼしていることがわかった。これは投票や消費行動にも当てはまる。

❺ 新しい習慣を獲得させる最大の要因は仲間の行動であり，その影響力は遺伝子や知能指数にも匹敵する。

❻ その背景には，自力で一から学ぶより他者の真似をした方が早く，効率的だという論理が存在している。

❼ 生産性や創造において重要なのは，個人の特性よりもむしろグループの中での意思伝達のパターンである。

❽ 我々の社会は，個人の持つ合理性によってではなく，同じ環境下で学びあって生まれる集合知で成り立っている。

（左：各段落の要旨）

## 解　説

1　 to what extent are we freethinking individuals?

▶ 正解は「我々はどの程度まで，自由に考える個人なのだろうか。」となる。

▶ extent は「程度」という意味で，疑問詞の what とともに用いられ，さらに前置詞 to が前に置かれることで，「どの程度（まで）」となる。和訳する場合には「まで」はなくてもよいが，英語の表現においては必ず to が伴うという点に注意したい。

▶ freethinking は「自由に考える」という意味で，後ろの individuals「人，個人」を修飾している。

2　 正解は (A)

▶ 空所の直前にある in the same way 以降の意味は，「生物学者が…にいる動物を観察できるのと同じ方法で」という意味になると推測できる。

▶ この「S が V するのと同じ…」という表現は，英語では the same … (that) S V となる。S は biologists，V は can observe がすでにあるので，空所に入るのは (A) の that となる。

▶ なお，(B) の how は，the way と一緒に用いて the way how S V という言い方はしない（the way か how のどちらかだけを使う）ので，ここでは正解にならない。

**3 正解は (B)**

▶下線部の意味は「この新しい科学」となり，「社会物理学」のことを指している。したがって，社会物理学の内容としてふさわしくないものを選択することになる。

▶選択肢の意味と分析は以下の通り。

(A)「研究者は，ソーシャルネットワーク上での活動から取り出されたビッグデータを扱う」　第3段第2文（By combining big …）の前半部分に「携帯電話やクレジットカード，ソーシャルメディア，その他の情報源からビッグデータをまとめることで，…人間を観察することが可能になった」と述べられている。よって，社会物理学の内容として適切である。

(B)「調査の被験者は，観察のための科学研究施設に入れられる」　第4段第1文（To develop this …）に laboratories という語があるが，ここでは調査の対象になった共同体を，living laboratories「生きた実験場」と比喩的に述べているだけで，本当に実験施設内で人を観察するわけではない。よって社会物理学の内容とは言えず，これが正解である。

(C)「研究者は，人間の行動に関する数理的な法則を，社会的なやり取りを観察することで導き出すことができる」　第3段第3文（From these observations …）で，「人間に対するこれらの観察から，我々は行動に関わる数理的な法則…『社会物理学』を導き出すことができるのである」と述べられており，(C)はこの内容と一致する。

語句 derive「〜を引き出す」　flow「流れる」

(D)「その研究は，知識や情報が，どのように人から人へと伝わるのかを明らかにすることを目的としている」　第3段第3文後半（a "social physics" …）で，社会物理学は「情報と知識がいかに人から人へと伝わるかに関して，信頼できる見解を与えてくれる」と述べられており，(D)はこの部分の趣旨に合致している。

**4 正解は takes**

▶まず，当該文（This means that …）の that 以下の構造を考える。下線部を含む when everyone else … a doughnut, の部分は従属節で，you probably will too が主節である。主節の述部は，繰り返しを避けるために will と too の間の take a doughnut が省略されている。

▶take は従属節内の述語動詞で，対応する主部は everyone else in the office，つまり三人称単数の主語である。よって三単現の s をつけて takes とすればよい。

**5 正解は (B)**

▶選択肢の意味は以下の通り。

(A)「～と同様に」　(B)「～と対照した場合」

(C)「～に加えて」　(D)「～が原因で」

▶まず，第5段と第6段で social learning「社会的学習」が習慣の形成において大きな力を持つことが述べられ，第7段ではそれを受けて，第1文（In light of …）にあるように，individual choices「個人的な選択」と，shared habits「共通の習慣」（社会的学習によって得られた習慣）とが比較されている。

▶また，第7段第3文（When we study …）では，小さなグループでの意思決定では意思伝達のパターンの方が個人の特性よりもはるかに大切だった，という比較実験の結果が紹介されている。

▶よって，空所には，直前の sharing ideas「知識を共有すること」の比較対象が individual thinking「個人の思考」であると考えて，(B)を選ぶと意味が通る。

## 6　正解は ranging

▶下線部直後の from call centers to drug-discovery companies「コールセンターから新薬開発会社まで」は，直前の workplaces「職場」を具体化している部分である。

▶下線部の動詞が直前の workplaces を修飾できる形にするには，range を現在分詞にして，後置修飾の形容詞句を作ればよい。～ ranging from $A$ to $B$ で「$A$ から $B$ にわたる～」という意味になる。

## 7　正解は (D)

▶第7段では，意思伝達を密にして知識を共有することの大切さが説明されている。また，当該文の後半 so 以下の「だから，成長を促すのはこの分かち合いであり，単により多くの個人に貢献させることではない」という内容からも，空所直前の income per person grows dramatically larger「1人当たりの所得は劇的に増える」と，直後の more people share ideas「多くの人が知識を共有する」との間には相関関係があることがわかる。

▶(D)の as を「～するにつれて」という意味の接続詞だと考えると，この趣旨に合致する英文になる。直前の比較級 larger に引きずられて(B) than を選ばないように注意したい。

## 8　(A)　「仲間は遺伝子や知能指数と同じくらい，自分の行動に影響を与える可能性がある」

▶第5段第2文（Put another way, …）に，「無意識の社会的学習（＝仲間の行動から学ぶことを指す）の影響は，遺伝子が行動に与える影響や，知能指数が学業成績に与える影響とほぼ同じ大きさだった」と述べられており，この部分の趣旨に合致

している。

語句　put another way「言い換えれば」

B 「『社会物理学』という概念は，自由に考える個人に基づいた理論を有している」

▶第2段第2文（The question matters …）では，経済学と心理学はan independent individual「自立した個人」に基づいた研究分野であると述べられている。

▶「自立した個人」は同段第1文（But to what …）のfreethinking individuals「自由に考える個人」とほぼ同義である。

▶第3段第2・3文（By combining big … person to person.）で，社会物理学は生物学者が動物を観察するように人間を観察すると述べているように，人間を独自の存在（自由意志を持つ存在）として捉えていないことがうかがえる。よってこの部分の趣旨に合致していない。

C 「我々は日々行う決定を，習慣ではなく個々の人の選択に常にゆだねている」

▶第7段第1・2文（In light of …, is clear.）より，個人の選択よりも共有された習慣の方が強力だとわかる。第6段最終文（Experiments such as …）の最後の箇所でも，習慣が日々の行動のほとんどを形作っていると述べられている。

▶よって，日々の決定も個人の選択ではなく，習慣にゆだねていると考えられるので，この趣旨に合致しない。

▶constantly「常に」という強い表現には注意する必要がある。

D 「個人の持つ合理性という考えは，世界中に広まった現象であると信じられている」

▶第1段第2・3文（This began to … of the West.）では，合理的・理性的存在としての個人という概念は西洋の上流階級で広まったという趣旨が述べられているが，worldwide「世界中に広まった」という記述はないので一致していない。

E 「自立した個人という考えは，金融バブルや集団パニックの原因を説明できない」

▶対応する箇所は第2段第2・3文（The question matters … and technology fads.）である。経済学と心理学が金融バブルや大衆のパニックなどを解明できなかった理由は，これらの学問が自立した個人という考えに基づくからではないか，という趣旨の記述がある。この部分に合致している。

F 「新しいことを学ぶ時は，マニュアルを読む方が，その件に詳しい他の人から習うよりも楽である」

▶第6段では，習慣の形成において人が仲間から受ける影響が強い理由として，自力で一から学ぶよりもすでに学んだ人を真似する方が楽だから，と説明している。

▶その具体例として，同段第3文（If you have …）に「新しいコンピュータシステムを使わなければならない時に…マニュアルを読むだろうか」とあるが，これは反

語表現であり，読むはずがないという意味が容易に読み取れる。よって本文の趣旨
とは正反対なので正しくない。

1　我々はどの程度まで，自由に考える個人なのだろうか。
2　(A)
3　(B)
4　takes
5　(B)
6　ranging
7　(D)
8　(A)—T　(B)—F　(C)—F　(D)—F　(E)—T　(F)—F

解答

# 23

次の英文を読んで，下の問いに答えなさい。

（星印（＊）のついた語句には本文の後に注があります。）

Obesity, or having too much body fat, is becoming public health enemy number one in most OECD* countries. Severely obese people die 8-10 years sooner than those of normal weight, similar to smokers, with every 15 extra kilograms increasing the risk of early death ( ア ) approximately 30%. In ten European countries, research shows that obesity doubles the chances of being unable to live a normal active life.

Until 1980, fewer than 1 in 10 people were obese. Since then, rates have doubled or tripled and in almost half of OECD countries 1 in 2 people is now overweight or obese. If recent trends continue, projections suggest that more than 2 out of 3 people will be overweight or obese in some OECD countries within the next 10 years.

Women are more often obese than men, but male obesity rates have been growing faster than female rates in most OECD countries.

Obesity is more common among the poor and the less educated. In several OECD countries, women with little education are 2 to 3 times more likely to be overweight than more educated women, but smaller or no differences exist for men.

Differences in income and education levels can also affect children (both boys and girls). This is the case in England, France and the United States, but not in Korea. Children who have at least one obese parent are 3 to 4 times more likely to be obese themselves. This is partly genetic, but children generally share their parents' unhealthy diets, an influence which has played an important role in the spread of obesity.

Poor health goes hand in hand with poor job prospects for many obese people. Employers prefer normal weight over obese candidates, partly due to expectations of lower productivity. This contributes to an employment and wage gap — in the United States, more than 40% of severely obese white women are out of work compared with just over 30% for all women. Obese people earn up to 18% less than people of normal weight. They need to take more days off, claim more disability benefits, and tend to be less productive on the job than people of normal weight. In northern European countries, obese people are up to three times more likely than others to receive a disability pension, and in the United States they are 76% more likely to suffer short-term disability. When production losses are added to health care costs, obesity accounts for over 1% of GDP in the United States.

There is no one "smoking gun*" which explains the obesity increase. Instead, a series of changes — harmless by themselves — have massed into an
(2)
increasingly serious problem. Increased food supply combined with major changes in food production and sophisticated food advertising have cut the price of calories dramatically and made convenience foods all too available. At the same time, changing working and living conditions mean that fewer people prepare traditional meals from raw ingredients. Less physical activity at work, more women in the labor force, higher levels of stress and job insecurity, and longer working hours are all factors directly or indirectly contributing to the lifestyle changes causing the obesity increase.

Government policies have, incidentally, also played a part. Examples include
(3)
financial support and taxation affecting food prices, and transport policies that encourage the use of private cars and make walking to work uncommon. Urban planning policies in some cities have also led to the creation of deprived urban areas with no green grocers, many fast food outlets, and few playgrounds and sports facilities.

Just as there is no smoking gun responsible for obesity, there is no magic bullet to cure it. Twenty years ago, the scientist Geoffrey Rose estimated that reducing the average weight of a population （ ア ） 1.25% (e.g. less than 900 grams for a person weighing 70 kg) would reduce the rate of obesity （ ア ） 25%. Unfortunately, none of the strategies tried so far can alone achieve even that small success. An effective prevention strategy must combine group-based approaches — health promotion campaigns, taxes and financial support, or government regulation — with individual-based approaches such as counseling by family doctors, to change what people perceive as the norm in healthy behavior.

Adopting a "multi-stakeholder*" approach is a sensible way forward. Governments must retain overall control of initiatives to prevent chronic diseases and encourage private sector commitment. Because there will be conflicting (4)<u>interests</u>, fighting obesity and associated chronic diseases will demand compromise and co-operation by all stakeholders. Failure to do so will impose heavy burdens on future generations.

（注）

OECD: Organization for Economic Co-operation and Development

smoking gun: indisputable proof or evidence

multi-stakeholder: involving all those concerned

Figure 1: Evolution of obesity rates by education level, men and women (Spain)

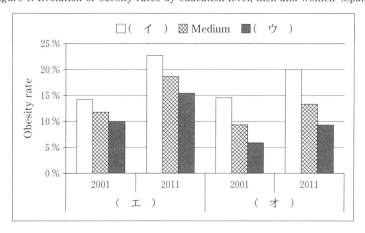

1. 本文中に 3 箇所ある空所（　ア　）に共通して入る最も適切な前置詞を答えなさい。

2. Figure 1 は，OECD 加盟国の 1 つであるスペインの 2001 年と 2011 年における男女別，教育水準別の obesity rate を表しています。第 4 段落の内容に合うように空所（　イ　）（　ウ　）（　エ　）（　オ　）に入る最も適切な語句をそれぞれ 1 つ選び，記号で答えなさい。

(A) Men

(B) Women

(C) Low education

(D) High education

3. 下線部(1)のようになる理由を 30 字程度の日本語で説明しなさい。

4. 下線部(2)の例として最も不適切なものを 1 つ選び，記号で答えなさい。

(A) Foods high in calories are available at a lower cost than before.

(B) Nowadays, quite a few people take more time to cook meals from raw ingredients than before.

(C) Jobs require less physical activity but longer working hours than before.

(D) The rate of female employees is higher than before.

5. 下線部(3)の a part とは具体的に何における part のことですか。そのことを明らかにする形で，以下の空所（　A　）に入る最も適切な 2 語からなる句を本文中から抜き出して答えなさい。

　Government policies have, incidentally, also played a part in the （　A　）.

6. 下線部(4)の interests と最も近い意味の interest/interests を含む英文を 1 つ選び，記号で答えなさい。

(A) His two great <u>interests</u> in life are politics and gardening.

(B) With low <u>interest</u> rates, investors are seeking better returns than can be found in bank savings.

(C) The happiest people are those whose work <u>interests</u> them.

(D) The treaty represents a delicately balanced compromise between the varying <u>interests</u> of the countries.


7. 本文の内容として正しいものを1つ選び，記号で答えなさい。

(A) Severely obese people are more likely to die 8-10 years sooner than those who smoke.

(B) Today, 50% of the people in almost half of OECD countries are said to be overweight or obese.

(C) Since employers hesitate to hire obese candidates, once hired, obese employees generally earn more than employees of normal weight.

(D) Since none of the strategies tried so far can achieve even a small amount of success, individuals must take more responsibility to reduce obesity than governments.


8. 本文のタイトルとして最も適切なものを1つ選び，記号で答えなさい。

(A) Obesity and the Economics of Prevention

(B) The International Organization to Prevent Obesity

(C) Obesity and Death Rates in OECD Countries

(D) How Governments Are Dealing with Obesity

全　訳

## ■肥満と予防の経済学

❶ 肥満，つまり体脂肪が過剰についていることは，大半の OECD 加盟国において，公衆衛生における最大の敵になりつつある。重度の肥満の人々は，標準体重の人に比べて 8 年から 10 年ほど寿命が短いが，その点では喫煙者と似ており，15 キロ増えるごとに早く命を落とす危険性は約 30 パーセント上昇する。ヨーロッパの 10 カ国で行われた調査によると，肥満によってふつうの活動的な生活を送れなくなる可能性は倍増するとわかった。

❷ 1980 年までは，肥満の人は 10 人に 1 人に満たない割合だった。それ以降，その割合は 2 倍，3 倍と増加し，現在では OECD 加盟国の半数に近い国々において，2 人に 1 人が過体重か肥満である。もしこの近年の傾向が続けば，OECD 加盟国のうち数カ国では，10 年以内に 3 人のうち 2 人が過体重か肥満になると予測されている。

❸ 女性の方が男性よりも肥満になりやすいが，大半の OECD 加盟国では男性の肥満者の割合が，女性のそれよりも急速に上昇している。

❹ 肥満は貧困層と教育水準の低い層で他より多くなっている。いくつかの OECD 加盟国では，教育水準の低い女性は，より高い教育を受けた女性に比べて 2 〜 3 倍過体重になりやすいが，男性に関してはその差はもっと小さいか，存在しない。

❺ 収入と教育水準の差はまた，子供（男の子と女の子の両方）に影響を与えることがある。イギリス，フランス，アメリカはこれに該当するが，その一方で韓国は該当しない。少なくとも親の一方が肥満の子供は，自分たちも肥満である可能性が 3 〜 4 倍高い。これは一つには遺伝的なものであるが，子供は一般に親と同じ不健康な食事をとり，それが肥満の蔓延において大きな役割を果たしている力となっているのである。

❻ 多くの肥満の人々にとって，不健康と就業率の低さとの間には密接な関係がある。雇用者は肥満の採用候補者よりも標準体重の人を好むが，それは一つには生産性の低さに懸念を持つからである。このことが，雇用と賃金の格差に影響を与えている。アメリカでは，重度肥満の白人女性のうち 40 パーセントを超える人が失業中だが，それに対して全女性では，30 パーセントをわずかに超える程度である。肥満の人たちは，標準体重の人と比べて最大で 18 パーセント収入が少ない。彼らはより多くの休暇をとる必要があり，多くの障害手当を求め，結果，標準体重の人よりも仕事の生産性は低くなっている。北ヨーロッパ諸国では，肥満の人たちはそうでない人と比べて，障害者年金を受け取る可能性が最大で 3 倍高く，またアメリ

カでは短期間の疾病にかかる可能性が 76 パーセント高い。生産性の損失を医療費の支出に加えると，肥満はアメリカの GDP の 1 パーセント以上を占めるのである。

❼ 肥満の増加を説明する唯一の「決定的証拠」というものは存在しない。その代わりに，個別に見ると無害な一連の変化が一体となって，徐々に深刻な問題を作り出したのである。食料の供給増加は，食品製造法の大変革や巧みな食品宣伝広告と相まってカロリーベースで見た食品価格を大きく引き下げ，インスタント食品をあまりにも手に入りやすくした。同時に，労働環境や生活環境が変化しているために，生の材料から昔ながらの食事の支度をする人の数は減少した。体を使う仕事が減ったこと，働く女性が増えたこと，ストレスの増加，仕事が不安定になったこと，そして労働時間の増加などすべてが，直接的または間接的に肥満の増加をもたらす生活習慣の変化に影響を与えているのだ。

❽ ちなみに，政府の施策もある役割を果たしたのである。たとえば，食品価格に影響する財政援助や課税制度，自家用車の利用を促し徒歩通勤を稀にさせた交通政策などである。一部の都市における都市計画政策もまた，街から青果店がなくなり，ファストフード店があふれ，遊び場や運動施設もほとんどなくなった状態を招いた。

❾ 肥満の原因となる決定的な証拠がないように，それを治療する特効薬もない。20 年前に，科学者のジェフリー＝ローズが推定したところによると，全人口の平均体重を 1.25 パーセント（例：70 キロの人で 900 グラム以下）減らすことで，肥満率は 25 パーセント低下するそうである。残念なことに，今まで試みられた施策だけでは，この小さな成果にさえも達し得ない。有効な予防政策は，集団を対象とした取り組み ―― 健康促進キャンペーン，税金や資金面での援助，政府の規制 ―― と，かかりつけ医によるカウンセリングのような個人を対象とした取り組みとが，人々が健康的な習慣の常識とみなしていることを変えるために，同時に行われるものでなければならない。

❿ 「すべての関係者を巻き込んだ」取り組みを採用することは，前へ進むために理にかなったやり方である。政府は慢性疾患を予防するための戦略を包括的に統制する役割を持ち続け，民間部門の参加を促進しなければならない。利害関係の対立が予想されるので，肥満やそれに関連する慢性疾患への対処には，関係者すべてによる妥協と協力が必要となるだろう。その点を失敗すると，将来の世代へ大きな負担を強いることになるだろう。

各段落の要旨

❶ 肥満は公衆衛生上の最大の問題である。寿命を縮め，通常の生活を送れなくなるからである。

❷ 1980 年までの肥満率は 1 割未満だったが，現在では OECD 加盟国の多くの国で 5 割に達しており，さらに増加する見込みである。

❸ 特に，男性の肥満率が急上昇している。

出典追記：Obesity and the Economics of Prevention : Fit not fat by Franco Sassi, OECD

❹ 貧困層と低教育水準層では肥満率が高くなっている。

❺ 親が肥満の家庭では子供の肥満率も高い。遺伝的な理由以外にも，親の食事の影響が考えられる。

❻ 肥満の候補者よりも標準体重の人の方が好まれるため，肥満は就業率にも影響を与える。さらに，肥満の人は，労働収入が低く医療支出が多くなる傾向がある。

❼ 肥満増加の理由として，唯一決定的なものはない。食料の供給増加，インスタント食品の蔓延，肉体労働の減少，働く女性の増加，ストレスの増加，不安定な雇用，労働時間の増加など，原因は多岐にわたる。

❽ 政府の財政援助や課税制度，交通政策や都市計画なども肥満増加の後押しをした。

❾ 肥満の治療に特効薬はなく，集団を対象とした取り組みと個人を対象とした取り組みを同時に行う必要がある。

❿ 肥満の問題に取り組むには，あらゆる関係者による譲歩と協力が不可欠である。

---

## 解　説

### 1　正解は by

▶空所は 3 カ所存在する。

(1) increasing the risk of early death （　ア　） approximately 30 %

(2) reducing the average weight of a population （　ア　） 1.25 %

(3) reduce the rate of obesity （　ア　） 25 %

▶(1)は早く命を落とす危険性の増加，(2)は全人口の平均体重の減少，(3)は肥満率の減少，というように，いずれも何らかの増減について述べられている箇所である。

▶また，直後には数値が置かれていて「～％だけ増加した（減少した）」という表現になっている。

▶これらのことから，空所には，優劣の差や増減の幅を表すときに用いられる by が入ると考えられる。

### 2　正解は イ―ⓒ　ウ―ⓓ　エ―Ⓐ　オ―Ⓑ

▶ Figure 1「図表 1」のタイトルは「教育水準，男女別による肥満率の推移（スペイン）」という意味である。

▶空所（イ）と（ウ）の間に Medium「中間」があるので，この 2 つにはⓒ Low education「低学歴」かⓓ High education「高学歴」のどちらかが入り，残る空所（エ）と（オ）にⒶ Men「男性」かⒷ Women「女性」が入ることがわかる。

▶第 4 段の内容を見ると，第 1 文（Obesity is more …）に「肥満は貧困層と教育水準の低い層で他より多い」とあるので，肥満率の高い（イ）は「低学歴」，低い（ウ）は「高学歴」になる。

▶また，同段第2文（In several OECD …）には，「いくつかの OECD 加盟国では，教育水準の低い女性は，より高い教育を受けた女性に比べて2～3倍過体重になりやすいが，男性に関してはその差はもっと小さいか，存在しない」とある。つまり，教育水準が低い人の数字を表す白いグラフと，高い人を表す黒いグラフの間に，2倍を超える差がある（オ）が「女性」で，差が少ない（エ）が「男性」になる。

**3**　▶下線部の意味は「少なくとも親の一方が肥満の子供は，自分たちも肥満である可能性が3～4倍高い」となる。

▶当該文直後の第5段最終文（This is partly …）が，「これは一つには…」という表現で始まっていること，また，同文後半 an influence 以下の「肥満の蔓延において大きな役割を果たしている力だ」が，直前の内容（share their parents' unhealthy diets）を補足していることを考えると，genetic, but children … unhealthy diets「遺伝的なものであるが，子供は一般に親と同じ不健康な食事をとる」という部分が下線部の理由に当たることがわかる。この部分を30字程度でまとめる。

**4**　**正解は ⒝**

▶下線部 a series of changes の意味は「一連の変化」となるが，これは下線部直後にあるように，それぞれは無害ではあるが，一体となって肥満の増加の原因になった変化を示している。

▶その具体例は続く第7段第3文（Increased food supply …）以下で述べられているので，それと内容が一致しない選択肢がこの設問の正解となる。

▶なお，それぞれの選択肢の意味が大体つかめたら，一般常識の範囲内で正解できる設問である。

▶選択肢の意味と分析は以下の通り。

⒜「高カロリーの食べ物は，以前よりも安く手に入る」　同段第3文で，カロリーベースで見た食品の値段が下がったこと，インスタント食品が手に入りやすくなったことが述べられている。この部分の趣旨に合致している。

⒝**「最近では，かなり多くの人が，生の材料から食事を作るのに，以前よりも多くの時間を費やしている」**　同段第4文（At the same …）で，「生の材料から昔ながらの食事の支度をする人の数は減少した」と，⒝とは正反対のことが述べられている。本文の趣旨と一致しないので，これが正解である。

語句　quite a few「かなり多くの」

⒞「仕事では，以前と比べて体を動かす必要は減ったが，労働時間は長くなった」　同段最終文に Less physical activity at work「体を使う仕事が減ったこと」，longer working hours「労働時間の増加」とあり，この部分の趣旨と一致している。

(D)「女性従業員の割合は，以前と比べて高い」 同段最終文に more women in the labor force「労働力となる女性が増えたこと」とあり，この部分の趣旨に合致している。

## 5　正解は obesity increase

▶設問中の英文の意味は以下の通り。

「ちなみに，政府の施策も（　A　）においてある役割を果たした」

▶「も」の意味の also が用いられている点に注意する。

語句　incidentally「ついでながら，ちなみに」

▶直前の第7段では，食品製造法の変革や生活環境の変化など「肥満の増加」に影響した事柄が述べられているので，それに続く第8段も「肥満の増加に影響を与えた事柄に言及していると考えられる。

▶実際に，下線部に続く同段第2文（Examples include financial …）以下は，「肥満の増加」に影響を与える政府の施策が述べられている。

▶よって（A）には，第7段第1文（There is no …）にある obesity increase「肥満の増加」を補い，in the obesity increase「肥満の増加において」という意味にすればよい。

## 6　正解は (D)

▶名詞の interest には，いくつかの意味があるので注意が必要である。

▶下線部の後では，様々な関係者間で協力して肥満対策を行う必要があり，妥協も必要だと述べられている。よって，Because で始まる副詞節は，「対立する利害関係（利害関係の対立）が予想されるので」という意味になると推測できる。

▶選択肢の意味と分析は以下の通り。

(A)「彼の生活上の2つの大きな関心事は，政治と園芸だ」 この interest(s) は「関心事，趣味」という意味である。

(B)「金利が低いので，投資家は銀行預金に期待できるのよりも大きな見返りを探している」 この interest は「利子，金利」という意味である。

(C)「最も幸せな人とは，仕事に興味を持っている人たちのことである」 この interest(s) は動詞で「（人）に興味を持たせる」という意味である。

(D)「その条約は，関係諸国の様々な利害関係の間にある微妙なバランスの上に成り立つ妥協を表している」 この interest(s) は「利害関係」という意味であり，本文の用法と一致している。

語句　compromise「妥協」

## 7　正解は (B)

▶選択肢の意味と分析は以下の通り。

(A)「重度の肥満の人は，喫煙者よりも 8 年から 10 年寿命が短いらしい」　第 1 段第 2 文（Severely obese people …）に，「重度の肥満の人々は，標準体重の人に比べて 8 年から 10 年ほど寿命が短い」とある。寿命の比較は，喫煙者とではなく，標準体重の人とである。よって一致しない。

(B)「今日では，OECD 加盟国の半数近くで 50 パーセントの人が過体重か肥満だと言われている」　第 2 段第 2 文（Since then, rates …）で，「今日では，OECD 加盟国の半数に近い国々において，2 人に 1 人が過体重か肥満である」と述べられている。「2 人に 1 人」は「50 パーセント」と同義なので，本文の趣旨と一致している。

(C)「雇用者は肥満の採用候補者を雇いたがらないので，いったん雇われると，肥満の従業員は一般に標準体重の従業員よりも多く稼ぐ」　第 6 段第 2 文（Employers prefer normal …）に，「雇用者は肥満の採用候補者よりも標準体重の人を好む」とあるので，(C)の前半部分は本文の趣旨と一致する。しかし，同段第 4 文（Obese people earn …）では，「肥満の人たちは，標準体重の人と比べて最大で 18 パーセント収入が少ない」と述べられており，(C)の後半部分はこの内容と一致しないので不適である。

(D)「現在までに試みられた戦略は，わずかの成功さえも収められていないので，政府よりも個人が肥満を減少させるための責任を取らなければならない」　肥満に対する取り組みについては，第 9 段第 4 文（An effective prevention …）で，政府の規制等を含む group-based approaches「集団に対する取り組み」と individual-based approaches「個人に対する取り組み」が同時に行われるものでなければならない，と述べられている。政府よりも個人の方が責任を取るべきであるという記述はないので不適である。

## 8　正解は (A)

▶選択肢の意味と分析は以下の通り。

(A)「肥満と予防の経済学」　本文では，OECD 加盟国における肥満の現状を，様々な観点から統計的に分析した結果が紹介されている。また，第 6 段に見られるように，賃金や就業，生産性と肥満との関連という経済的な観点から論じている。さらに，第 9・10 段にあるように，包括的な予防策のあり方についても提言がなされている。以上のような内容を考えると，(A)が最もタイトルにふさわしい。

(B)「肥満予防のための国際組織」　肥満予防のための国際組織に関する記述はない。本文中に登場する国際組織としては OECD「経済協力開発機構」があるが，これは肥満予防を目的とする組織ではないので不適。

(C)「OECD 加盟国における肥満と死亡率」 肥満と死亡との関係は第 1 段で述べられているだけなので, 文章全体のテーマとは言えず, タイトルにふさわしくない。

(D)「政府はいかに肥満に取り組んでいるか」 第 9・10 段で, 政府のすべきことを含んだ肥満に対する取り組みの提言がされているが, 本文全体で政府の肥満対策について紹介しているわけではない。よってタイトルとしてはふさわしくない。

1 by

2 イ―(C) ウ―(D) エ―(A) オ―(B)

3 遺伝に加え, ふつう子供は肥満の親と同じ不健康な食事をとるから。(30 字程度)

4 (B)

5 obesity increase

6 (D)

7 (B)

8 (A)

# 24

次の英文を読んで，下の問いに答えなさい。

（星印（＊）のついた語には本文の後に注があります。）

Information is exploding so furiously around us and information technology is changing at such surprising speed （　ア　） we face a fundamental problem: how to orient ourselves in the new landscape? What, for example, will become of research libraries in the face of technological marvels such as Google? How to make sense of it all? I have no answer to that problem, but I can suggest an approach to it: look at the history of the ways information has been communicated. Simplifying things radically, you could say that there have been four fundamental changes in information technology （　イ　） humans learned to speak.

Somewhere, around 4000 BC, humans learned to write. Egyptian hieroglyphs go back to about 3200 BC, alphabetical writing to 1000 BC. According to scholars like Jack Goody, the invention of writing was the most important technological breakthrough in the history of humanity. It transformed mankind's relation to the past and opened a way for the emergence of the book as a force in history.
(1)
The history of books led to a second technological shift when the codex
(2)
replaced the scroll sometime soon after the beginning of the Christian era. By the third century AD, the codex — that is, books with pages that you turn as opposed to scrolls that you roll — became crucial to the spread of Christianity. It transformed the experience of reading: the page emerged as a unit of perception, and readers were able to leaf through a clearly written text, one that eventually included differentiated words (that is, words separated by spaces), paragraphs, and chapters, along with tables of contents, indexes, and other reader's aids.

The codex, in turn, was transformed by the invention of printing with movable type in the 1450s. To be sure, the Chinese developed movable type around 1045 and the Koreans used metal characters rather than wooden blocks around 1230. But Gutenberg's invention, unlike those of the Far East, spread like wildfire, bringing the book within the reach of ever-widening circles of readers. The technology of printing did not change for nearly four centuries, but the reading public grew larger and larger, thanks to improvements in literacy, education, and access to the printed word. Pamphlets and newspapers, printed (3) by steam-driven presses on paper, extended the process of democratization so that a mass public came into existence during the second half of the nineteenth century.

The fourth great change, electronic communication, took place yesterday, or (4) the day before, depending on how you measure it. The Internet dates from 1974, at least as a term. It developed from ARPANET, which went back to 1969, and from earlier experiments in communication among networks of computers. The Web began as a means of communication among physicists in 1991. Web sites and search engines became common in the mid-1990s. And from that point everyone knows the succession of brand names that have made electronic communication an everyday experience: Gopher, Mosaic, Netscape, Internet Explorer, and Google, founded in 1998.

When strung out in this manner, the pace of change seems amazing: from (5) writing to the codex, 4, 300 years; from the codex to movable type, 1, 150 years; from movable type to the Internet, 524 years; from the Internet to search engines, 17 years; from search engines to Google's search ranking system, 7 years; and who knows what is just around the corner or coming out the pipeline?

Each change in the technology has transformed the information landscape, and the speed-up has continued at such a rate as to seem both unstoppable and incomprehensible. In the long view the general picture looks quite clear — or, rather, dizzying.* But by ordering the facts in this manner, I have made them lead to an excessively dramatic conclusion. By rearranging the evidence it is possible to arrive at a different picture, one that emphasizes （ ウ ） instead of change.  The（　ウ　）I have in mind has to do with the nature of information itself or, to put it differently, the inherent* instability of texts.  In place of the long-term view of technological transformations, which is the basis of the common notion that we have just entered a new era, the information age, I want to argue that every age was an age of information, each in its own way, and that information has always been unstable.

（　エ　）

Information has never been stable.  That may be a simple truth, but it bears reconsidering.  It could be used to correct the belief that the speed-up in technological change has rushed us into a new age, in which information has spun completely out of control.  I would argue that the new information technology should force us to rethink the notion of information itself.  It should not be understood as if it took the form of hard facts or chunks of reality ready to be lifted out of newspapers, archives, and libraries, but rather as messages that are constantly being reshaped in the process of transmission.  Instead of （　オ　）documents, we must deal with（　カ　）texts.  By studying them skeptically on our computer screens, we can learn how to read our daily newspaper more effectively — and even how to appreciate old books.

（注）　dizzying：目まいがするような

　　　　inherent：本来備わっている

1.　空所（　ア　）に入る最も適切な語を次の中から1つ選び，記号で答えなさい。
（A）　if　　　　　　　（B）　so　　　　　　　（C）　that　　　　　　（D）　which

2.　空所（　イ　）に入る最も適切な語を次の中から1つ選び，記号で答えなさい。
（A）　because　　　　（B）　before　　　　（C）　since　　　　　　（D）　when

3.　下線部(1)は具体的にどのようなことですか。最も適切なものを次の中から1つ選び，記号で答えなさい。

出典追記：The Library in the New Age, The New York Review of Books on June 12, 2008 by Robert Darnton

(A)　Humans became able to keep records of the past.

(B)　Humans emerged as a power because of the book.

(C)　Humans learned how to fight by reading history books.

(D)　Humans regarded books as a necessity in history.


4.　下線部(2)の理由として最も適切なものを1つ選び，記号で答えなさい。

(A)　The codex was followed by the scroll because the latter was convenient for comparing passages.

(B)　The codex was followed by the scroll because the latter made it easier to scan through the book.

(C)　The scroll was followed by the codex because the latter formed the reader's perception of society.

(D)　The scroll was followed by the codex because the latter made it possible to read page by page.


5.　下線部(3)の説明として最も適切なものを1つ選び，記号で答えなさい。

(A)　Printing helped to adjust the inequality between men and women.

(B)　Printing helped to make reading within the reach of ordinary people.

(C)　Printing helped to organize political parties protesting against the king.

(D)　Printing helped to shape a system of government by voting.


6.　下線部(4)で or を使って言い換えているのはなぜですか。下の英文がその説明となるように，空所（ a ）と（ b ）のそれぞれに入る単語を，本文中から抜き出して答えなさい。

　　The internet as a tool of everyday （ a ） came about 20 years later than the earlier （ b ） in computer-to-computer networks.


7.　下線部(5)で pace of change のどの点が amazing と思えるのですか。20字程度の日本語で説明しなさい。

8. 二箇所ある空所（　ウ　）に同じ語が入ります。最も適切な語を次の中から1つ
選び，記号で答えなさい。

(A) continuity　　　(B) process　　　(C) reservation　　　(D) simplicity

9. 空欄（　エ　）に入る例として最も不適切なものを1つ選び，記号で答えなさ
い。

(A) Rumors posted on the Internet have been circulating worldwide and we
are not sure which ones are true.

(B) Sophisticated readers in the Soviet Union learned to distrust everything
that appeared in the state-controlled newspaper.

(C) The life described in Egyptian hieroglyphs can be recreated through
interpreting it.

(D) The outbreak of the American Revolution was reported with subtle
changes every time it was reprinted.

10. 空所（　オ　）と（　カ　）のそれぞれに1語を入れて文を完成させると，次の組
み合わせのうちどれが最も適切ですか。次の中から1つ選び，記号で答えなさ
い。

(A)　(オ) fixed　　　(カ) changing
(B)　(オ) original　　　(カ) informative
(C)　(オ) printed　　　(カ) internet
(D)　(オ) unstable　　　(カ) reliable

## 全 訳

## ■変わる情報技術と変わらぬ情報の本質

❶ 情報は，我々の周囲で猛烈な速さで増え続け，また情報技術は驚くべき速度で変化しており，それは我々が「新しく開けた展望の中で，自分たちの位置をどうやって確認するか」という根本的な問題に直面するほどである。例えば，グーグルのような科学技術の驚異を目の当たりにして，学術図書館はどうなってしまうのだろうか。どのようにすればそのすべてを理解できるのだろうか。この問題に対する答えは私にはわからない。しかし，取り組み方を1つ示すことは可能である。それは情報伝達のやり方の歴史を見なさい，ということだ。話を極端に単純化すると，人類が言葉を話す能力を身につけて以来，情報技術には4つの根本的な変化がある，と言うことが可能である。

❷ およそ紀元前4000年頃に，人類は文字を書く能力を身につけた。エジプトのヒエログリフは紀元前3200年頃に，アルファベットの書体は紀元前1000年までさかのぼる。ジャック=グッディのような研究者によると，書き言葉の発明は人類の歴史において，最も重要な技術的大発展だった。それは人類とその過去との関係の形を変え，歴史において，力を持つものとして本が登場するための道を開いた。

❸ 本の歴史が2番目の技術的転換に結びついたのは，西暦紀元が始まって間もない頃，写本が巻物に取って代わった時だった。紀元3世紀までには，写本，つまり巻き上げ式の巻物と違ってめくるページを持った本は，キリスト教の普及において非常に重要になった。読むという体験を変化させたのである。つまり，ページというものが認識可能な単位として現れ，そして読者はわかりやすく書かれた文章をぱらぱらとめくって読めるようになった。その本はやがて区分けされた語（つまりスペースで区切られた語），段落，章を持つようになり，目次や索引やその他読者を補助するものが添えられた。

❹ 今度は写本が，1450年代の活版印刷の発明によって形を変えた。中国人が1045年頃に活版印刷を開発し，韓国人が1230年頃に木製の版木ではなく金属製の活字を使ったのは間違いない。しかし，グーテンベルクの発明は，極東のものとは異なって，山火事が広がるように急速に普及し，増加する一方だった読者の手が届くところに本をもたらした。印刷技術は4世紀近い間，変化しなかったが，読書をする大衆の数は，読み書きの能力や教育水準が向上し，活字印刷物が身近になったおかげで，ますます増え続けた。蒸気機関式の印刷機で紙に印刷された小冊子や新聞は，大衆化の進展を推し進め，その結果，19世紀後半には数多くの（読書をする）一般市民が出現した。

❺　4番目の大変化である電子コミュニケーションは，つい昨日起こったばかりだ。いや，見方によっては，その前の日あたりかもしれない。インターネットは少なくとも用語としては，1974年に始まった。これは1969年を始まりとするアーパネットと，ネットワーク化されたコンピュータ間でのコミュニケーションの初期の実験から発展したものである。ウェブは1991年に，物理学者の間でのコミュニケーションの手段として始まった。ウェブサイトと検索エンジンは，1990年代中頃には広く知られるようになった。そしてその頃から，電子コミュニケーションを日常的に経験するものにした一連のブランドの名前は，誰もが知っている。つまりゴーファー，モザイク，ネットスケープ，インターネットエクスプローラー，そして1998年設立のグーグルである。

❻　このように一続きに並べてみると，変化の速度は驚くべきものに思える。書記から写本までが4,300年，写本から活版印刷までが1,150年，活版印刷からインターネットまでが524年，インターネットから検索エンジンまでが17年，検索エンジンからグーグルの検索ランキングシステムまでが7年である。そして何がすぐそこまで迫っているか，あるいはパイプラインから何が出てこようとしているのかは，誰にもわからないのである。

❼　科学技術における変化の一つ一つは，情報のあり方を変化させた。そしてその加速は，止めることも理解することもできないと思えるほどの速さで続いてきた。長期的視点から眺めれば，その概要は非常に明瞭で，というよりむしろ目がくらむほどである。しかし，出来事をこのように並べてみることで，私はこれらを過度に劇的な結論につなげてしまった。証拠を並べ直すことで，別の全体像にたどり着くことも可能である。それは変化ではなく，継続性に重きを置いたものである。私の頭にある継続性とは，情報それ自体の本質と関係がある。別の言い方をすれば，その本質とは，文章に本来備わっている，変わりやすさである。科学技術の変容に関する長期的視点に立った展望は，我々が新しい時代，つまり情報化時代に突入したばかりだ，という共通の認識の論拠となるが，その展望の代わりに私が主張したいのは，いつの時代も，それぞれのやり方で情報の時代だったし，情報とは常に変わりやすいものだった，ということである。

❽　情報が不変のものだったことはない。それは純然たる事実かもしれないが，再考に値するものである。これは技術革新の加速化によって我々が新しい時代へと追い立てられ，そこでは情報が完全に制御不能になってしまった，という考えを正すために使われるかもしれない。私が主張するのは，新しい情報技術は，情報という概念自体を我々に再考させるものであるべきだ，ということだ。情報とは，新聞や保存記録や図書館からいつでも引き出せる厳然たる事実や現実の集まりとして存在するかのように理解されるべきではなく，伝達の過程で，常に再形成され続けてい

るメッセージとして理解されるべきなのである。変わらない記録ではなく，我々は変化する文章に対処しなければならないのである。これらをコンピュータの画面上で懐疑的に観察することで，我々は日刊紙のより効果的な読み方を学ぶことができる。そして，古い本の正しい評価方法も。

**各段落の要旨**

❶ 現在の進化した情報技術を理解するためには，情報伝達方法の歴史を考えるべきである。先史以来，情報技術には4つの根本的変化があった。

❷ 第1の変化は文字の発明である。それは紀元前4000年頃のことであり，人類の歴史上最も重要な転換点だった。

❸ 第2の転換点はページを持つ写本の登場で，西暦紀元が始まって間もない頃である。写本はキリスト教の普及に貢献し，読むという体験を変化させた。

❹ 第3の転換点は1450年代の活版印刷の発明である。それ以前にも活版印刷の技術は存在したが，グーテンベルクの発明によって一般市民の読書が可能になった。

❺ 第4の変化はごく最近の電子コミュニケーションである。半世紀足らずの歴史しか持たないインターネットは，電子コミュニケーションの日常的利用を可能にした。

❻ この4つの変化は，起こるまでの期間が短くなってきており，変化は加速している。今後の変化も予測不可能である。

❼ このように，情報伝達の方法はめまぐるしい変化を遂げているが，情報それ自体にも変わりやすいという本質がある。

❽ 新しい情報技術は，単に情報を伝えるためのものでなく，情報という概念を再考させるものであるべきだ。

---

**解 説**

1 正解は Ⓒ

▶空所の直前の at such surprising speed「驚くべき速度で」の such に注目できるかがポイントとなる。such や so がある場合，相関関係を作る as や that の可能性を検討することが必要である。

▶ここでは，節を導く that を補うと，「我々が根本的な問題に直面するほど，情報技術は驚くべき速度で変化しており…」という意味になり，文意が成り立つ。

▶なお，空所の後の we face a fundamental problem は，主語も目的語も欠けていないので，関係代名詞が用いられているということはない。よって(D)の which は不可。

語句 explode「爆発的に増加する」 furiously「猛烈に」 orient *oneself*「自分の位置を知る」

2 正解は Ⓒ

▶当該文の there have been … が現在完了形である点に注意。元の形が there are …

「…がある」と状態の叙述になるので，［継続］の意味であると考えられる。

▶継続の時にしばしば用いられる since「〜以来」を補うと，「人類が言葉を話す能力を身につけて以来，（今までに）情報技術には4つの根本的な変化がある」となり，文意が成り立つ。他の選択肢もすべて従属節を作ることのできる接続詞の用法があるが，意味が成立しないので不適。

語句　simplifying things radically「物事（話）を極端に単純化すると」


**3　正解は (A)**

▶選択肢の意味は以下の通り。

(A)「人類は過去の記録を残せるようになった」

(B)「人類は本のおかげで，権力者として浮上した」

(C)「人類は歴史の本を読むことで，戦い方を学んだ」

(D)「人類は本のことを，歴史において必要なものと考えた」

▶下線部の述語動詞 opened の主語は文頭の It だが，その It が指しているのは直前の第2段第3文（According to scholars …）の the invention of writing「書き言葉の発明」である。よって下線部を含む最終文（It transformed mankind's …）の意味は，「書き言葉の発明が，人類とその過去との関係の形を変え，歴史において，力を持つものとして本が登場するための道を開いた」となる。

▶書き言葉の発明によって，過去の出来事を記録することができるようになり，過去を書き留めた本の存在が非常に重要になった，という趣旨であると解釈できるので，(A)が最も適切である。


**4　正解は (D)**

▶選択肢の意味は以下の通り。

(A)「写本の後に巻物が続いたが，それは後者が文章の一節同士を比べるのに便利だったからだ」

(B)「写本の後に巻物が続いたが，それは後者によって本にざっと目を通しやすくなったからだ」

(C)「巻物の後に写本が続いたが，それは後者が読者の持つ社会の捉え方を形成したからだ」

(D)「巻物の後に写本が続いたが，それは後者によってページごとに読むことが可能になったからだ」

▶下線部は「写本が巻物に取って代わった」という意味になる。つまり，時系列では巻物が先で写本がその後に続いた，ということである。よって(A)と(B)は除外される。

▶次に，第3段最終文（It transformed the …）で，写本の登場によってもたらされ

た変化の例として，the page emerged as a unit of perception「ページというものが，認識可能な単位として現れた」と述べられている通り，写本の登場によってページが存在するようになったのである。この趣旨と合致しているのは(D)である。

語句　leaf through ～「（ページを素早くめくって）ざっと読む」　differentiate「～を区別する」

▶(C)には第3段最終文に見られる perception「認知，認識」という語があるが，本文には写本と reader's perception of society「読者の持つ社会の捉え方」との関係に関する記述はない。

5　正解は ⒝

▶選択肢の意味は以下の通り。
　(A)「印刷は男女間の不平等を正すための助けになった」
　⒝「印刷は，読み物が一般の人々の手に入るようにするための助けになった」
　(C)「印刷は王に対抗する政党を結成するための助けとなった」
　(D)「印刷は投票によって統治形態を作るのを助けた」

▶下線部の意味は「蒸気機関式の印刷機で紙に印刷された小冊子や新聞が，大衆化の進展を推し進めた」となる。

語句　press「印刷機」　democratization「民主化，平等化」

▶下線部直前の第4段第4文（The technology of …）にあるように，教育水準の向上などで，ものを読める人の数は増加していた。

▶当該部分はこれを受けており，ここでの「大衆化」とは，読むという行為が一部の人から一般大衆に広がったことを指していると考えられる。

▶この趣旨に合致しているのは⒝である。

6　正解は a . communication　b . experiments

▶下線部の意味は，「（4番目の大変化である電子コミュニケーションが起こったのは，）昨日，あるいは見方によっては，その前日だった」となる。

語句　depending on ～「～によって，～に応じて」

▶設問中の英文の意味は以下の通り。
　「日常の（　a　）の道具としてのインターネットは，コンピュータ間のネットワーク上の初期の（　b　）の約20年後に登場した」

▶or を使って言い換えているのは，下線部中に「見方によっては」とある通り，考え方次第では1つに決まらないからである。1つに決まらない理由は当該文に続く部分で具体的に述べられている。

▶まず，第5段第2・3文（The Internet dates … of computers.）では，「用語とし

ては1974年に始まり，それは1969年に始まったアーパネットと，コンピュータ間でのコミュニケーションの初期の実験から発展した」とある。

▶また，続く第4文（The Web began …）では，「ウェブは1991年に物理学者の間でのコミュニケーションの手段として始まった」とあり，さらに後続の第5文（Web sites and …）では「ウェブサイトと検索エンジンは，1990年代中頃には広く知られるようになった」と述べられている。

▶これらのことから，インターネットについては，一部の人に実験的に使われ始めた時期を始まりとするか，一般に広く知れわたった時期を始まりとするかで時期が20年ほどずれると考えられる。よって空所aにはcommunication，bにはexperimentsが入る。

7 ▶下線部の意味は「速度の変化は驚くべきものに思える」となる。

▶その理由は，下線部直後の記述にある通り，次の技術的変革までに要した年数が，4,300年→1,150年→524年→17年→7年と，次第に短くなっているからである。

▶よって次の技術革新までの間隔が短くなり，その結果として変化のスピードが加速していることを20字程度でまとめればよい。

8 **正解は (A)**

▶選択肢の意味は以下の通り。

(A)「継続性」 (B)「過程」 (C)「予約」 (D)「簡素」

▶筆者は，第6段（When strung out …）から第7段第3文（But by ordering …）までの部分で，科学技術の進歩に伴って，情報伝達の手段がいかに加速しながら変化しているかについて述べている。

[語句] order「～を並べる」

▶しかし，第7段第4文（By rearranging the …）以降では，証拠を並べ直してchange「変化」ではない別の何かを強調した全体像を示すと述べている。

▶この「変化」に代わる，情報に対する別の見方を示すキーワードとなるのが，空所（ウ）に入る語である。

▶それは，第7段第5文（The （ ウ ）I …）によれば，情報に本来備わったinstability「変わりやすさ」に関係する，とある。

[語句] have to do with ～「～と関係がある」

▶さらに，第7段最終文（In place of …）で筆者が主張したいと述べているのは，「いつの時代も情報の時代だったし，情報とは常に変わりやすいものだった」ということである。

[語句] in one's own way「～自身のやり方で」

▶つまり，情報に関係する「変化」ではなく，いつの時代も継続して持っている特性に注目したい，と述べているので，(A)「継続性」が最も適切である。

**9　正解は (C)**

▶選択肢の意味は以下の通り。

　(A)「インターネットに投稿された噂は世界中を駆け巡っており，我々にはどれが正しいのかわからない」

　(B)「ソビエト連邦の教養のある読者は，国家に管理された新聞に載ったことはすべて信用しなくなった」

　(C)「エジプトのヒエログリフで書かれた生活は，その翻訳を通して再現されるかもしれない」

　(D)「アメリカ独立戦争の勃発は，増刷されるたびに少しずつ内容を変えて報道された」

|語句|　outbreak「勃発」　reprint「～を増刷する」

▶空欄（エ）の直前の第7段最終文では，「いつの時代も，それぞれのやり方で情報の時代であったし，情報とは常に変わりやすいものであった」と，筆者の主張が述べられている。

▶したがって，空欄に入る例として考えられるのは，どの時代でも情報は不変ではなく変わり得るものであった，ということを示す具体例である。

▶その視点から選択肢の意味を吟味してみると，(A)・(B)・(D)はどれも，ある特定の時代において情報が変わったことを示す具体例となっている。

▶一方，(C)は，過去の情報を現在において翻訳するという内容であり，ヒエログリフの時代に起きた情報の変化ではない。これが「最も不適切なもの」となる。

**10　正解は (A)**

▶選択肢の意味は以下の通り。

　(A)(オ)「不変の」　　(カ)「変化する」

　(B)(オ)「元々の」　　(カ)「有益な」

　(C)(オ)「印刷された」　(カ)「インターネットの」

　(D)(オ)「不安定な」　(カ)「信頼できる」

▶当該文の意味は「（　オ　）記録ではなく，我々は（　カ　）文章に対処しなければならない」となる。

▶最終段第4・5文（I would argue … process of transmission.）において，筆者は，情報というものに対する認識を変える必要性を説いており，情報とは変化しないものではなく，伝達の過程で変わりゆくものだと考えるべきだと述べている。

▶当該文はそれを言い換えたものであると考えられるので，㈪には fixed「不変の」，
㈫には changing「変化する」を補うと文意が成立する。この組み合わせは㈪である。

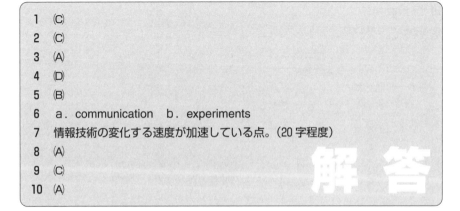

1 ㈯

2 ㈯

3 ㈪

4 ㈰

5 ㈬

6 a．communication  b．experiments

7 情報技術の変化する速度が加速している点。（20字程度）

8 ㈪

9 ㈯

10 ㈪

# 25

次の英文を読んで，下の問いに答えなさい。

（星印（＊）のついた語には本文の後に注があります。）

How many times have you looked up on a clear night to see a spark of light fly across the sky, then fade into the blackness? Popularly known as "shooting stars," these natural fireworks are meteors. They result from tiny pieces of natural space debris* falling at high speed through the upper atmosphere and burning up. Tens of thousands of tons of extra-terrestrial dust settle on Earth each year only to pile up in the oceans, or become lost on the surface of our rocky planet.

Some of the larger objects fall to Earth intact,* as "meteorites." They are occasionally recovered by people who see them falling, or by scientists out hunting for them. Mostly they end up in museum collections, carrying the names of the places where they fell or were found. Meteorites are an endless source of fascination for everyone, and a treasure trove of information for scientists. But
(1)
what is it that this debris from the Solar System tells us?

Of the planets in the Solar System, Earth is the most active, geologically speaking. Since it formed, our planet has changed constantly, rubbing out many of the clues to its early history. The cratered surface of the Moon tells of a period of heavy bombardment by huge chunks of Solar System debris more than 3800 million years ago. Yet on Earth, although some younger impact craters are known, constant geological forces have wiped the record of this early event from its surface. In that same 3800 million years, continents have arisen, seas and oceans have opened and closed, mountains have been pushed up only to be eroded down to their roots again by wind and water, and volcanoes have erupted new rock from the Earth's hot interior. Ancient rocks in continents such as Australia, Africa and North America formed as long ago as 3800 million years.

Other rocks, from Western Australia, contain a legacy of mineral grains worn from pre-existing rocks that existed 4400 million years ago. But clues to the nature of the planet before this time are nowhere to be found in the rocks that
(2)
now make up the Earth's surface.

What were the original materials from which the Earth was made? To get an idea of what these might have been like, we have to look at meteorites — fragments of rock (stony meteorites), metal (iron meteorites) and mixtures of rock and metal (stony-iron meteorites)— which have survived their hot journey from space to Earth. As well as meteorites, a large amount of meteoritic dust, harder to recognize and collect, adds to our knowledge of the Solar System and beyond. The stuff that many meteorites are made of is 4555 million years old, having remained virtually unaltered since its formation. Meteorites mostly represent the debris left over after the formation of the planets and, like
(3)
messengers across space and time, they carry a unique record of the earliest events in the birth of the Solar System.

A few meteorites containing water and rich in complex compounds of carbon, oxygen, nitrogen and hydrogen may represent the original materials from which our planet gained water for the oceans, gases for the atmosphere, and other essential ingredients for the evolution of life. Opening a window on the complexities of star formation, tiny diamonds and other grains found in meteorites record events that happened long before the Solar System was born.

Like detectives, planetary scientists search for clues to understand the
(4)
events of the past. They interpret the evidence and, so far as they can, provide the answers, or construct theories based on all the facts that can be collected by observation, measurement and experiment. Providing us with an understanding of our most distant past, meteorites are of great scientific interest, and their study (now called meteoritics) has played an important role in advances in physics, chemistry, geology and astronomy.

(注)　debris：破片

　　　intact：損なわれないで

出典追記：Meteorites：A Journey Through Space and Time by Alex Bevan and John De Laeter, University of New South Wales Press

1. 科学者が，下線部(1)のように考える理由として，最も適切なものを1つ選び，記号で答えなさい。

(A) Meteorites consist of rocks from the Earth's hot interior.

(B) Meteorites come from other planets outside of the Solar System.

(C) Meteorites make the geological and biological formation of the Earth.

(D) Meteorites inform us of materials with which the Earth was originally formed.

2. 第3段落では，月と地球にどのような違いが起きたと述べていますか。以下の英文がその説明となるように，（　　　）内に入る語を下記から選び，記号で答えなさい。ただし，同じ単語は2回使えません。

Although both the Moon and the Earth had been （　ア　） by chunks of Solar System debris more than 3800 million years ago, craters have （　イ　） mainly on the surface of the Moon. On the Earth, constant geological activities that （　ウ　） continents, rivers and mountains, have （　エ　） many of the craters on the Earth. As a result, major records on the Earth of this early event are nowhere to be （　オ　）.

(A) erased　　　　　(B) formed　　　　　(C) hit

(D) remained　　　　(E) seen

3. 下線部(2)の nature と同じ意味で使われている英文を，次の中から1つ選び，記号で答えなさい。

(A) During the time of famine, nature did not provide enough food to sustain the village.

(B) Earthquakes and typhoons can be disastrous phenomena of nature.

(C) Its noncommercial nature attracts larger participants to the enterprise.

(D) We should take measures to stop the pollution of air, water and soil in order to preserve nature.

4. 本文の内容に即して，以下の英文を完成させるために，最も適切なものを1つ
選び，記号で答えなさい。

　　To find out what might be the original materials from which the Earth was
made, scientists search for ＿＿＿＿＿＿.

(A)　meteorites and craters

(B)　meteorites and meteoritic dust

(C)　the Moon and craters

(D)　the Moon and meteoritic dust

5. 下線部(3)の比喩は隕石のどのような点を表現していますか。40字程度の日本
語で説明しなさい。

6. 下線部(4)の比喩は惑星科学者のどのような点を表現していますか。40字程度
の日本語で説明しなさい。

## ■隕石がもたらす貴重な情報とは

❶　あなたは今までに澄んだ夜空を見上げて，輝く光が空を横切り，暗闇の中へと消えゆくのを何度くらい見たことがあるだろうか。一般には「流れ星」として知られているが，これらの天然の花火は，流星である。微細な天然の宇宙塵が高速で上層大気を通り抜けて落下し，燃え上がることで生じる。何万トンもの地球外からの塵が毎年地球に降り，ただ海中に堆積したり，または岩の多い我々の惑星の表面で見失われたりするだけのことだ。

❷　より大きな物体の中には，損なわれないままで，「隕石」として地球に落ちるものもある。それらは，落下するところを見た人や，隕石を探しに出かけた科学者らによって時々回収される。ほとんどの場合，最終的には博物館の所蔵品として落ち着くことになり，落下した場所か発見された場所の名前が付けられる。隕石というものは，誰にとっても尽きることのない魅力の源泉である。そして科学者にとっては，情報の宝庫なのである。しかし，太陽系に由来するこれらの破片が教えてくれることとは何なのだろう。

❸　太陽系にある惑星の中で，地球は地質学的には最も活動的である。その誕生以来，我々の惑星は変化し続けており，早い時期の歴史を知る手がかりの多くを消し去ってしまった。クレーターだらけの月の表面は，38億年以上前に，太陽系にあった破片の大きな塊によって大衝撃を受けた時期があったことを教えてくれる。しかし地球では，比較的新しい衝突クレーターは知られているものの，絶える間のない地質学的な力によって，この早期の出来事の記録は表面から拭い去られてしまったのである。その同じ38億年の間に，大陸が現れ，海や海洋が開いては閉ざされ，山が隆起し，風水によって再び根元まで浸食された。そして火山は，高温の地球内部から新しい岩を放出した。オーストラリアやアフリカや北アメリカのような大陸にある太古の岩は，38億年も前に作られたのである。西オーストラリアにある別の岩には，44億年前には存在したが，現存はしていない石が風化してできた鉱物の粒子の痕跡が含まれている。しかし，この時期より前の惑星の性質を知る手がかりは，現在地球の表面を形成する岩石の中の，どこにも存在しない。

❹　地球が作られた元々の素材は何だったのだろう。これがいかなるものであったかに関する着想を得るには，我々は隕石に注目する必要がある。隕石とは，岩の破片（石質隕石）や金属の破片（鉄隕石），そして岩と金属の混合物（石鉄隕石）で，宇宙から地球までの，灼熱の旅路を生き残ったものである。隕石に加えて，識別と回収は困難であるが，大量の隕石の塵は，太陽系とその外側の世界に関する我々の

知見を押し広げてくれる。多くの隕石を構成している物質は45億5千5百万年前のもので，その形成以来ほとんど変質していない。隕石はたいていの場合，惑星が形成された後に残された破片に相当し，時空を超えて訪れた使者のように，太陽系誕生の過程における，最も古い時期の出来事の他にはない記録を伝えるのである。

❺ 水分を含み，炭素，酸素，窒素，水素から成る複合化合物が多く含まれた数少ない隕石は，海洋を形成するための水や，大気を作る気体や，生命の進化に不可欠な他の素材を地球にもたらした原初の素材を示すものかもしれない。星の形成が持つ複雑さを知る機会を与えてくれる，隕石の中に見られる微細なダイヤモンドや他の粒子は，太陽系が生まれるはるか前に起きた出来事を記録しているのである。

❻ 探偵のように，惑星科学者は過去の出来事を理解するための手がかりを探す。彼らは証拠となるものを読み解き，可能な限り答えを出す，つまり観察や測定や実験によって集め得るすべての事実に基づき理論を構築する。我々に最も遠い過去への理解を与えてくれる隕石は，科学的に非常に興味深いものであり，その研究（現在は隕石学と呼ばれている）は，物理学，化学，地質学，天文学の進歩において重要な役割を果たしてきたのである。

各段落の要旨

❶ 「流れ星」は宇宙の小さな塵が地球に落下する際に燃え上がる現象で，年に数万トンも降り注ぐ。

❷ 「隕石」は，より大きな物体が燃え尽きることなく地球に到達したもので，科学者にとっては外世界を知るための情報の宝庫である。

❸ 地球は地質学的に活動的な惑星なので，早い時期の歴史を知るのは難しい。月のクレーターは38億年以上も変わらず残っているが，地球ではこの間も絶えず変化が起こってきた。

❹ 地球を作っている素材を知るには，隕石に注目する必要がある。多くの隕石を構成する物質は45億年以上前のもので，変質していないからである。

❺ 水分と複合化合物を多く含む隕石は，地球に大気や水が存在している理由を知る手がかりとなるかもしれない。

❻ 隕石学は，過去の出来事を理解するための学問であり，自然科学の進歩に重要な役割を果たしてきた。

## 解　説

1　正解は (D)

▶選択肢の意味は以下の通り。

(A)「隕石は高温の地球内部由来の岩石からできている」

(B)「隕石は太陽系外部にある他の惑星に由来する」

(C)「隕石は地球の地質学的な，そして生物学的な構成を形成する」

(D)「隕石は，それによって地球が最初に形成された物質を我々に伝える」

▶下線部の意味は「科学者にとって情報の宝庫」となる。これは比喩的な表現なので，その内容を具体的に説明している箇所を探す。

▶直後の第2段最終文（But what is …）は「太陽系に由来するこれらの破片が教えてくれることとは何なのだろう」という問題提起なので，続く第3段以降で，隕石が持つ情報の具体的内容について述べられていると予測できる。

語句　what is it that … は，it is ～ that … の強調構文の～が疑問詞になった形である。

▶第3段では，地質学的に活動的な地球表面には誕生初期の痕跡が残っていないことが述べられているのみで，隕石が持つ情報に関する言及はない。

▶一方，第4段第1・2文（What were the … space to Earth.）から，隕石が持つ情報は，誕生時の地球の組成に関するものであることがわかる。

▶よって，「情報の宝庫」と考える理由としては，「隕石が誕生時の地球の組成に関する情報を持っているから」となる。この趣旨に合致しているのは(D)である。

2　▶設問中の英文の意味は以下の通り。

「38億年以上前に，月と地球は両方とも太陽系の破片のかたまりに（　ア　）されたが，クレーターは主に月の表面に（　イ　）。地球では大陸や河川や山々を（　ウ　）絶え間ない地質学的活動が，地球上に存在したクレーターの多くを（　エ　）。その結果，この早期に起きた出来事に関する地球上の重要な記録は，どこにも（　オ　）」

語句　chunk「かたまり」

**ア　正解は (C)**

▶第3段第3・4文（The cratered surface … from its surface.）から，月も地球もともに隕石に衝突された時期があったことがわかるので，(C) hit（過去分詞）を選び「衝突された」とする。

**イ　正解は (D)**

▶第3段第3文で，月のクレーターは太陽系の破片が衝突した痕跡だと述べられており，第4文から，地球からはその痕跡がなくなったことがわかる。よって(D) remained を選び「残った」とする。

**ウ　正解は (B)**

▶第3段第5文（In that same …）では，地球の表面で起きた地質学的変化が具体的に述べられている。目的語が「大陸や河川や山々」なので，(B) formed「～を形成した」が適切。

**エ　正解は (A)**

▶第3段第2文（Since it formed，…）の rubbing out many of the clues「手がかり
の多くを消し去った」と同じ意味になる部分と考えられるので，(A) erased「消し
去った」を選択する。

**オ　正解は (E)**

▶結論として，地球上にはクレーターが残っていないことを述べているのであるから，
nowhere to be seen「どこにも見られない」という意味になる(E) seen を選択する。

**3　正解は (C)**

▶当該部分の意味は「この時期よりも前の惑星（地球）の nature を知る手がかり」
となり，nature は「性質」という意味だと推測できる。よってこれと同じ意味で
nature を用いている選択肢を選ぶ。

▶以下の選択肢の訳の下線部が nature の訳語である。「性質」は(C)である。なお，
nature という語は，nature of ～ や（形容詞）＋nature のように修飾語を伴う場合
は，「本質，性質」の意味で用いられていることが多い。(C)の nature もその例であ
る。

　(A)「飢饉の時期には，自然は村を支えるのに十分な食糧を与えてくれなかった」

　(B)「地震と台風は，自然による大損害を生む現象となり得る」

　(C)「その非営利的な性質によって，より多くの参加者がその事業に魅力を感じた」

　語句　enterprise「事業，プロジェクト」

　(D)「我々は自然を保全するために，空気，水，土壌の汚染を食い止めるための措置
を取るべきである」

**4　正解は (B)**

▶選択肢の意味は以下の通り。

　(A)「隕石とクレーター」　(B)「隕石と隕石の塵」

　(C)「月とクレーター」　(D)「月と隕石の塵」

▶設問中の英文の意味は以下の通り。

「地球が作られた元々の素材は何だったのかを突き止めるために，科学者たちは…
を探している」

▶これに対応する本文中の記述は，第4段第1・2文（What were the … to Earth.）
で，meteorites「隕石」は地球が誕生した頃の組成を知る手がかりとなることが読
み取れる。

▶また，同段第3文（As well as …）に「隕石だけでなく大量の隕石の塵も」とある
ことから，隕石に加えて隕石の塵も手がかりとなることがわかる。これに合致して
いるのは(B)である。

5 ▶下線部の意味は「時空を超えて訪れた使者のように」となる。この比喩が修飾
　している のは，直後の they（meteorites）carry … the Solar System「太陽系誕生
　の過程における，最も古い時期の出来事の他にはない記録を伝える」という部分で
　ある。
▶つまり，上記の表現は，地球の外部から飛来する隕石を調査することで，太陽系が
　生まれた頃の古い出来事を知るのが可能だということを指している。これを具体的
　に言い換えて40字程度でまとめる。

6 ▶下線部の意味は「探偵のように」となる。
▶この表現が修飾するのは，直後の planetary scientists … of the past「惑星科学者
　は過去の出来事を理解するための手がかりを探す」である。
▶それをさらに具体的に述べているのが，同段第2文（They interpret the …）であ
　り，証拠を集め，それらに基づいて理論を構築する惑星科学者の仕事を，一般的に
　わかりやすいように探偵に喩えているのである。よって，第6段第1・2文の内容
　を40字程度でまとめる。

語句　so far as *one* can「可能な限り」

---

1 (D)
2 アー(C)　イー(D)　ウー(B)　エー(A)　オー(E)
3 (C)
4 (B)
5 　地球の外部から飛来し，その含有物が太陽系誕生の頃の出来事を知るための
　　情報を持つ点。(40字程度)
6 　過去の出来事を解明するための手がかりを探し，それらに基づき理論を構築
　　する点。(40字程度)

# 26

次の英文を読んで，下の問いに答えなさい。

Traffic can be a real pain, especially when you are stuck in the middle of it. But it creates problems for us even before we have left the house. In particular, anyone who drives to work or does the school-run is faced with the daily dilemma of "Which route should I take?" Many of us have to deal daily with this dilemma — and many of us try to gain a competitive advantage by making use of our own past experiences and publicly available traffic information. For this reason, these "which route?" problems represent a wonderful example of human complexity in action: a collection of decision-making objects repeatedly competing for limited resources, armed with some kind of information about the past and present — in particular, drivers repeatedly competing to find the least crowded route from A to B, such that they have the shortest possible trip duration.

Let's suppose that there are no other cars on the road. Then all we would need to do to get from A to B as quickly as possible is to work out which of the available routes represents the shortest distance. Since we would presumably travel at the same speed on every available route, the route which represents the shortest distance will also be the route with the shortest trip duration. Simple.

The difficulty comes when we add in other cars, and hence other drivers. The more cars there are on a given road, the (　　　) the traffic will move in general. Even if everyone travels at the speed limit, there are just too many things that could go wrong. People tend to slow down if they sneeze, or change radio stations, or look at something by the side of the road — and gives rise to a chain of events that end up with that awful stop-start traffic that we all know and hate. Worse still, there might be an accident or some other hold-up that brings everything to a halt.

The complex patterns which arise in traffic systems result from the interactions between the cars — and these interactions between the cars arise from the decisions and actions of their drivers. Drivers tend to make decisions based on the feedback of information that they are receiving, either through their own personal memories of seemingly similar past experiences or from information about what is going on around them. As a result of this feedback, phenomena such as traffic jams can often appear out of thin air without any obvious cause — just like many financial market crashes also have no apparent cause. This is because traffic systems are constantly shifting between ordered and disordered behavior as time evolves, just like all complex systems.

We know that traffic jams are painful. <u>But suppose you have already</u>
<u>committed yourself to being on a particular road — there isn't much that you can</u>
(5)
<u>do, (　　), to avoid getting stuck in that jam.</u> Instead, the really important decision-making process actually happened before you took that road: in particular, it was that initial "which route?" question.

All roads can be thought of as having <u>a certain "comfort limit"</u>, in the same
(6)
way that a potentially overcrowded bar or financial market will have comfort limits of their own. If the number of cars is larger than this comfort limit, the road becomes uncomfortable to be on. There are typically many other people trying to make the same decision about whether to take the same road or not, and we won't know what the correct decision actually is until it is too late. In other words, we all have to make our decisions and hence take the road or not, and then assess afterwards whether it was the correct decision based on how many other people decided to do the same thing.

This dilemma arises, for example, when there are two routes — <u>say route 1</u>
<u>and route 0</u> — between work and home. Every night we have to decide whether
(7)
to take route 1 or route 0. Let's assume these two routes 1 and 0 are practically identical. In other words, it would take the same time to get home using either route, in the absence of all other cars. Then clearly we each want to choose the route which is less crowded — in other words, fewer cars. So if there are say 101 of us trying to get home and hence playing the same game, then we would feel

we had won if we happened to choose the route with 50 or fewer cars on it. That would imply that 51 cars had taken the other route, and hence we would have managed to choose the less crowded route. In other words, the worst case that (8) we could possibly experience and yet still be winners would be to have 50 cars on our road including us, and 51 on the other road. Of course there are much better scenarios for us than this — for example, having only 10 cars on our road and ( ) on the other is clearly good. But as long as there is a total of 50 or (9) fewer cars on our road, including us, then there will necessarily be 51 or more on the other one. Hence we will win.

1. 下線部(1)の this reason が指し示す内容を，日本語で説明しなさい。

2. 下線部(2)は，どのような意味で Simple なのか。下の英文がその説明となるよう，空所（ ア ）（ イ ）にそれぞれ入る単語を，本文中から抜き出して答えなさい。

　The decision-making process is simple because the only factor we need to consider is （ ア ） in order to find the best （ イ ） to the destination.

3. 下線部(3)の空所に適切な1語を入れ，文を完成させなさい。

4. 下線部(4)は，何と比較して Worse still なのか。次の中から，最も適切なものを1つ選び，記号で答えなさい。
   (A) an accident
   (B) traffic jam
   (C) the speed limit
   (D) the difficulty

5. 下線部(5)の空所に入れるべき句として最も適切なものを，次の中から1つ選び，記号で答えなさい。

出典追記：Simply Complexity A Clear Guide to Complexity Theory by Neil Johnson, One World Publications

(A)  on your way home

(B)  as quickly as possible

(C)  in terms of decision-making

(D)  with respect to accidents

6. 下線部(6)の comfort limit とはどのようなことか，日本語で具体的に説明しな さい。

7. 下線部(7)の say の意味として最も適切なものを，次の中から１つ選び，記号 で答えなさい。

(A)  tell          (B)  as far as       (C)  take          (D)  for example

8. 下線部(8)を日本語に訳しなさい。

9. 下線部(9)の空所に適切な数字を入れ，文を完成させなさい。

10. 次の中から，本文の内容に合っているものを２つ選び，記号で答えなさい。

(A)  There are a number of variables that make the "which route?" problem difficult to resolve.

(B)  Traffic jams are invariably attributed to accidents on the road.

(C)  The traffic system represents a mundane example of complex systems.

(D)  We can definitely avoid traffic congestion by making use of publicly available information on the radio.

(E)  Problems such as the one illustrated in the passage are not necessarily ubiquitous in daily life.

(F)  There is a negative correlation between the difficulty of the "which route?" problem and the number of routes between work and home.

**全　訳**

## ■人間の判断力が持つ複雑さ

❶ 車を運転していると，本当に苦痛に感じることがある。渋滞に巻き込まれている最中は，特にそうである。しかし，道路の混み具合は，我々が家を出ないうちから，我々に問題を抱え込ませる。とりわけ，車で通勤する人や，学校への送り迎えをする人は誰でも，「どの経路を選べばよいか」というジレンマを，日々抱えることになる。我々の多くは，このジレンマに毎日対処しなければならない。そして我々の多くは，自分たちの過去の経験や，公開されている交通情報を利用することで，競争を優位に進めようとする。そのようなわけで，この「どの経路を選ぶか」という問題は，人間の行動が持つ複雑性を示す格好の例となるのである。つまり，意思決定をする人間の集団は，過去と現在に関するある種の情報を武器に，繰り返し限られた資源を求めて競合するのだ。特にドライバーは，可能な限り移動時間を短くしようと，A地点からB地点までの最も空いた経路を繰り返し競って見つけようとする。

❷ 道路に他の車が走っていない場合を考えてみよう。その場合，A地点からB地点まで可能な限り短時間で行くために我々がしなければならないことは，利用可能な経路のうちで，最短の経路はどれかを見極めることである。我々はどの可能な経路を通る場合にもおそらく同じスピードを出すはずなので，最短距離の経路が最短の移動時間を持つ経路となる。単純である。

❸ 困難が生まれるのは，我々が他の車，つまり他のドライバーを加える場合である。ある道路を通行する車が多ければ多いほど，一般には車の速度は低下する。仮に全員が制限速度で運転しても，事態を悪化させる条件は多すぎるほど存在する。人々はくしゃみをする時や，ラジオの選局を変える時，また道端にあるものに目をやる時には速度を落としがちである。そして我々にはおなじみだが好む人はいない，止まっては進むを繰り返すひどい渋滞につながる，一連の出来事を引き起こすわけである。さらに悪いことに，車が全く進まない状況をもたらす，事故やその他の足止めが起きる可能性もあるのだ。

❹ 交通システムに現れる複雑なパターンは，車同士の相互作用によって引き起こされる。そしてこれらの車同士の相互作用は，その運転者の意思決定と行動から生まれるのである。運転者は，自分たちが受け取る情報に対するフィードバックに基づき決定を下す傾向にある。それは，一見似通った過去の経験についての個人的記憶からの場合や，身の周りで起きていることに関する情報からの場合などがある。このフィードバックの結果として，交通渋滞のような現象は，しばしば明らかな原

因がないままに，どこからともなく現れる。それは多くの金融市場での暴落にも，明らかな原因がないのと同じである。その理由は，交通システムというものは，時間の経過とともに，秩序のある行動と無秩序な行動の間を常に行き来しているためで，それはすべての複雑系と同様なのである。

❺　我々は，交通渋滞が辛いものだということはわかっている。しかし，すでに自分の身をある道路に置いてしまっていると，意思決定に関しては，その渋滞にはまるのを避けるために，自分でできることは多くはない。その代わりに，非常に大切な意思決定のプロセスは，その道を選ぶ前に現実に起きたのである。特にそれは，例の最初の「どの経路を選ぶか」という問題なのである。

❻　すべての道路はある一定の，「快適に感じられる限度」を持つと考えられるが，それは大混雑しそうなバーや金融市場がそれぞれの上限を持つのと同じである。車の数がこの上限を超えると，道路はそこにいるのを不快に感じる場所になる。たいていの場合，他の多くの人が，ある道を通るか否かに関して同じ選択をしようとし，どれが正しい選択だったかは，取り返しがつかなくなるまではわからない。言い換えると，我々は皆，その道路を通るかどうかの判断を自分たちでせねばならず，その後に，どれだけの数の人が同じ行動を取ったのかに基づき，正しい判断をしたのかどうか評価を下すことになる。

❼　このジレンマは例えば，職場と自宅の間に2つの経路，仮にルート1とルート0がある場合に生じる。ルート1を通るかルート0を通るかを，我々は毎晩決めなければならない。これらの1と0という2つのルートは，ほぼ同じものだと考えてみよう。つまり，他の車が一切なければ，どちらの経路を通っても，家に着くまでにかかる時間は同じということである。その場合は，我々皆が混んでいない方の道，つまりは車が少ない経路を選びたがるのは自明である。よって，我々が例えば101台で帰宅しようとし，その結果として，競合状態にあると考えると，50台以下の車が通る方の経路を選べば勝ったと感じることになる。それは，51台がもう一方の経路を選んだことを意味し，よって我々が空いている方の経路を選べたことになるからだ。(8)つまり，我々がことによると経験する可能性がある最悪の場合で，それでもなお勝ち組であるというのは，自分を含む50台の車が自分たちの選んだ道を通り，51台が別の道を通った時である。もちろん我々にとって，これよりもはるかによいシナリオは存在する。例えば，我々が選んだ道は10台の車しか通らず，91台がもう一方の道を通る場合は間違いなくよい。しかし，自分たちを含めて合計50台以下の車が我々の選んだ道を通れば，51台以上の車がもう一方の道を通ることになる。それゆえ我々は勝ち組になる。

各段落の要旨

❶ 車を運転する人間の多くが抱える問題は，どの経路を通れば最も速く到着できるか，ということである。

❷ 他の車が走っていない状況ならば，最短距離の経路が最短移動時間の経路となる。

❸ 通行する車の数が多い場合には，車の速度を低下させる数えきれないほどの要因のために渋滞が発生する。

❹ 交通システムのパターンは，運転者の意思決定と行動の結果なので，交通渋滞の現象はいつの間にかどこからともなく現れる。

❺ いったん経路を選んでしまうと，渋滞を避ける方法はあまりないので，どの経路を選ぶかが重要なプロセスとなる。

❻ 我々は個々に経路を選ぶので，自分の選択が正しかったかどうかはその道路を通って初めて明らかになる。

❼ 2つの経路から選択すると仮定した場合，選択が正しかったかどうかは，同じ経路を選択する運転者の割合が5割を超えるかどうかで決まると言ってよい。

---

## 解　説

1　▶下線部の意味は「この理由のために」となるが，「この理由」とは，当該文で述べられているように，「どの経路を選ぶか」という問題が，人間の行動が持つ複雑性を示す格好の例となる理由である。

▶これについて説明されているのは直前の第1段第4文（Many of us …）「我々の多くは，このジレンマに毎日対処せねばならず，自分たちの過去の経験や公開されている交通情報を利用することで，競争を優位に進めようとする」である。この部分の内容をまとめる。

2　正解は　ア．distance　イ．route

▶設問中の英文の意味は以下の通り。

「意思決定のプロセスは単純である。なぜなら，我々が考えなければならない唯一の要素は，目的地までの最良の（　イ　）を決めるための（　ア　）だからである」

▶下線部で「単純である」と述べているのは，直前の第2段第3文（Since we would …）にある「同じ速度で運転するのなら，最短距離が最も時間がかからない」という内容を指してのことである。

▶つまり，ルートを決めるのに，距離を考えればよいだけだから単純だということである。

語句　presumably「おそらく」　duration「時間，期間」

▶よって同文の後半 the route which … duration「最短距離の経路が最短の移動時間

を持つ経路となる」から，distance「距離」と route「経路」をピックアップする。

## 3　正解は slower

▶ The more cars there are on a given road, the（　　）the traffic will move in general.

▶当該文冒頭の The more と空所直前の the から，the ＋比較級 ～，the ＋比較級 …「～すればするほど，そのぶんだけ…」の構文であると推測できる。

▶in general「一般的に」とあるので，一般論で考えると，道路を走る車が多ければ車の速度が遅くなるのは自明となる。

▶よって「遅く，ゆっくりと」の意味の副詞 slow の比較級 slower を補う。slowly「遅く」という副詞もあるが，この比較級は more slowly と 2 語になるため正解とはならない。

## 4　正解は (B)

▶選択肢の意味は以下の通り。

　(A)「（交通）事故」　(B)「**交通渋滞**」　(C)「速度制限」　(D)「困難」

▶下線部の意味は「さらに悪いことに」となる。

▶第 3 段第 4 文（People tend to …）では，くしゃみやラジオの選局変更などによって，車が速度を落とした結果として起こる「悪いこと」として awful stop-start traffic「止まっては進むを繰り返すひどい車の流れ」が挙げられ，下線部の後では an accident「交通事故」や a halt「全く車が動かない状態」が挙げられている。

▶つまり，比較されているのは，awful stop-start traffic となり，これを言い換えた (B) traffic jam「交通渋滞」が正解となる。この言い換えに気づくことがポイントとなる。

語句　give rise to ～「～を引き起こす」

## 5　正解は (C)

▶選択肢の意味は以下の通り。

　(A)「帰宅途中で」　(B)「できるだけ速く」

　(C)「**意思決定に関して**」　(D)「事故については」

▶下線部の意味は「しかし，すでに自分の身をある道路に置いてしまっていると，（　　），その渋滞にはまるのを避けるために自分でできることは多くはない」となる。

語句　suppose (that) S V「もし S が V すれば」　get stuck in ～「～にはまりこむ」

▶コンマで区切られた挿入句を選択する問題である。

▶直後の第5段最終文（Instead, the really …）を見ると，Instead「その代わりに」で始まり，続いて「非常に重要な意思決定のプロセスは，その道を選ぶ前に現実に起きたのである」と述べられている。

▶つまり，道路を走り始めたら，渋滞を避けるために何かを決めることはできないが，道路に出る前なら大切な意思決定が可能だ，という趣旨になっていると考えられる。

▶よって(C)が最も適切である。

**6**　▶下線部の意味は「ある一定の，快適に感じられる限度」となる。

▶直後の第6段第2文（If the number …）で，「車の数がこの上限を超えると，道路はそこにいるのを不快に感じる場所になる」と述べられていることから，不快感を持たずに運転できる車の台数の限度を表していると考えられる。

▶この設問については，単語の結びつきからある程度の推測が可能である。

**7　正解は (D)**

▶選択肢の意味は以下の通り。

　(A)「〜を話す」　(B)「〜する限り」　(C)「〜を取る」　**(D)「例えば」**

▶下線部は，最終段第1文（This dilemma arises, …）の when there are two routes「経路が2つある時」に続く挿入句であることから，この2つの経路を仮にルート1，ルート0と名づけているのだと考えられる。

▶say は，挿入句として間投詞的に使うと，「例えば」という意味になることがあるので，(D)が最も適切である。

**8**　In other words, the worst case that we could possibly experience and yet still be winners would be to have 50 cars on our road including us, and 51 on the other road.

▶文頭の In other words「言い換えれば」は，文全体を修飾する副詞句である。続く the worst case「最悪の場合」が主部で，関係代名詞節の that we could possibly experience and yet still be winners「我々がことによると経験して，それでもまだ勝ち組でいられるかもしれない…」がこの主部を後置修飾している。

▶could possibly は「ことによると〜するかもしれない」という意味。

▶この文全体の述語動詞は would be で「〜だろう」となる。続く to have 以下は不定詞の名詞用法の補語で，「〜を持つこと」となる。

▶have の目的語が 50 cars（on our road including us,）と 51（on the other road）で「自分で選んだ道に自分たちを含めて50台の車があり，もう一方の道には51台の車がある」という意味になっている。

**9　正解は 91**

▶下線部の意味は「私たちが選んだ道路を 10 台しか通っておらず，もう一方の道路を（　　）台が通っているというのは明らかによい」となる。

▶最終段第 6 文（So if there …）以下は，車の総数が 101 台と仮定してのシミュレーションになっている。

▶したがって，自分と同じ道を使う車が 10 台なら，もう一方の道には 101 − 10 ＝ 91（台）の車が走っているはずである。よって正解は 91 となる。

**10　正解は (A)・(C)**

▶選択肢の意味と分析は以下の通り。

(A)「『どの経路を選ぶか』という問題を解決しづらいものにする変数はいくつもある」第 1 段第 4 文（Many of us …）にある our own past experiences「自分たち自身の過去の経験」や publicly available traffic information「公開されている交通情報」は，「どの経路を選ぶか」という問題を解きづらくする variables「変数」であると考えられる。よって(A)は本文の内容に合致している。

(B)「交通渋滞は，必ず交通事故が原因で引き起こされる」　第 3 段第 4 文（People tend to …）で，運転者がくしゃみをする時やラジオの選局を変える時や道端のものを見る時にも，車の速度を落とすので渋滞につながることがある，と述べられている。この部分に合致していないので不適。

(C)「交通システムは，複雑系のうち，日常的な例を示している」　交通システムは，第 4 段最終文（This is because …）に just like all complex systems「すべての複雑系と同様に」とあるように，複雑系の一つであると考えられている。このシステムを複雑系にしているのは，同段第 2 文（Drivers tend to …）にあるように，個々の運転者の意思決定である。さらに，第 1 段（Traffic can be …）では，「どの経路を選ぶか」という意思決定の問題は多くの人が経験する，と述べられており，この問題は日常生活にありがちでありふれた問題と捉えられていることがわかる。以上のことから，交通システムは複雑系であり，日常的に見られるものであると述べられていることになり，(C)はこの趣旨に合致している。

(D)「我々は，ラジオから公に手に入る情報を利用することで，交通渋滞を必ず避けることができる」　公の交通情報の利用については，第 1 段第 4 文（Many of us …）で述べられているが，これはあくまで判断材料の一つに過ぎず，「例外なく避けることができる」とは書かれていない。また，常識的に考えても，「必ず避ける」のは不可能である。よって，本文の内容に反している。

(E)「本文で示されたような問題は，日常生活において必ずしもありふれたものではない」　第 1 段第 4 文に many of us「我々の多くは」とあるように，本文の問題は比

較的よくある（ありふれた）例として紹介されている。よって(E)はこの趣旨に合致しておらず不適。

(F)「『どの経路を選ぶか』という問題の難しさと，職場と自宅の間にある経路の数の間には，負の相関関係がある」 negative correlation「負の相関関係」とは，ある2つのものの関係において，片方が増えればもう一方が減る，というように，反対の動きを示す場合を指す。本文の場合は，通勤経路の数が増えれば，それだけ問題は難しくなるはずなので，むしろ「正の相関関係」が存在すると考えた方が妥当である。よって本文の趣旨とは一致しない。

---

1 　車を運転する人は，運転経路について日々頭を悩ませており，多くの人が経験則や交通情報を利用して，他人よりうまく立ち回ろうとしていること。

2 　ア．distance　イ．route

3 　slower

4 　(B)

5 　(C)

6 　道路が混み合うことが原因で，人々が運転を不快なものに感じないでいられる上限の車の数。

7 　(D)

8 　つまり，我々がことによると経験する可能性がある最悪の場合で，それでもなお勝ち組であるというのは，自分を含む50台の車が自分たちの選んだ道を通り，51台が別の道を通った時である。

9 　91

10 　(A)・(C)

次の英文を読んで，下の問いに答えなさい。
（星印（＊）の付いた語には本文の後に注があります。）

When all else fails, read the operators' manual.

I routinely board very large airplanes without having the vaguest idea of how they work or how to fly them — I'm a passenger, and happy to ride along. But put me behind the wheel of the car, and I suddenly need to know a whole lot more. Is this car a manual or an automatic? Are mirrors adjusted right? Where is the switch for the headlights? Emergency brake, just in case? When I buy a new car, I actually do read the manual. And when the brakes went out on our car coming down the mountainside during my student days, knowing what to do was a distinct comfort in a tight situation.
(1)

I'm educated as a geologist. I have been an academic most of my professional life, but I worked for an oil company for a while and enjoyed both the money and the smart people doing interesting things there. My experience was similar to that of many geologists, who for more than a century have been getting good jobs to help people find valuable things in the Earth (oil, coal, diamonds, gold). Geologists also get jobs to help people avoid hazards (volcano! landslide!), and to be entertaining (dinosaurs!). Recently, however, we have been asked to take on another job.
(2)

I often have taught *geomorphology, the science of why Earth's surface looks the way it does, and the task has been getting harder. More and more, the processes that made Earth's landscape in the past are not the processes that
(3)
students observe today, because the main processes today are "us." We now move more rocks and dirt than nature does — all of the natural landsliding of hillsides and mud washing down rivers and dust blowing through the air are small compared to the work of our bulldozers and steam shovels. Many home gardeners in the suburbs are convinced that they have poor soil, and most of them are right. Digging a hole for a tomato plant then means tapping into a

mess of whatever came out to make room for the foundation or basement. A geomorphology student wanting to learn about natural soils may have difficulty, because most of the easy-to-visit soils have been so greatly disturbed by humans.

A reporter called recently and asked how long it would take Earth to "forget" humanity if we suddenly disappeared. In some sense, we are now unforgettable — the human-caused plant and animal extinctions have left a hole that will be filled over many millions of years by creatures who will be there because we have wiped out the competition. We have pumped oil and gas out of the ground that had been there for hundreds of millions of years, through holes that may not go away for additional hundreds of millions of years. The human "layer" of plastic and aluminum foil and heavy metals may be recognizable hundreds of millions of years from now.

In Greenland, I helped collect ice cores to learn the history of the atmosphere. The folks who study the trace chemicals in the ice can see the clear signal of mining of lead used to supply the plumbing of the Roman Empire. The post-Roman drop in lead level is followed by a rise beginning with the Industrial Revolution, a drop for *the Great Depression, a huge rise with the use of *leaded gasoline and paint after World War II, and then a great drop when we became concerned about lead poisoning and became serious about cleaning up. The lead will be in the ice for a long time if we don't melt it out, and our lead will persist in the muds of lakes and the sea floor even if we do melt the ice.

With the amount of stuff we use, and the amount of the world we occupy, we are no longer passengers napping in the back seat of the car. We are everywhere, and changing everything. Hence, many environmental scientists are now involved in figuring out what we are doing, how to operate a remarkably complex and involved Earth system, and how to make the ride as enjoyable as possible. This operators' manual is not finished yet although we know an amazing amount more than we did even a few years ago, with knowledge coming in rapidly. I am proud to have played a small part in this effort. But I'm also concerned that a lot of people, including some of those who are making laws, still think that they are sitting in the back of the car, looking out the window and enjoying the ride.

(注)

geomorphology：地形学

the Great Depression：大恐慌

leaded gasoline：加鉛ガソリン

1. 下線部(1)の理由として最も適切なものを，次の中から1つ選び，記号で答えなさい。

(A) Drivers need to be prepared for emergencies.

(B) Knowing the distinctions is essential.

(C) Manuals can make the ride more comfortable.

(D) Expert knowledge is rarely required.

2. 下線部(2)の another job が指すものを，次の中から1つ選び，記号で答えなさい。

(A) protecting Greenland

(B) teaching geomorphology

(C) working for an oil company

(D) preparing an operators' manual for Earth

3. 下線部(3)の指し示す内容として最も適切なものを，次の中から1つ選び，記号で答えなさい。

(A) Earth's surface has changed dramatically in recent years.

(B) The changes in Earth's landscape today are caused mostly by humans.

(C) The way we dominate the environment today is unprecedented in history.

(D) Earth's landscape is not what it was 30 years ago.

4. 下線部(4)の指し示す内容として最も適切なものを，次の中から1つ選び，記号で答えなさい。

(A) We cannot forget the way we have damaged Earth.

(B) We should not forget the way Earth was millions of years ago.

(C) It is hard to erase the human impact on the environment.

(D) We cannot afford to overlook environmental issues.

出典追記：Earth : The Operators' Manual by Richard B. Alley, W. W. Norton & Company Inc.

5. 下線部(5)の意味する内容として最も適切なものを，次の中から1つ選び，記号
で答えなさい。

(A) how to make human life safer and more comfortable on Earth

(B) how to make environmentally-friendly cars easier to operate

(C) how to build cars that are enjoyable for drivers as well as for passengers

(D) how to make the operators' manual easier to understand

6. 下のグラフに示したAとBで鉛の含有量が増加している背景を説明している
箇所を，本文中からそれぞれ7語以内の英語で抜き出して答えなさい。

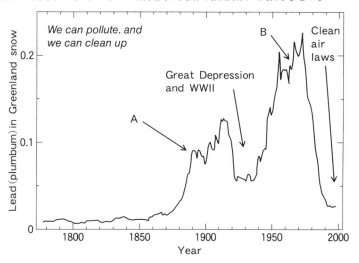

7. 本文の主張として最も適切なものを，次の中から1つ選び，記号で答えなさ
い。

(A) A good manual is essential for our safety and comfort.

(B) We need better knowledge of how the Earth system works.

(C) Geologists, not politicians, are protecting the Earth today.

(D) Politicians today are aware of the importance of protecting the
environment.

全　訳

## ■地球環境を守るために地質学者ができること

❶ 他のすべてがうまくいかない時は，操作マニュアルを見よ。

❷ 私はよく大型の飛行機に搭乗するが，飛行機の仕組みや，操縦法に関する知識は全く持ち合わせていない。私は乗客で，乗るだけで満足なのである。しかし，車の運転席に座ると，ずっと多くのことを知っている必要が，にわかに生じる。この車はマニュアル車か，あるいはオートマチックか，ミラーの位置は正しいか，ヘッドライトのスイッチはどこか，もしもの時のための緊急ブレーキは，というように。新しい車を買った時には，私は実際にマニュアルに目を通す。そして学生の頃，下りの山道で乗っていた車のブレーキが利かなくなった時は，困難な状況にあっても，対処法を知っていることで，心に大きな余裕を持てた。

❸ 私は専門の地質学者である。社会人としての大半は研究畑で過ごしているが，一時期石油会社で働いたことがあり，そこでは高い給与と，興味深い仕事に取り組む優秀な人々に恵まれた。私の経験は多くの地質学者と同様だった。つまり地質学者は1世紀以上の間，地中にある価値あるもの（石油，石炭，ダイヤ，金）を発見する手助けをする恵まれた仕事に就いているのである。また，地質学者は危険（火山や地滑り）を避けるのを助ける仕事や，楽しみ（恐竜）を与える仕事も得ている。しかし最近は，我々は別の仕事をするよう請われている。

❹ 私は地形学という，地球の表面がなぜ現在のような形状になったのかを研究する学問をしばしば教えてきたが，その作業はだんだんと困難になっている。過去において地形が形成された過程は，今日学生が目にする過程とはますます異なるものになっている。理由は，今日の主要な過程は「我々（人類）」だからである。現在我々は自然が動かすよりも多くの岩や土を動かしている。斜面で起きる自然の地滑り，川を流れる土砂，空気中を漂う塵を合わせても，我々がブルドーザーや蒸気ショベルを使って動かすものに比べると少ないのである。郊外に住む多くの家庭園芸家は，土壌が痩せていると考えているが，そのほとんどは正しい。トマトを植えるために穴を掘ると，それは家の基礎工事や地下室を作るために掘り出された寄せ集めの土を利用することになるからだ。自然な土壌について学ぶことを希望する地形学専攻の学生は，苦労をすることになるだろう。なぜなら，足を運びやすい土壌の大半は，人類によって激しく荒らされているからである。

❺ 最近ある取材記者が電話をよこし，もし我々が突然消滅したとすると，地球が人類のことを「忘れる」のにどれくらいの時間が必要かという質問をした。今日，ある意味で我々は忘れられない存在になっている。人間がもたらした動植物の絶滅

は，我々が競争相手を根絶やしにしてしまったことで，今後存在する生命が埋めるのに数百万年が必要な穴を残したのである。我々は数億年の間存在した地盤に穴を開け，石油やガスを地面から汲み上げたが，その穴がなくなるのに，さらに数億年がかかるかもしれない。プラスチック，アルミホイル，重金属からなる人類の「地層」は，数億年後にも識別されるだろう。

❻　グリーンランドでは，私は大気の歴史を知るために，氷床コアを集める作業の手伝いをした。氷に残された微量の化学物質を研究する人たちは，ローマ帝国の水道管敷設に使われた鉛の採掘の明らかなしるしを見ることができる。ローマ時代後に鉛含有量は低下し，続いて産業革命に伴って上昇し，大恐慌で落ち込み，第二次世界大戦後の加鉛ガソリンとペンキの使用によって急激に上昇し，その後我々が鉛中毒を懸念し，浄化に真剣に取り組んだ時に大きく低下している。我々が氷を溶かさなければ鉛はその中に長期間にわたって存在するし，もし氷を溶かしても，湖沼の泥や海底に残存するだろう。

❼　我々が消費する物の総量や，我々が占拠する世界の総面積を考えると，我々は車の後部座席でうたた寝をする同乗者ではあり得ない。我々は至る所に存在し，あらゆるものを変質させている。それゆえ，現在では多くの環境科学者が，我々の行動や，とてつもなく複雑で入り組んだ地球の仕組みをいかに操作すべきかということ，そしてそのドライブをできるだけ快適にする方策を解明する作業に取り組んでいる。我々は，急速に知見が深まる中で，ほんの数年前と比べても驚くほど多くのことを学んでいるが，それでもこの操作マニュアルはまだ完成していない。この努力の中で，小さな役割を担ったことを私は誇らしく思う。しかし同時に，一部の政治家を含む多くの人々が，いまだに車の後部座席にいると考えて，外を眺めながらドライブを楽しんでいることに対しては，懸念を持っている。

**各段落の要旨**

❶　他のすべてがうまくいかない時は，操作マニュアルを見よ。

❷　私は自動車の運転マニュアルを読むのだが，実際にそれが役に立ったことがある。

❸　これまでの地質学者の仕事は，資源を見つけたり危険を回避したり楽しみを与えたりすることであったが，最近は別の仕事も求められるようになった。

❹　現在の地球上の地形は，そのほとんどが人間の手による介入を受けており，自然のままの状態では残っていないので，私の専門の学問をやりにくくしている。

❺　動植物の絶滅や化学合成物質の発明など，人間が地球に及ぼした影響がなくなるまでには膨大な時間がかかるであろう。

❻　グリーンランドの氷床コアを調べると，人間の歴史の中で鉛の使用量が増減を繰り返してきたことがはっきりとわかる。

❼　我々が地球環境に与えている影響の大きさを考えると，現在は，後部座席でドライブを楽しむ時期ではない。環境科学者は，人類が読むべき地球の操作マニュアルを作成しているところである。

## 解　説

**1　正解は (A)**

▶選択肢の意味は以下の通り。

(A)「運転者は，非常事態に備えなければならない」

(B)「その区別を知ることは，不可欠である」

(C)「マニュアルのおかげで，乗車がより快適になることもある」

(D)「専門知識が必要になることはめったにない」

▶下線部の意味は「困難な状況にあっても，何をすればよいかを知っていることは，疑いのない安心であった」となる。

▶安心感を持てたのは，第2段第2～7文（But put me … read the manual.）にあるように，車の仕組みや状態について熟知していたからである。この趣旨に合致しているのは(A)である。

**2　正解は (D)**

▶選択肢の意味は以下の通り。

(A)「グリーンランドを守ること」　(B)「地形学を教えること」

(C)「石油会社で働くこと」　(D)「地球のための操作マニュアルを用意すること」

▶当該文の意味からわかるように，another job「別の仕事」とは，近年になって地質学者が取り組むように請われている仕事のことである。

▶具体的な仕事の内容はすぐに出てくるわけではなく，最終段第3文（Hence, many environmental …）で「現在では多くの環境科学者が，我々の行動や，とてつもなく複雑で入り組んだ地球の仕組みをいかにして操作すべきかということ，そしてそのドライブをできるだけ快適にする方策を解明する作業に取り組んでいる」と述べられているのが参照箇所である。この趣旨に合致しているのは(D)である。

[語句]　figure out「～を理解する，解明する」　後続の what we are …，how to operate …，and how to make … はいずれも figure out の目的語である。

**3　正解は (B)**

▶選択肢の意味は以下の通り。

(A)「近年，地球の表面は大きく変わった」

(B)「今日における地球の風景の変化は，主に人類によってもたらされている」

(C)「今日のように，我々が地球の環境を支配したことは，有史以来である」

(D)「地球の風景は，30年前とは違う」

▶下線部の意味は，「過去において地形が形成された過程は，今日学生が目にする過

程とはますます異なるものになっている。今日の主要な過程は『我々（人類)』だからである」となる。この内容に合致しているのは(B)である。

[語句]　下線部に2回出てくる that はいずれも the processes を先行詞とする関係代名詞。1つ目は主格，2つ目は目的格である。

## 4　正解は (C)

▶選択肢の意味は以下の通り。

(A)「我々は，どのようにして地球を傷つけたかを，忘れてはならない」

(B)「我々は，地球が数百万年前にどのような様子だったのかを，忘れるべきではない」

(C)「環境に対して人類がもたらした影響を消し去るのは難しい」

(D)「我々には，環境問題を見過ごす余裕はない」

▶下線部の意味は「我々（人間）は今や忘れられない存在だ」となる。これが意味しているのは，第5段にある，人類が地球に与えた影響が消えるまでには数百万年から数億年かかる，といった内容である。よって最も適切なのは(C)である。

[語句]　hundreds of millions of years「数億年」

## 5　正解は (A)

▶選択肢の意味は以下の通り。

(A)「地球上での人類の生活を，より安全で快適にするための方法」

(B)「環境に優しい車を運転しやすくするための方法」

(C)「同乗者に加えて，運転者にとっても楽しい車を作るための方法」

(D)「操作マニュアルを理解しやすくするための方法」

▶下線部の意味は「そのドライブをできるだけ快適にする方策」となる。当該文は，多くの環境科学者が今日地球の環境を守るために行っている仕事について述べている。地球を乗り物に，人類の生活をドライブに喩えた比喩表現になっているので，直接的・具体的に説明している(A)が最も適切である。(B)と(C)は，実際に車を運転することを想定しているので不適。操作マニュアルそのものの話でもないので(D)も不適。

## 6　正解は A. the Industrial Revolution　B. the use of leaded gasoline and paint

▶グラフの内容を説明している記述は第6段にある。1870年以降の鉛の使用増加に関しては，第3文（The post-Roman drop …）で the Industrial Revolution「産業革命」と the use of leaded gasoline and paint after World War II「第二次世界大

戦後の加鉛ガソリンとペンキの使用」が紹介されている。

語句　lead「鉛」（発音は［led］）　plumbing「配管設備」

▶ the Great Depression「大恐慌」による落ち込みに先立つＡの増加は，年代的に見て the Industrial Revolution であると考えられる。

▶ また，第二次世界大戦後の増加は，the use of leaded gasoline and paint であることがわかる。この２つを答えればよい。

## 7　正解は ⒝

▶ 選択肢の意味と分析は以下の通り。

⒜「良いマニュアルは，安全と快適さに不可欠である」　本文での「マニュアル」はやや比喩的な表現で，地球の環境問題を解決するための方策を指したものである。マニュアルについての一般論では，この真意が示されていないので不適である。

⒝「我々は，地球の仕組みについてより深く知る必要がある」　本文は，車の仕組みや現状について深く知ることで車を安全に運転でき，万が一の場合にも対処が可能になるという話から始め，地質学者の立場から，地球の環境が荒らされている現状を憂い，地球のことをよく知り生活することの大切さを説いている。⒝は本文のこの主張に合致している。

⒞「今日では，政治家ではなく地質学者が地球を守っている」　最終段最終文（But I'm also …）に those who are making laws「法律を作っている人々」という表現で政治家が登場するが，彼らが地球を守っていないとは述べられておらず，また地質学者が守っているという明確な記述もない。よって不適である。

⒟「今日の政治家は，環境保護の大切さに気がついている」　第３段最終文（Recently, however, …）の内容から，地質学者に（地球環境の保護に関する）仕事を頼むのは誰か？　と考えると「気がついている」政治家がいることは推測できるが，選択肢の内容は現代の政治家一般について述べており，正しくない。また，最終段最終文にあるように，一部政治家を含めて，皆がのんきな様子なのを懸念しているというのが本文の主張である。

1 (A)

2 (D)

3 (B)

4 (C)

5 (A)

6 A．the Industrial Revolution

 B．the use of leaded gasoline and paint

7 (B)

解 答

# 28

次の英文が完成した文章になるように，空所に入る語句を(A)から(L)の中から選び，記号で答えなさい。同じ記号を二度使ってはいけません。（ただし文頭に来る場合でも，選択肢では小文字で始めています。）

Advertising has grown to be an industry worth many billions of dollars across the world. （　ア　） public space has some advertisements in view and all forms of media, from newspapers to the internet, are （　イ　） filled with advertisements. （　ウ　） it helps consumers learn what is on offer, it is beneficial. （　エ　）, excessive amounts of advertising can be harmful. It makes people want （　オ　）, or want things they cannot have. （　カ　）, some try to make people feel inferior if they don't have the product. Research shows that children can be （　キ　） open to risks （　ク　） these. （　ケ　）, many believe that advertisements can do more harm （　コ　） good.

(A) almost all　　(B) also　　(C) as long as　　(D) by comparison

(E) furthermore　(F) however　(G) on the contrary　(H) particularly

(I) such as　　　(J) than　　(K) therefore　　(L) too much

## 全 訳

### ■広告による弊害について

広告業は世界的には数十億ドル規模の産業に成長した。ほとんどすべての公共スペースには何らかの広告が見られるし，新聞からインターネットまでに及ぶすべての種類のメディアも同様に広告で埋め尽くされている。広告は，何が売られているのかを消費者が知る助けをしている限りは，有用である。しかし，過剰な量の広告は，有害にもなる。それによって人々は，必要以上のものや，あるいは持つことのできないものを求めるようになるからである。さらには，ある製品を持たないことで人々に劣等感を抱かせるような広告も存在する。ある研究によれば，子供は特にこれらのような危険にさらされやすい。したがって，広告は利益よりも弊害の方が大きいと考える人は多い。

**要旨** 広告業は数十億ドル規模の産業に成長を遂げた。広告は，消費者が商品のことを知る手助けをするためのものであるべきで，消費者に必要以上に欲求を抱かせたり，劣等感を感じさせたりするような広告は有害と言うべきである。

## 解 説

**ア 正解は (A)**

▶第1文では広告業が大産業に成長した事実が紹介されている。第2文は，英語の抽象→具体という展開に従って，その現状を具体的に述べている。

▶文法的には public space を修飾する形容詞句が入るはずで，候補として考えられるのは(A)「ほとんどすべての」か(L)「過剰な」だが，too much には否定的なニュアンスがあるのに対して，前文にそのような含みはない。この1文目から2文目への流れでは，(A)の方が適切である。

**イ 正解は (B)**

▶第2文の内容は，公共スペースに加えて，各種メディア「も同様に」広告に占められている，という内容であると考えると文意が通る。よって(B)「〜も」が正解。

**ウ 正解は (C)**

▶第3文の形から，空所には従属節を導く接続詞が入ると考えられる。条件に合うのは(C)「〜する限りは」で，これならば文意が通る。

**エ 正解は (F)**

▶第3文では広告が有益であると述べられているが，空所を挟んだ第4文では有害にもなり得るとある。相反する趣旨をつなぐには，逆接の意味を持つ(F)「しかしなが

ら」が適切である。

**オ　正解は (L)**

▶空所がある第5文は，第4文に続いて，広告が有害になる場合について述べている。

▶文法的には want の目的語となる名詞相当語句が入ると考えられる。よって(L)「あまりにもたくさん（のもの）」が正解。

**カ　正解は (E)**

▶空所のある第6文は，第5文に続けて，広告が有害な事例を追加している。よって情報の追加を意味する(E)「さらには」が最も適切である。

**キ　正解は (H)**

▶第5・6文では，有害な広告の被害者は people だったが，第7文ではもっと限定されて children になっている。よって(H)「特に」がふさわしい。

**ク　正解は (I)**

▶空所直後の these は，第5・6文にある，広告の危険性を指している。これらは空所直前の risks の具体例と考えられるので，(I)「～のような」を補うとうまくつながる。

**ケ　正解は (K)**

▶第4～7文までの，広告の持つ危険性を考えた上で導かれる帰結を述べているので，(K)「したがって」が最も適切である。

**コ　正解は (J)**

▶直前に比較級 more があることから，比較の文で併用される(J)「～よりも」が候補となり，意味も「利益を与える以上に害をもたらす」となって成立する。

ア―(A)　イ―(B)　ウ―(C)　エ―(F)　オ―(L)
カ―(E)　キ―(H)　ク―(I)　ケ―(K)　コ―(J)

# 29

次の英文を読んで，下の問いに答えなさい。

（星印（＊）の付いた語には本文の後に注があります。）

 Who would have thought that the package of notecards my mother gave me
(1)
for my tenth birthday would have been one of the most valuable gifts I have ever
received? They were light blue and said "Tina" in block letters on the top. At
that age my mother taught me how to write a thank-you note and how important
they are. She couldn't have been more correct. （ 2 ）, as I grew up and
ultimately entered the work world, I often tried to recall my mother, who always
seemed to know what to do in social settings. But the importance of writing
thank-you notes remains one of her most valuable lessons.

 Showing appreciation for the things others do for you has a great effect
（ イ ）how you're perceived. Keep in mind that everything someone does for
you has an opportunity cost. That means if someone takes time out of his or her
(3)
day to attend to you, there's something they haven't done for themselves or for
someone else. It's easy to fool yourself into thinking your request is small. But
when someone is busy there are no small requests. They have to stop what
they're doing, focus（ イ ）your request, and take the time to respond. With
that in mind, there is never a time when you shouldn't thank someone for doing
something for you. （ 2 ）, assume a thank-you note is in order, and look at
situations in which you don't send one as the exception. Because so few people
actually do this (unfortunately), you will certainly stand out from the crowd.

 Some of the other little things that make a big difference in your life are
simple, while others are more challenging. Some are intuitive and others
surprising. Some are taught in schools but most are not. Over the years I've
stumbled many times by not understanding these "little things."

 First and foremost, remember that there are only fifty people in the world.
(4)

Of course, this isn't true literally. But it often feels that way because you're likely to bump into people you know, or people who know the people you know, all over the world. The person sitting next to you might become your boss, your employee, your customer, or your sister-in-law. Over the course of your life, the same people will quite likely play many different roles. I've had many occasions where individuals who were once my superiors later came to me for help, and I've found myself going to people who were once my subordinates for guidance. The roles we play continue to change in surprising ways over time, and you will be amazed by the people who keep showing up in your life.

Because we live ( 口 ) such a small world, it really is important not to burn bridges, no matter how tempted you might be. You aren't going to like everyone and everyone isn't going to like you, but there's no need to make enemies. For example, when you look ( 八 ) your next job, it's quite likely that the person interviewing you will know someone you know. In this way your reputation precedes you everywhere you go. This is beneficial when you have a great reputation, but harmful when your reputation is damaged.

I've seen the following scenario play out <u>innumerable</u> times. Imagine you're
(5)
interviewing for a job that has dozens of candidates. The interview goes well and you appear to be a great match ( 八 ) the position. During the meeting, the interviewer looks at your resume* and realizes that you used to work with an old friend of hers. After the interview, she makes a quick call to her friend to ask about you. A casual comment from her friend about your past performance can seal the deal or cut you off at the knees. ( 口 ) many cases you will believe the job was in the bag, right before you receive a rejection letter. You'll never know what hit you.

Essentially, your reputation is your most valuable asset ─ so guard it well. But don't be terribly upset if you make some mistakes along the way. With time it is possible to repair a stained reputation. Over the years I've come up with a metaphor that has helped me put this in perspective: every experience you have with someone else is like a drop of water falling into a pool. As your experiences

with that person grow, the drops accumulate and the pool deepens. Positive interactions are clear drops of water and negative interactions are red drops of water. But they aren't equal. That is, a number of clear drops can dilute* one red drop, and that number differs for different people. Those who are very forgiving only need a few positive experiences — clear drops — to dilute* a bad experience, while those who are less forgiving need a lot more to wash away the red. Also, for most people the pool drains slowly. As a result, we tend to pay attention to the experiences that have happened most recently, as opposed to those that happened a long time ago. This metaphor implies that if you have a large reserve of positive experiences with someone, then one red drop is hardly noticed. It's like putting a drop of red ink into the ocean. But if you don't know a person well, one bad experience stains the pool bright red. You can wash away negative interactions by flooding the pool with positive interactions until the red drops fade, but the deeper the red, the more work you have to do to clean the
(6)
pool. I've found that sometimes the pool color never clears; when that happens, it's time to stop interacting with that particular person.

(注)

    resume: a brief account of your personal details, education, and the jobs you
        have had

    dilute: weaken, lessen, thin out

1. 下線部(1)を日本語に訳しなさい。

2. 空所( 2 )には同じ語句が入ります。最も適切な語句を次の中から1つ選
  び，記号で答えなさい。

(A)  By the way        (B)  However

(C)  In fact            (D)  On the other hand

出典追記：What I Wish I Knew When I Was 20 by Tina Seelig, HarperCollins Publishers

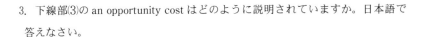

3. 下線部(3)の an opportunity cost はどのように説明されていますか。日本語で答えなさい。

4. 筆者が下線部(4)のように言う根拠について、それを最も適切に言い表しているものを、次の中から1つ選び、記号で答えなさい。

(A) The author knows only fifty people in her life.

(B) You might cross paths with the same people many times in your life.

(C) You tend not to run into the same people in your life.

(D) The number of people who help you in your life is small.

5. 下線部(5)の innumerable の意味として最も適切なものを、次の中から1つ選び、記号で答えなさい。

(A) a few　　　(B) countless　　　(C) few　　　(D) several

6. 下線部(6)を日本語に訳しなさい。その際、the red と the pool の表す内容を具体的に示すこと。

7. 空所( イ )( ロ )( ハ )には、それぞれ共通する1語が入ります。それぞれに入る最も適切な1語を次の中から選び、記号で答えなさい。ただし、同じものを二度選んではいけません。(本文中で文頭に来る場合でも、選択肢では小文字で始めています。)

(A) at　　　(B) for　　　(C) in　　　(D) of

(E) off　　　(F) on　　　(G) over

8. 次の中から、本文の内容と合っているものを3つ選び、選択肢の順に記号で答えなさい。

(A) The author completely realized the significance of her mother's lesson even before she grew up.

(B) When you are sacrificing yourself to help someone, in most cases he or she realizes it and expresses his/her gratitude.

(C)　The author believes that people who once were enemies can be friends in the future.

(D)　When you fail to get a job which you thought was already yours, it is possible that someone who knew you spoke about your bad reputation to the employers.

(E)　You always need a lot of good experiences to wipe out a bad one.

(F)　You should avoid a person only after you try to get along with that person and fail.

## 全　訳

## ■人付き合いにおいて大切なこと

❶　(1)私の 10 歳の誕生日に母がくれたひと袋のメモ付きカードが，私が今までにもらった贈り物の中で最も大切な物の一つだったのだろうと思った人は，果たしているだろうか。カードは明るい青色で，一番上に「ティナへ」とブロック体で書いてあった。その年齢の頃に，母は私にお礼状の書き方と，お礼状がいかに大切かということを教えてくれた。母はこの上ないほど正しかった。実際に，大人になって最終的に社会に出てから，私はしばしば母の話を思い出そうとした。母は社会生活ですべきことを，いつもわかっていたように思えたのだ。しかし，お礼状を書くことの大切さは，今なお最も貴重な母の教えの一つである。

❷　他人が自分のためにしてくれたことに対して感謝の意を表すことは，自分がどう見られるかということに大きな影響を及ぼす。他人があなたにしてくれることには，すべて機会費用がかかっていることを忘れてはいけない。つまり，誰かが自分の時間を割いてあなたの面倒をみてくれたとすると，その人には，自分自身や，誰か他の人のためにできなかったことがあるのだ。自分を欺いて頼みごとは些細なことだったと考えるのは簡単だ。しかし，忙しい人にとっては，些細な頼みごとなどは存在しない。自分のしていたことを中断して，あなたの頼みごとに取り組み，それに応えるために時間を取らねばならないのである。そのことが頭にあれば，あなたのために何かをしてくれた人に対して感謝する必要がない場合などは存在しない。実際には，お礼状を出すことがふさわしく，お礼状を送らない状況を例外だと考えなさい。（残念なことだが）現実には，そうする人は非常に少ないので，大勢の人の中であなたが際立つのは間違いないであろう。

❸　人生において，大きな違いを生み出す些細なことの中には容易なこともあるが，その一方で大変なこともある。直感的なこともあるが，予想外のこともある。学校で習うこともあるが，多くの場合はそうではない。長年にわたって，私はこういった「些細なこと」がわからずに，何度もつまずいてきた。

❹　何よりもまず，世の中には 50 人しかいないことを忘れてはならない。もちろん，これは文字通りには正しくない。しかし，このように感じられることが多いのは，世界のどこにいても，自分の知り合いや，知り合いの知り合いとばったり出会うことが多いからである。あなたの隣に座っている人が，上司や，従業員や，顧客や，義理の姉妹になるかもしれない。一生の中で，同じ人間が異なる役割を演ずることは非常によくあることである。私は，かつて上司だった人が私のところに助けを求めてきたり，私自身がかつて自分の部下だった人のところへ教えを請いに行ったり

したことが何度もあった。時がたてば我々が演ずる役割は驚くほど変わっていくし，あなたの人生に何度も登場する人々に驚くことになるだろう。

❺　我々は，かくも狭い世界に住んでいるので，たとえどんなにそうしたい衝動に駆られても後戻りできない状況を作らないことが本当に大切である。出会う人すべてを好きになることはないだろうし，出会う人皆があなたを気に入ることはないだろう。しかし，敵を作る必要はない。たとえば，次の仕事を探す時に，あなたの面接をする人があなたの知り合いを知っている，ということは大いにあり得る。このように，あなたの評判はどこへ行ってもあなたの先を行くのである。このことは，あなたの評判がよければ有利に働くが，評判が悪い場合には不利に働くことになる。

❻　私は，以下に述べるようなシナリオが演じられるのを数え切れないほど見てきた。あなたが何十人もの応募者がいる勤め口の面接を受けているとしよう。面接はうまくいき，あなたはその仕事にぴったりの人物のようである。面接の最中に，面接官があなたの履歴書を見て，あなたがかつて面接官の古くからの友人と働いていたことに気づく。面接の後，彼女はその友人にすぐに電話をかけ，あなたについて尋ねる。あなたの過去の業績に関する彼女の友人からの何気ない言葉が，就職を確かなものにするかもしれないし，逆に望みを断ち切ってしまうかもしれないのだ。多くの場合，不採用の通知を受け取る直前までは，その仕事をものにしたと思っている。あなたは何が悪かったのか決してわからないのである。

❼　本質的に，評判は最も大切な財産である。だから，それをしっかりと守りなさい。しかし，この先失敗することがあっても，過度に動揺してはいけない。時間とともに，傷ついた評判を回復させることは可能である。長い年月を経て，私はこのことを大局的に表現するのに役立つ比喩を作り出した。他人と共にした経験は，すべて池に落ちゆく水滴のようなものである。その人物との経験が増えるにつれ，水滴はたまり，池は深くなる。プラスの関わり合いは透明な水滴で，マイナスの関わり合いは赤い水滴である。ただし，これらの水滴は等しいものではない。つまり，透明な水滴がたくさんあれば一滴の赤い水滴を薄めることは可能であり，その数は人によって様々である。非常に寛大な人なら，マイナスの経験を薄めるために，ほんのいくつかのプラスの経験，つまり透明な水滴しか必要としない。一方で，あまり寛大でない人の場合は，赤い水滴を洗い流すのに，ずっと多くの透明な水滴を必要とする。同様に，多くの人にとって，池はゆっくりと排水されていくのである。その結果，我々は，昔に起きたことではなく，最も直近に起きたことに注意を向けがちになる。この比喩の言わんとすることは，もしあなたがプラスの経験を他人との間にたくさん蓄えていれば，ひとしずくの赤い水滴にはほとんど気がつかないということである。これは赤インクを一滴，大海に落とすようなものである。しかし，あなたがその人のことをよく知らなかったら，一つの悪い経験が，池を真っ赤に染

めることになるのだ。赤い水滴が薄れるまでプラスの経験で池をあふれさせることによって，マイナスの関わりを洗い流すことは可能である。しかし，赤が深ければ深いほど，その分だけ多く池をきれいにするために働かなければならない。私は，池の色がきれいになることは決してないと思ったことが幾度かあった。そう思った時が，その人物との関わりをやめる時なのである。

**各段落の要旨**

❶ 私が10歳の頃，母は人生で最も重要なことを一つ教えてくれた。それは礼状を書くことの大切さである。

❷ 他人が自分のためにしてくれたことには，必ず時間や手間がかかっており，そのために犠牲にされた物事がある。感謝の必要がないということはあり得ない。

❸ 私の人生の中で，違いを生み出す「些細なこと」を理解するのは困難であった。

❹ 自分の周囲の人との関係は，不変ではなく大きく変わる可能性がある。

❺ 自分に対する評判が先を行くので，敵を作らない努力は必要である。

❻ 一例を挙げる。就職の面接で，面接官があなたの以前の同僚の知り合いであり，その人からの情報で合否が決まってしまうこともあるのだ。

❼ 良い評判を築き上げることは，池の水を透明にしていく作業のようなものである。ある人とプラスの経験を積み上げれば水は透明に近づき，マイナスの経験があればどんどん濁っていく。

---

**解 説**

1　Who would have thought that the package of notecards my mother gave me for my tenth birthday would have been one of the most valuable gifts I have ever received?

▶ Who would have thought …? の would は推量の助動詞。動詞の部分が have thought と完了形になっており，過去についての推量である。疑問文の形なので，訳は「…と誰が思っただろうか」となるが，意味的には「誰も思わなかっただろう」の反語的な意味を含んでいることを押さえておきたい。

▶ that 節内の主部は the package of notecards，述語動詞は would have been で過去の推量「～だったのだろう」の意味。さらに，my mother … birthday は主部を後置修飾する形容詞節である。

▶ a package of ～ は「一包みの～」という意味で，notecard は手紙を書くための二つ折りのカードのことである。one of the＋最上級＋名詞の複数形＋I have ever *done* は「私が今までに…した中で最も～な（名詞）の一つ」となる。

**2　正解は ©**

▶選択肢の意味は以下の通り。

　(A)「ところで」　(B)「しかしながら」

　© 「実際に，実際には」　(D)「これに対して」

▶1つ目の空所の直前の文（She couldn't have …）は，直訳すると「彼女はこれ以上正しくなることはできなかった」となるので，つまりは「母はこの上なく正しかった」という意味である。

▶空所に続く部分では，筆者が社会に出てからも母親の話を思い出そうとした，という内容が述べられており，前文の母親の正しさを具体的に説明している。

▶つまり，前文と当該文との関係は，(A)「転換」でも(B)「逆接」でも(D)「対比」でもなく，©「補強」となる。

▶2つ目の空所についても，前文（With that in …）で，他人がしてくれた行為に対してお礼を述べなくてよい状況はないとあり，当該文でもお礼を言うことの大切さを，表現を変えて繰り返しているので，やはり「補強」と考えてよい。あるいは「さらに言えば」の意味で「強調」とも捉えられる。

**3**　▶下線部の意味は「機会費用」となるが，これは経済学用語で「ある行動を選ぶことで失う，他の行動を選んでいたら得られたはずの潜在的利益」のことである。

▶この意味については，直後の文（That means …）で「それは…という意味である」と説明されているので，この部分をまとめる。

語句　attend to *A*（人）「*A*（人）に対応する」

**4　正解は (B)**

▶選択肢の意味は以下の通り。

　(A)「筆者は人生を通じて，50人しか知り合いがいない」

　(B)「人生の中で，同じ人と何度も出会うかもしれない」

　(C)「人生においては，同じ人とばったり出会うことはあまりない」

　(D)「生きていく中で，あなたを助けてくれる人の数は少ない」

▶下線部の意味は「世の中には50人しかいない」となるが，これはもちろん比喩的な表現である。

▶筆者の真意は第4段第3文（But it often …）の because you're likely 以下で端的に述べられている。

▶また，同段第4・5文（The person … different roles.）と最終文（The roles we …）にも説明がある。

▶つまり，人生を通じて，同じ人間と異なる場所で異なる関係を持つことがよくある，

という趣旨なので，これに最も近いのは(B)である。

▶(A)は第4段第2文（Of course, this …）の「もちろんこれは正しくない」に，(C)は同段最終文の「あなたの人生に何度も登場する」に反するので不適。また，(D)についての記述はない。

[語句] over time「時がたてば」

## 5　正解は (B)

▶選択肢の意味は以下の通り。

　(A)「少しの」　(B)「数えきれない」　(C)「ほとんどない」　(D)「いくつかの」

▶ innumerable は「数えきれないほどの，無数の」という意味の形容詞。これとほぼ同じ意味を持つのは(B)の countless である。

▶下線部の意味を知らない場合でも，推測は可能である。第6段で紹介されているのは，第5段第2文（You aren't going …）の there's no need to make enemies「敵を作る必要はない」理由を示す典型的事例である。わざわざ具体例を挙げていることから，innumerable は数が多いことを表す語であろうと考えられるからである。

[語句] play out「展開する」

## 6　the deeper the red, the more work you have to do to clean the pool

▶下線部の構文は，the＋比較級 〜，the＋比較級 …「〜すればするほど，（その分だけ余計に）…する」である。

▶下線部を直訳すると「赤が深ければ深いほど，池をきれいにするためにはその分だけたくさん働かなければならない」となるが，解答では「赤」と「池」が何を表しているかを具体的に示す必要がある。

▶ the red は最終段第6文（Positive interactions are …）にある negative interactions are red drops of water「マイナスの関わり合いは赤い水滴」から，「他人との好ましくない関わり合い」のことであるとわかる。

▶また，the pool は同段第4文（Over the years …）の every experience you have with someone else is like a drop of water falling into a pool「他人と共にした経験は，すべて池に落ちゆく水滴のようなものである」という部分から，「その人物との人間関係」のことであると考えられる。この内容を解答に反映させればよい。

[語句] metaphor「比喩」　put A in perspective「A を大局的に見る」

## 7　イ　正解は (F)

▶1つ目は have a 〜 effect on …「…に〜な影響を及ぼす」，2つ目は focus on … で「…に重点的に取り組む」という表現が成立するので，(F)の on が入る。

□　正解は (C)

▶ 1つ目は in such a small world「かくも小さな世界に」，2つ目は in many cases 「多くの場合」という表現になるので，(C) in が正解。それぞれ world, cases とのコロケーションを考えればよい。

ハ　正解は (B)

▶ 1つ目は look for ～「～を探す」，2つ目は be a match for ～「～に合う」という表現が成り立つので，(B) for が正解。

語句　burn (one's) bridges「後戻りできない状況を作る」 in the bag「（勝利・成功などが）確実で」


**8　正解は (C)・(D)・(F)**

▶選択肢の意味と分析は以下の通り。

(A)「筆者は，母親の教えの重要性に，大人になる前から気づいていた」 第1段第5文（( 2 ), as I…）に，「大人になって社会に出てから，私はしばしば母の話を思い出そうとした」とあることから，筆者が母親の教えの重要性を本当に理解し始めたのは大人になってからであったと考えられる。よって本文の内容と一致しない。

(B)「自分を犠牲にして他人を助けると，たいていの場合その人はそのことに気づいて感謝の意を表す」 第2段最終文（Because so few…）に，「そうする（＝他人のしてくれたことに対して謝意を示す手紙を送る）人は非常に少ないので」とあるので，この趣旨に合致していない。

(C)「筆者は，かつて敵だった人と先々友人になることはあり得ると思っている」 第4段第5文（Over the course…）に「一生の中で，同じ人間が異なる役割を演じることは非常によくあることだ」とあり，昨日の敵は今日の友，という状況が生まれることも十分に考えられる。よって本文の趣旨に合致している。

(D)「間違いなく勝ち取ったと思った仕事を得られなかった時は，あなたの知り合いの誰かが，雇い主にあなたの悪い評判を吹き込んだため，ということがあり得る」 第6段で紹介されている事例の内容と一致している。

(E)「悪い評判を打ち消すためには，常にたくさんの良い経験が必要になる」 最終段第7・8文（But they aren't … for different people.）に，悪い経験を打ち消すために必要な良い経験の量は人によって異なる，とあるので，常にたくさん必要なわけではなく不適。

(F)「誰かを避けるのは，その人とうまくやろうとして失敗した時だけにすべきである」 最終段最終文（I've found that…）に「池の水がきれいにならない時は，その人との関わりをやめる時である」とある。前文（You can wash…）からの流れより，これは関係を良くしようと努力した後のことと考えられるので，この趣旨に

合致している。

1　私の 10 歳の誕生日に母がくれたひと袋のメモ付きカードが，私が今までに
　もらった贈り物の中で最も大切な物の一つだったのだろうと思った人は，果た
　しているだろうか。
2　(C)
3　誰かがあなたのために時間を割いてあることをした場合，その人は自分自身
　や他の人のためにできたはずのことを犠牲にしているということ。
4　(B)
5　(B)
6　ある人との好ましくない関わり合いが多くなるほど，いい関係をもつために，
　その分だけ多くの労力を割かねばならない
7　イ―(F)　ロ―(C)　ハ―(B)
8　(C)・(D)・(F)

解答

# 30

次の英文を読んで，下の問いに答えなさい。

（星印（＊）の付いた語には本文の後に注があります。）

　　Until quite recently, zero was not much thought of in the history of ideas. It is quite literally nothing and so doesn't draw attention to itself. Moreover, zero seems to be so self-evident, as obvious as 1, 2, 3, and any other number, that it hardly qualifies as an idea. In fact, it's very（　1　）obvious. Its discovery was slow and painful and science historians have just begun to acknowledge what a crucial breakthrough the finding of zero was.
(a)

　　When numbers were first developed in the ancient world, there was no need for zero. People needed numbers to know how many cows they had, or how many bags of grain they owed to the tax collector. They didn't need a number to know they didn't have any cows and that they didn't have to pay any tax. And
(2)
yet there is a problem with a number system that doesn't have zero.

　　Nowadays, we use zero in two ways. One is as the number zero: the number nothing, the number exactly half way between −1 and +1. The other is as a 'place-holder'. It's the zero we put on the end of a number to indicate whether
(3)
it's a ten, a hundred, a thousand or so on; it's how you tell the difference between 10, 100, and 1,000. Our system is called a base ten system, since the steps are marked in multiples of ten, and the number of zeros marks the number of multiples of ten in the absence of other numbers. It was as a place-holder that zero made its first tentative appearance.

　　The Egyptians and Greeks didn't have a place-holder. The Egyptians had different symbols for single digits (a vertical line), multiples of ten (an inverted U sign), and multiples of one hundred (a spiral). This was cumbersome even for
(b)
quite small numbers. 999, for instance, would need 27 symbols — 9 spirals, 9 Us,
(4)
and 9 lines. The Greeks were slightly smarter, since they used different letters for each multiple, rather than simply repeating them. But this was still quite

cumbersome and there was a limit to the biggest number they could have. Moreover, it was hard doing arithmetic with them.

The Babylonians used a number system that worked, in some ways, like an abacus*, making calculations easier. But instead of being based on ten like our numbers, their system was based on 60, which means the numbers went in (ア)                    (イ)
multiples of 60. Initially, they could only tell which multiple it was ─ whether it (ウ)
was, say, 1, 60, or 3,600 ─ by the context, since they were all indicated by the same single mark. Then they started adding little checkmarks to indicate which (エ)
it was ─ in other words, place-holders.

It seems strange then that the Greeks, with all their mathematical skills, didn't adopt the zero. Yet still, there was a more basic problem with zero. It would have upset the arithmetic logic which the Greek mathematicians were so brilliantly constructing. Add any number to itself enough times, Archimedes* reasoned, for instance, and it will exceed any other number. That's not so with zero. Similarly, if you multiply one number by another, you only have to reverse the process to get back to the originals. So 6 times 3 = 18 and 18 divided by 3 = 6. But zero throws this out too. 6 times 0 = 0, yet 0 divided by 6 is not 6, it (5)
is 0. And that's just the beginning of the problems with zero. It seems to imply that the whole logic of arithmetic has faults. No wonder the Greeks chose to ignore it.
(6)
In India, however, they had no such problems, because, after working with the Greek numbering system, they switched to a system that was like that of the (7)
Babylonians, only based on the Greek 10, not the Babylonian 60. It's not clear exactly when it first appeared, but by the seventh century, if not earlier, the Indians were using a dot as a place-holder, so 10 would be written '1.' and 100, '1..'. What was good about this system was that it allowed the Indians to make calculations very rapidly, in the same way in which we are taught to multiply and divide things at school.

It also freed the Indians to see numbers in abstract arithmetic terms rather than the geometric terms which the Greeks did. The Greeks would have had trouble taking 3 acres from a 2-acre field because that made no sense; but the Indian mathematicians were comfortable taking 3 from 2 and getting (   8   ). With negative numbers in place, zero as a number was a logical arrival, slotting in between $-1$ and $+1$. Brahmagupta, a brilliant Indian mathematician known as the Father of Zero, noted some key properties of zero, such as: 'When zero is added to a number or subtracted from a number, the number remains unchanged; and a number multiplied by zero becomes zero.'

（注）

　abacus: そろばん

　Archimedes: アルキメデス（古代ギリシアの数学者．物理学者）

1. 空所(   1   )に入る最も適切な語句を，次の中から1つ選び，記号で答えなさい。

(A)　apart from 　　　(B)　aside from 　　　(C)　close to

(D)　far from 　　　(E)　further from 　　　(F)　near to

2. 下線部(2)を日本語に訳しなさい。

3. 下線部(3)の place-holder はどのように説明されていますか。日本語で答えなさい。

4. エジプト人は 637 という数字を表すのに，いくつの記号を必要としましたか。下線部(4)を参考にして数字で答えなさい。

5. 下線部(5)の this の表す内容を日本語で説明しなさい。

6. 下線部(6)の it が指すものを本文中から選び，英語で答えなさい。

7. 下線部(7)の内容を示す箇所を波線部(ア)〜(エ)の中から１つ選び，記号で答えなさい。

8. 空所（ 8 ）に入る数字を答えなさい。

9. 下線部(a)の breakthrough および下線部(b)の cumbersome のそれぞれとほぼ同義になる語を，次の中から１つずつ選び，記号で答えなさい。

(A) breakdown    (B) development    (C) disappointment

(D) modest    (E) period    (F) possible

(G) simple    (H) troublesome    (I) unnecessary

10. 次の中から，本文の内容と合っていないものを１つ選び，記号で答えなさい。

(A) Historians have only started to recognize the significance of finding zero.

(B) The Babylonians' number system based on multiples of 60 and working similarly to an abacus was the most advanced number system in history.

(C) According to Brahmagupta, adding or subtracting zero does not change the results of a calculation.

(D) Zero's first role in historical number systems was a place-holder.

## ■ゼロの歴史について

❶ 思想史において，ゼロが重要だと考えられるようになったのは，つい最近のことである。ゼロとはまさに文字通り何もないということであり，それゆえゼロ自身が関心を引きつけることはなかった。さらに，ゼロは1や2や3や，その他の数字と同様に明らかで，自明のものに思えるため，概念としての基準を満たさないのである。ところが実際は，ゼロは決して明らかなものではない。その発見はゆっくりとした，困難なものであった。そして，科学史研究家は，ゼロの発見がいかに重要な飛躍的進歩であったのかを認め始めたばかりなのだ。

❷ 古代の社会において数字が最初に発達した時には，ゼロは必要なかった。人々が数字を必要としたのは，所有する牛の頭数や，税金の徴収吏に渡さねばならない穀物の袋の数を知るためであったからだ。(2)彼らには，牛をもっていないことや，税金を払う必要がないことを知るための数字は不要であった。しかし，ゼロがない数字のシステムには問題があった。

❸ 現在では，我々はゼロを二通りの用途に使う。一つは，ゼロという数として，つまり無を表す数字，−1と+1のちょうど中間の数字である。もう一つは「プレイスホルダー（＝位取りを示すもの）」としてのゼロである。それは数字が十なのか，百なのか，あるいは千なのかといったことを示すために，我々がその末尾に置くゼロのことである。そのようにして，10と100と1,000の違いがわかる。我々のシステムは十進法と呼ばれるが，それは十の倍数で位が示され，他の数字がない時には，ゼロの数が何度10倍したかを示すからである。ゼロが最初に暫定的に姿を見せたのは，プレイスホルダーとしてであったのだ。

❹ エジプト人とギリシア人は，プレイスホルダーをもっていなかった。エジプト人は，一桁の数字（垂直線），十の倍数（逆さのU），百の倍数（らせん）というように，異なる記号をもっていた。これは，非常に小さな数字を表すのにさえ，面倒なやり方だった。たとえば999は，9つのらせんと9つのUと9つの垂直線，つまり27もの記号を必要とした。ギリシア人はもう少しだけ賢く，単に同じ文字を繰り返すのではなく，それぞれの倍数に，異なる文字を使った。しかし，これもまだ面倒なやり方で，使える最大の数に限りがあった。加えて，この文字を使って計算をするのは大変だった。

❺ バビロニア人は，いくつかの点でそろばんと同じような働きをもった数のシステムを用いており，そのため計算が容易になった。しかし，我々の使う数字のように十に基づくのではなく，彼らのシステムは60に基づいていた。それは数字が60

の倍数になるということである。最初に彼らがわかったのは，状況によって，それがどの倍数かということ，たとえばそれが1なのか，60なのか，あるいは3,600なのかということのみであった。それは，倍数がすべて同じ一つの記号で表されていたからである。その後彼らは，それがどの倍数なのかを示すために，小さなチェックマークを加え始めた。つまり，プレイスホルダーである。

❻ そうすると，ギリシア人が数学的知識をもっていたにもかかわらず，ゼロを用いなかったのは不思議に思える。しかしなお，ゼロにはもっと基本的な問題があった。ゼロは，ギリシア人の数学者が非常に鮮やかに構築していた計算論理を覆してしまっただろう。たとえば，アルキメデスが推論したように，どんな数でも必要な回数だけその数自身を足していけば，いかなる数よりも大きくなる，というものがある。ゼロについては，そうはならない。同様に，ある数に別の数を掛けると，もとの数に戻すには，その道筋を逆にすればよいだけだ。だから，$6 \times 3 = 18$ で，$18 \div 3 = 6$ である。しかしゼロは，これも狂わせる。$6 \times 0 = 0$ だが，$0 \div 6 = 6$ ではなく，0である。そしてそれは，ゼロに関する問題の始まりに過ぎない。計算のもつ論理そのものが欠陥をもつことを示しているように思われるのである。ギリシア人がゼロを無視したのも，不思議なことではない。

❼ その一方，インドでは，そのような問題は存在しなかった。というのは，ギリシアの数字のシステムを用いたのちに，彼らはバビロニア人のシステムと似たものに変更したからだ。ただしそれはギリシアの10に基づいたもので，バビロニアの60に基づくものではなかった。そのシステムが登場した時期ははっきりとはしないが，遅くとも7世紀までには，インド人は点をプレイスホルダーに使っており，10は「1．」，100は「1．．」のように書かれていたようだ。このシステムのいい点は，我々が学校で習う掛け算や割り算と同じやり方で，インド人が非常に速く計算をすることを可能にしたことである。

❽ また，その方法によって，インド人は数字を，ギリシア人が考えたような幾何学的な文字としてではなく，抽象的な計算のための文字だと考えるようになった。ギリシア人にとっては，2エーカーの畑から3エーカーを引くことは，意味をなさないので困難だったであろうが，インド人の数学者は，苦もなく2から3を引き，−1という答えを得た。負の数を置くためには，数としてのゼロは論理的な帰結であり，−1と＋1の間に組み込まれた。ゼロの父として知られている聡明なインド人数学者のブラフマグプタは，ゼロに関する主要な性質について，このように記した。「ゼロがある数に加えられたり，またある数から引かれたりしても，その数は変わらない。そしてある数にゼロを掛けるとゼロになる」

❶ ゼロの発見は，ゆっくりとした困難なものであったが，それは人間の思想史における飛躍的進歩であった。

❷ 社会の中で数字が発達していく時，ゼロは最初必要なかったが，ゼロのないシステムには問題があった。

❸ ゼロには，「無を表すゼロ」と「位取りのゼロ」の二通りの用途がある。ゼロが最初に登場したのは「位取り」のためであった。

❹ 古代のエジプト人やギリシア人の数字には，位取りの役割を果たすものがなかったため，表現や計算が非常に面倒で限界もあった。

❺ 位取りの概念を取り入れたのはバビロニア人であるが，彼らの位取りは60の倍数ごとであった。

❻ ギリシアでゼロが用いられなかったのは，ゼロの存在がそれまで彼らが築いてきた計算論理に矛盾していたからである。

❼ インドではギリシアの数字のシステムとバビロニアの位取りが取り入れられ，10の倍数による位取りが誕生した。

❽ 計算のために負の数を導入する過程で，−1と+1の間の存在としての「無を表すゼロ」が生まれ，その性質が定義された。

（各段落の要旨）

---

## 解　説

1　正解は (D)

▶第1段第1～3文（Until quite recently, … as an idea.）では，ゼロの存在は自明であるために，最近まで人々の関心を引きつけなかった，という趣旨が述べられている。

▶しかし，当該文の次文では，ゼロの発見が困難であったことや，その意義の大きさを認める趣旨の記述が見られ，ゼロに関する捉え方が転換してきていることがわかる。

▶よって空所には(D) far from ～「決して～ではない，～からはほど遠い」が入り，「決して明らかなものではない」という意味になる。

（語句）　qualify as ～「～の基準を満たす」

2　**They didn't need a number to know they didn't have any cows and that they didn't have to pay any tax.**

▶ to know 以下は，a number「数字」を修飾する形容詞的用法，または目的を表す副詞的用法の不定詞である。

▶また，any cows and that they … の部分に and があることから，that 以下は know の目的語となる節で，さらに (that) they didn't have any cows と並列関係

にあることがわかる。

▶ よって「牛をもっていないことを知るための数字は必要なく，税金を払う必要はな
かった」とすると，正確な和訳ではなくなるので注意したい。

**3** ▶下線部の直後の第3段第4文（It's the zero …）の It は place-holder を指して
いると考えられるので，この文の内容が place-holder の説明になっている。

▶ the zero we put … の we の前には目的格の関係代名詞が省略されているので，こ
の部分の意味は「私たちが数字の末尾に置くゼロ」となる。セミコロン以下の tell
は「〜を区別する」という意味である。

**4 正解は 16**

▶第4段第2文（The Egyptians had …）および第4文（999, for instance, …）の説
明に従うと，999 を表すためには，100 の位を表すらせん形が9個，10 の位を表す
逆さのUが9個，1の位を表す垂直線が9本，合計 27 個の記号が必要になること
がわかる。

▶ よって，637 を表すためには，まず 600 に対してらせん形が6個，次に 30 に対し
て逆さのUを3個，最後に7に対して垂直線を7本必要とする。合計すると 16 に
なる。

語句 digit「桁」 multiple「倍数」 invert「〜を上下逆さまにする」

**5** ▶当該文の意味は「しかし，ゼロはこれも狂わせる」となる。

▶第6段第4・5文（Add any number … so with zero.）から，ゼロはこれまでの加
法の論理（ある数自身を十分な回数足せば，他のどんな数よりも大きくなる）を満
たさないことがわかる。

▶ また，同段第6文（Similarly, if you …）〜当該文より，ゼロは乗法・除法の論理
（ある数に別の数を掛けた後，掛けた数で割ればもとの数に戻る）にも合致しない
ことがわかる。

▶当該文では too「〜も」が用いられているので，this が指しているのは後者の論理
であると考えられる。よってこの部分をまとめればよい。

語句 throw out「（計画・計算など）を狂わせる」 multiply *A* by *B*「*A* に *B* を掛
ける」 reverse「〜を逆にする」 the originals ここでは「もとの数」の意。

**6 正解は zero**

▶当該文の意味は「ギリシア人がそれを無視したのも，不思議ではない」となる。

▶第6段第3文（It would have …）以下の部分で述べられているのは，ゼロの存在

を認めるとギリシア人の計算論理が破綻してしまう，という点で，「だから無視を
した」とつながっている。

▶よって「それ」が指しているのは zero であるとわかる。


**7　正解は　㈑**

▶波線部の意味は以下の通り。

　㈆「我々が使う数字のように十に基づく」

　㈇「彼らのシステムは 60 に基づいていた」

　㈈「彼らがわかったのは，状況に基づいて，それがどの倍数かということ，たとえ
　　　ばそれが 1 なのか，60 なのか，あるいは 3,600 なのかということのみであった」

　**㈑「それらがどの倍数なのかを示すために，小さなチェックマークを加える」**

▶下線部の意味は「バビロニア人が使った数字のシステムに似たシステム」となる。

　語句　　1つ目の that は主格の関係代名詞。2つ目の that は a　system を指す指示代
　名詞。

▶第7段第2文（It's　not　clear …）の内容から，この「システム」とは，10 を 1 と
　1つの点，100 を 1 と 2つの点で示すシステムのことであるとわかる。

▶このうち，十進法のシステムはギリシア式，桁を点で表す（つまりチェックマーク
　を使う）システムはバビロニア式である。

▶よって「バビロニア人のそれに似たシステム」が示すのは，チェックマークを使う
　システムということであり，それに合致しているのは㈑である。


**8　正解は　−1**

▶当該文の but 以下の意味は「インド人の数学者は，苦もなく 2 から 3 を引き，
　（　8　）という答えを得た」となる。2−3 = −1 である。


**9　正解は　⒜−⒝　⒝−㈗**

▶選択肢の意味は以下の通り。

　㈄「故障」　**⒝「発展」**　㈅「失望」　㈆「控えめな」　㈇「期間」

　㈈「可能な」　㈉「単純な」　**㈗「やっかいな」**　㈘「不要な」

▶⒜の breakthrough は「飛躍的進歩，進展，突破」などの意味である。よって選択
　肢のうち最も意味が近いのは⒝ development である。

▶breakthrough の意味を知らない場合でも，当該部分の「ゼロの発見がいかに重要
　な…であったか」という意味から類推可能である。

▶⒝の cumbersome は「やっかいな，面倒な」という意味である。よってこれと同
　義な選択肢は㈗ troublesome である。

▶ troublesome の意味を知らない場合でも，第4段第2文（The Egyptians had …）
および第4文（999, for instance, …）の内容，つまりエジプト人の数字表記では
999 を表すのに 27 もの記号が必要であるという点から類推可能である。

**10　正解は ⒝**

▶選択肢の意味と分析は以下の通り。

⒜「歴史家たちは，ゼロの発見の重要性に気づき始めたばかりである」　第1段第1
　文（Until quite recently, …）および同段最終文（Its discovery was …）の内容と
　一致する。

⒝「60 の倍数に基づき，そろばんと似たような働きをするバビロニア人の数のシス
　**テムは，歴史上最も進んだ数のシステムであった**」「歴史上最も進んだ数のシステ
　ムだった」という記述はない。また，このシステムよりも進んだものが現在の十進
　法のシステムで，本文でもインドのシステムの方が進んでいると考えられるから，
　本文の内容に合っていない。よってこれが正解となる。

⒞「ブラフマグプタによると，ゼロを足したり引いたりしても，計算の結果は変わら
　ない」　最終段最終文（Brahmagupta, a brilliant …）の内容「ゼロを加えたり引い
　たりしても，その数は変わらない」の部分に一致している。

⒟「歴史的な数の仕組みにおいてゼロが持った最初の役割は，プレイスホルダーだっ
　た」　第3段最終文（It was as …）の内容「ゼロが最初に現れたのは，プレイスホ
　ルダーとしてであった」に合致している。

---

1　⒟

2　彼らには，牛をもっていないことや，税金を払う必要がないことを知るため
　の数字は不要であった。

3　10 と 100 と 1,000 などを区別するために，数字の末尾に置かれるゼロのこと。

4　16

5　もとの数にある数を掛けて出た答えを，掛けた数で割ると，もとの数になる
　こと。

6　zero

7　㋑

8　−1

9　(a)—⒝　(b)—㈨

10　⒝

解答

# 31

次の英文を読んで，下の問いに答えなさい。

（星印（＊）の付いた語には本文の後に注があります。）

　I once showed my mother a photograph taken of me by a professional photographer.  Instead of commenting on the glamorous pose and makeup, she said, "One of your eyes is smaller than the other."  Then she turned to me and gripped my chin as she examined my face.  "It is," she pronounced.  "Your left eye is smaller."  For a while after, whenever she saw me, she inspected my eye and repeated her concern.  During that time, I too became (　1　) with my left eye.  My mother's perspective had become my own.

　When else does a slight imperfection — a pimple＊, for example — become the most prominent feature on your face?  When you're looking in a mirror.  A mother who focuses on her daughter's appearance — often on the Big Three: hair, clothes and weight — is regarding her daughter in the same way that she looks at herself in a mirror.  (　3　), the more this seemed to account for some of the best and worst aspects of the mother-daughter relationship: Each tends to see the other as a reflection of herself.  It's wonderful when this means caring deeply, being interested in details and truly understanding the other.  But it can cause frustration when it means examining the other for flaws in the same way that you examine yourself.

　The mirror image is particularly apt during the teenage years.  At this age, a girl may spend hours in front of a full-length mirror, searching her reflection for tiny imperfections that fill her with dread.  And it is typically also at this age that she is most critical of her mother.  The teenage girl criticizes her mother just as she scans her own mirror image for imperfections.

　Part of a mother's job is to make sure all goes well for her children; for a daughter, that often means helping her improve her appearance.  But there is a double irony here. From the mother's point of view, the person you most want to help, protect and advise is often the one least likely to welcome your help, protection and advice. From the daughter's perspective, the person whom you most want to think you're perfect is the one most likely to see your flaws — and tell you about them. And when she does, your reaction is far more extreme than it would be if anyone else made the same comment.

To the daughter on the receiving end of a mother's suggestion that she get a better haircut, wear a different dress or lose a few pounds, it can seem that her mother cares only about appearance, especially if the daughter expected the focus to be on something else. For example, a woman who had just been promoted to a prominent position eagerly anticipated her mother's response when her picture appeared in the newspaper; what her mother said was, "I could see you didn't have time to cut your bangs*." It's an aargh* (you might say, a hair-tearing) moment: My mother dismisses my achievements and focuses on my appearance — even worse, how my appearance falls short.

But here's another way to look at it: Your mother may assume it goes without saying that she is proud of you. Everyone knows that. And everyone probably also notices that your bangs are obscuring your vision — and their view of your eyes. Because others won't say anything, your mother may feel it's her ( 7 ) to tell you.

The desire to help a daughter (or mother) look her best may be entirely selfless, but if the person you're trying to help reflects yourself, there may also be an element of self-interest. Daughters and mothers often feel that the other represents her to the world. And it's true that people tend to hold mothers (and not fathers) responsible for their children's faults. Someone who disapproves of how a young woman is dressed will often think, and may ask out loud, "How did her mother let her go out looking like that?"

Yet a mother's concern may have no selfish component at all; she may be worried about her daughter's health rather than, or in addition to, her appearance. That was true in the case of my mother and my smaller eye. She had read that thyroid* problems could present themselves as a difference in eye size, and she wanted me to go to a doctor and check it out. In fact, the era of my smaller eye ended when I reported that my doctor had found that my thyroid was fine.

When a woman sees in her daughter the same worrisome characteristic that her own mother once saw in her, her reaction can be complex and confusing. One woman said that because her own mother had always been after her to get her hair off her face, tie it back, smooth it down, she determined not to bother her own daughter that way. "But the 'not saying anything' is in itself an obsession," she said. "Other people mention it all the time." The child had inherited thick curly hair from her — the same hair that she had inherited from her mother. Her impulse to help her daughter gain control of her hair was intensified because she felt responsible for it — just as her mother, looking at her as a child, recalled her own struggles with the same hair.

I once said to my sister, "Mom always told me my hair was too long. Did she ever annoy you about your hair?" "Yes," my sister replied. "She always told me it was too short." This made us laugh. Then my sister added, "The funny thing is, her hair never looked good. Remember how it always stuck out on one side?" I did indeed; we laughed some more. But then I realized with embarrassment that I often told my mother that her hair didn't look good — and volunteered to fix it.

Then a picture came to my mind, a precious memory from my mother's last years: I am standing behind my mother facing her bedroom mirror, combing her hair and smoothing it down. She is so small compared with me. The impulse to protect and care for her floods over me. Recalling that image, I understood at last that her fussing over my appearance really could have been, all along, a gesture of love.

(注)

pimple: a small raised red spot on the skin

出典追記：Mom's Unforgiving Mirror, The Washington Post on April 10, 2007 by Deborah Tannen bangs: hair cut straight across the forehead

aargh: an expression of annoyance, dismay, embarrassment or frustration

thyroid: 甲状腺(の)

1. 空所( 1 )に入る最も適切な語を次の中から1つ選び，記号で答えなさい。

(A) disliked　　(B) fascinated　　(C) preoccupied　　(D) satisfied

2. 下線部(2)の perspective と同じ意味を表す3語からなる表現を本文中から選び，英語で答えなさい。

3. 空所( 3 )に，次の語を最も適切な順に並べかえて入れると，4番目にくる語は何になりますか。その語の記号で答えなさい。ただし，文頭にくる語も小文字で示してあります。

(A) thought　　(B) it　　(C) more　　(D) I　　(E) about　　(F) the

4. 下線部(4)の this の内容を，日本語で説明しなさい。

5. 下線部(5)の the person whom you most want to think you're perfect は，具体的には誰を指しますか。本文中の英語1語で答えなさい。

6. 下線部(6)を日本語に訳しなさい。

7. 空所( 7 )に入る最も適切な語を次の中から1つ選び，記号で答えなさい。

(A) hope　　(B) obligation　　(C) pleasure　　(D) suggestion

8. 下線部(8)(引用符 " " の内部)を日本語に訳しなさい。

9. 下線部(9)の after her の代わりに使える表現として最も適切なものを，次の中から1つ選び，記号で答えなさい。

(A) imitating her      (B) letting her

(C) looking for her    (D) pushing her

10. 次の中から，本文の内容と<u>合っていない</u>ものを 3 つ選び，選択肢の順に記号で答えなさい。

(A) Few people think that mothers are to be blamed for their children's problems.

(B) The author was worried about her smaller eye because her mother said the same thing about it again and again.

(C) The author believes that her mother might have paid attention to her appearance in order to pretend to love her.

(D) Just because a mother says nothing about her daughter's hair, that does not mean that she does not care about it.

(E) The author used to comment on her mother's hair.

(F) The author's mother stopped being critical of her smaller eye when she learned that it had something to do with health.

(G) Mothers and daughters perceive each other as if looking into a mirror.

## ■母と娘の関係について考える

❶ 私は以前，プロの写真家が撮影した自分の写真を母親に見せたことがある。美しいポーズや化粧については意見を述べずに，母は「あなたの片方の目は，もう片方より小さいわ」と言った。それから彼女は私の方を向き，私のあごをつかんで私の顔を観察した。「間違いないわ」と彼女は口にした。「左目の方が小さいわ」　その後しばらくの間，母は私を見るたびに私の目をチェックしては心配を繰り返し口にした。その間に，私も自分の左目を気にするようになっていた。母の視点が，私自身のものになってしまったわけだ。

❷ このような場合以外で，例えばにきびのような小さな欠点が，顔が持つ最も目立った特徴になるのは，どのような時だろうか。それは鏡をのぞいている時である。娘の外見に――しばしば髪の毛，服装，体重の三大関心事に対して――注意を向ける母親は，自分を鏡で見るように娘のことを見ているのである。そのことについて考えれば考えるほど，これは母と娘の関係におけるいくつかの最も良い面と，最も悪い面をうまく説明しているように思えてくる。つまり，両方がもう片方のことを，鏡に映る自分であるかのように見がちなのだ。このことが，相手のことを非常に大切に思いやり，小さなことにも関心を持ち，真に理解することを意味するのであれば，素晴らしいことである。しかし，自分自身を観察するのと同じように，欠点を探すために相手を観察することを意味する場合は，欲求不満の原因になり得るであろう。

❸ 鏡に映る姿（の喩え）が特に適しているのは，10代の時期である。この年頃の間は，女の子は姿見の前で何時間も過ごし，ごく小さな欠点を探すために鏡に映る姿を点検し，その欠点により不安を大きくする。また，母親に対して非常に批判的だというのも，この年代においては典型的である。10代の女の子は，自分の欠点を探すために鏡に映る姿をチェックするように，母親のことを批判するのである。

❹ 母親の仕事の一部に，子供のためにすべての物事がうまく運ぶようにすることがある。娘にとっては，しばしばそれは娘が外見を美しくするために手助けすることを意味する。しかしここには，2つの意味で皮肉な状況が存在する。母親の視点から見ると，最も手助けし，保護し，助言を与えたい人間が，最も手助けと保護と助言を受け入れたがらない人間になることがよくある。娘の視点から見ると，自分のことを完全だと思ってくれることを一番望んでいる人が，自分の欠点を見つけ，しかもそれを指摘する可能性が最も高い人になるのである。そして母親が欠点を指摘すると，娘の反応は，他の誰が同じ意見を述べた時よりもはるかに激しいものに

なる。

❺ 髪の毛をもっと綺麗にカットし，別の洋服を着て，少し体重を減らしなさいという母親の指図を受ける側の娘にしてみると，母親は自分の外見にしか興味がないように思えるのだろう。特に娘が外見以外に目を向けてほしい時に，それは顕著になるのかもしれない。例えば，重要な役職に昇進した女性は，自分の写真が新聞に載った時に母親が見せる反応に大きな期待を寄せた。ところが母親の言葉は「前髪をそろえる時間がなかったみたいね」なのである。これが「ああ，どうしてなの！」となる（髪の毛をかきむしりたいような，とも言えるかもしれない）瞬間である。つまり(6)母は，私の功績は横に置いたままで，外見に目を向けているのだ。さらに悪いことには，外見がいかに不十分であるのかを見ているのである。

❻ ただこれに関しては，別の見方もある。あなたの母親は，自分が娘を自慢に思うのは口に出すまでもないと思ったのかもしれない。誰もがわかることだからだ。そしておそらく，あなたの前髪が視界を覆い，あなたの目が隠れていることにも皆が気づいている。他人はそのことには何も言わないであろうから，母親はそれを話すのが自分の義務だと考えるのであろう。

❼ 娘が（あるいは母親が）最も美しく見えるよう手助けしたいという思いには，私心は全くないのかもしれない。しかし，もし手助けをしようとしている人が自分自身を写す存在だったら，自己の利益になる要素もあるのだろう。娘と母親は，互いに他方が，外の世界に対して自分のことを表象していると感じることがよくある。そして人々が，（父親ではなく）母親が子供の欠点に対する責任を持つと考えがちであるのは事実である。若い女性の服装を認められない人が「(8)あんな格好で外出することを，あの子の母親はよく許したものだ」と思うことはしばしばあるし，そうした疑問を口にする場合もあるだろう。

❽ しかしそうは言っても，母親の心配には，自己中心的な要素は全くない可能性もある。母親は娘の外見よりも，あるいは外見に加えて，健康にも気を遣っているのだ。それは私の母と私の小さい方の目の例では，間違いなかった。母は，目の大きさが違うのは，甲状腺疾患の兆候である可能性があるとどこかで読んだことがあって，私を病院に行かせ，検査をさせたのだ。事実，小さい方の目を問題にする時期が終わったのは，医者が私の甲状腺に問題がないと診断したことを報告した時だった。

❾ 女性が自分の娘に，かつて自分の母親が自分に見たのと同じ気になる特徴を見た時，彼女の反応は複雑で，難しいものになるかもしれない。ある女性が話していたことだが，彼女の母親がいつも口うるさく，顔に髪の毛がかからないようにしなさい，後ろで結びなさい，櫛で整えなさいと言ったので，その女性は，自分の娘には同じような煩わしい思いはさせないと心に決めた。「でも，この『何も言わな

い』こと自体が，強迫観念になりました」と彼女は語った。「他の人はいつも言っ
ていますから」 子供は彼女から，豊かな縮れ毛を受け継いだが，彼女は同じ髪を
自分の母親から受け継いでいた。娘が髪をきちんと整えられるように手助けしたい
という気持ちは，彼女が娘の髪に対して責任を感じているために，非常に強くなっ
ていたのだ。それは彼女の母親が子供の頃の彼女を見て，自分自身が同じ毛質の髪
で苦労したのを思い出したのと同じだった。

❿ 私は以前「お母さんはいつも私の髪が長いと言っていたわ。あなたは髪のこと
を言われて，うるさく思ったことはなかった？」と妹に言ったことがある。「あっ
たわよ」と妹は答えた。「私の髪は短すぎるといつも言っていたわ」 この話で私た
ちは笑った。そして妹は付け加えた。「おかしかったのは，お母さんの髪の毛がき
ちんとしていたことはなかったわよね。片側の髪がいつもどんなふうに立っていた
のか覚えている？」 私はよく覚えていた。私たちはまた笑った。しかしその時，
私は母に髪が変だと言っては，それを直すと申し出たことがよくあったのを思い出
し，恥ずかしくなった。

⓫ それから，ある光景が頭に浮かんだ。それは母の人生における最後の数年間に
あった出来事の貴重な記憶だった。私は母の後ろに立ち，彼女の寝室の鏡に向き合
いながら，彼女の髪の毛をとかして整えている。私に比べると母はだいぶ小さい。
母を守って大事にしたいという気持ちが湧きあがってくる。その光景を思い出した
時，私はついに理解した。母が私の外見についてうるさく口を出したのは，ずっと
彼女の愛情表現だったのだ。

❾ 母親が自分の娘にかつての自分の欠点を見出した時，母親が責任を感じる度合いは
より大きくなる。

❿ 私の母親は私の外見に口出ししていただけではなく，妹の外見に対しても同様であ
り，また私自身も母親に対して同じことをしていた。

⓫ 私が母親の晩年を思い出しながら理解したことは，彼女の口出しは私に対する愛情
表現であったということだった。

## 解　説

### 1　正解は (C)

▶選択肢の意味は以下の通り。

(A)「嫌われた」　(B)「魅了された」　(C)「気をとられる」　(D)「満足した」

▶空所の直前の too「〜も」がヒントになる。直前の文（For a while …）に，筆者
の母親が「私の目をチェックしては，心配を繰り返し口にした」とあるので，母に
加えて筆者自身も左目を気にするようになった，という意味であると考えられる。
よって(C) preoccupied が最も適切であり，直後の with の用法にも合致している。

### 2　正解は point of view

▶下線部 perspective はここでは「視点，物の見方」という意味で，第4段第4文
（From the daughter's …）にも出てくる。

▶第4段第3文の From the mother's point of view「母親の視点から見ると」以下と，
第4段第4文の From the daughter's perspective「娘の視点から見ると」以下が，
それぞれの物の見方を対比的に述べていると考えられるので，perspective ＝ point
of view となる。

### 3　正解は (A)

▶直後のコンマと the more から，空所には the ＋比較級 〜，the ＋比較級 …「〜すれ
ばするほど，ますます…」の構文の前半の節を入れればよいと予想できる。

▶並べ替えの語句中に more と the があり，残りの語句で節を作ると，I thought
about it となる。よって the more I thought about it「そのことについて考えれば
考えるほど」という表現が完成し，文脈にも合う。

▶完成文は The more I thought about it となる。

語句　account for 〜「〜を説明する」

### 4　▶下線部を含む第2段第5文（It's wonderful when …）は，「このことが，相手

のことを非常に大切に思いやり，小さなことにも関心を持ち，真に理解することを意味している時には，素晴らしいことである」という意味になる。

▶ this は近いものを指す指示詞で，直前の第4文のコロン以下（Each tends to…）の内容を指していると考えられる。この部分を，Each が mother と daughter であることを明確にしてまとめる。

## 5　正解は mother

▶下線部中の目的格の関係代名詞 whom は，want の目的語である。want O to do は「Oに～してほしい」という表現なので，下線部の意味は「あなたのことを完全だと，あなたが最も考えてほしい人」となる。

▶当該文は From the daughter's perspective「娘の視点から見ると」とある通り，娘から見た母親について述べられている部分である。よって正解は「母親」となる。

## 6　My mother dismisses my achievements and focuses on my appearance—even worse, how my appearance falls short.

▶ My mother が主部で，動詞の dismiss「～を（さっさと）片づける，捨てる」と focus on ～「～に目を向ける」が接続詞 and で並列されている。

▶さらに，focus on の目的語 my appearance「私の外見」を，ダッシュ以下で how my appearance falls short「私の外見がいかに不十分であるかということ」と，より具体的に言い換えている。

▶ even worse は「さらに悪いことに」の意味の副詞句である。

## 7　正解は (B)

▶選択肢の意味は以下の通り。
　(A)「希望」　(B)「義務」　(C)「喜び」　(D)「提案」

▶ it は形式主語で，その内容は to tell you「あなたに言うこと」である。

▶当該文前半の内容から，娘に対して他人が言わないことを話すのが her「母親の」何に当たるかを問うている問題である。最も適切なのは(B) obligation である。

語句　bangs「前髪」　obscure「～を覆い隠す」

## 8　How did her mother let her go out looking like that?

▶冒頭の How は「どういうつもりで」という意味で，意図を尋ねる疑問詞である。

▶ let は「～することを許す」という意味の使役動詞で，let her go out で「彼女が出かけることを許す」となる。

▶ looking like that は，while she is looking like that「彼女〔娘〕があのように見え

ているのに→彼女〔娘〕があのような格好をしているのに」と考える。

## 9 正解は (D)

▶選択肢の意味は以下の通り。

(A)「彼女を手本としている」 (B)「彼女に許可している」

(C)「彼女を探している」 (D)「彼女に強要している」

▶下線部を含む always been after her は，娘の外見にあれこれ口出しをする母親について述べる文脈で使われている。

▶この文脈を踏まえると，(be) after her to *do* は「～するように彼女に強制する，彼女に～するように口出しする」といった意味だと推測されるため，代わりに使える表現として最も適切なのは(D)である。

語句 be after O to *do*「Oに～するようしつこく言う，Oを～するようにせきたてる」

## 10 正解は (A)・(C)・(F)

▶選択肢の意味と分析は以下の通り。

(A)「母親が子供の問題について責めを負うべきだ，と考える人はほとんどいない」第7段第3文（And it's true …）に「確かに人々は，子供の欠点に対する責任は母親にあると考えがちである」とあり，この部分の趣旨に合っていない。

(B)「筆者が自分の小さい方の目を心配したのは，母親がそれについて同じことを繰り返し言ったからだった」 第1段第6文（For a while …）に，母親が筆者の目のことを繰り返し口にしたとあり，続く第7文（During that time, …）に「そのうちに，私も気にするようになった」とあるので，この部分の趣旨に合致している。

(C)「筆者は，母親が自分の外見を気にしたのは，筆者のことを愛しているふりをするためだった，と考えている」 最終段最終文（Recalling that image, …）に「母親が私の外見に口を出したのは，愛情表現だった」とあり，「愛しているふり」であったとは考えていないことがわかる。よって合致していない。

(D)「母親が娘の髪について何も言わないからといって，それは彼女が髪の毛のことを気にしていないということではない」 第9段では，娘の髪のことが気になっても，自分がかつて母親からうるさく言われた経験から，あえて口出しをしないと決めた女性の話が紹介されている。(D)はこの例と一致している。

(E)「筆者は母親の髪についてよく批評をした」 第10段最終文（But then I …）に，「母に髪が変だと言ったことがよくあった」とあり，この部分に合致している。

(F)「筆者の母親は，筆者の小さい方の目が，健康問題に関係していることを知ってからは，目についてあれこれ言うのをやめた」 第8段最終文（In fact, the …）より，

健康問題に関係していないことがわかってから，母親は目についてあれこれ言うの
をやめたとわかる。(F)はこの趣旨と逆である。

(G)「母と娘は，お互いのことを，鏡をのぞいているように認識する」（　3　）で始
まる第2段第4文のコロン以下に，「どちらも相手のことを，鏡に映る自分である
かのように見がちである」と述べられている。この部分の趣旨に合致している。

---

1　(C)

2　point of view

3　(A)

4　母と娘がお互いのことを，鏡に映る自分の姿のように思うこと。

5　mother

6　母は，私の功績は横に置いたままで，外見に目を向けているのだ。さらに悪
いことには，外見がいかに不十分であるのかを見ているのである。

7　(B)

8　あんな格好で外出することを，あの子の母親はよく許したものだ。

9　(D)

10　(A)・(C)・(F)

# 32

次の英文を読んで，下の問いに答えなさい。

（星印（＊）の付いた語には本文の後に注があります。）

If I was going to change how I felt about my stage fright, I had to change the words I was using to describe it. I mentioned all this to an old mate, and together we came up with a better word than "scared" or "nervous" to describe the adrenaline* rush we all get when out of our comfort zones. For years, this has helped me embrace the changes that come with life. But last year, something happened to make me realize the idea was worth (　1　).

I was taking my five-year-old son, Connor, to the orientation day at his new school. We were walking along — I was carrying him on my shoulders — and he seemed happy enough as he hung onto the back of my head.

He chatted away, asking the questions that are so important to a five-year-old: "Where do they keep the video games?"; "Do they have cable TV?"; "Where do I go to buy ice candy?"

Then we turned the corner and Connor froze in mid-sentence. He saw the imposing school gates and the noisy groups of older children. I felt his little hands grip my hair, and he became very quiet.

He whispered, "Dad, it's all funny in my stomach, and I feel a bit shy." I asked if he was afraid. "No!" he said, "I'm not scared. I've just got 'newfeeling'."
(2)

Newfeeling! This word I'd made up years earlier and had talked about with Connor was helping him cope with the biggest day of change in his young life so far. I was over the moon.
(3)

No one loves change. I'm a pharmacist* turned copywriter turned comedian turned wine writer turned author and speaker, and I still find change very challenging. If you ever hear anyone proudly say, "Change never scares me! I am The Change Master," point at them and say, "That's a lie!" But having changed careers so many times, I've ended up becoming a student of what it takes to change.

It all comes down to two important facts:

1. Life *is* change. Get this and you're halfway there. I'm not saying "life is full of change" or "change is such a big part of life." No. Life *is* change. When I was young, I always thought that life was about collecting enough wealth so you could sit down with your wife and two kids and everything would be just wonderful. But I learned fact No. 1 by making the mistake covered in fact No. 2.

2. When you refuse to change, you don't hold onto the past but lose the future. You can't get a new girlfriend until you stop hanging onto the old girlfriend. I couldn't throw myself into comedy until I resigned from my advertising job. Flexible or stuck? The choice is yours.
(4)

We tend to seek patterns and love certainty. When we're trying something
(5)
different, one part of our brains releases adrenaline that gives us sweaty palms and a tight feeling in our guts. It's such a shame that the only English words we have for describing this are negative. Some people call it fear or nerves, and some call it knots in the stomach. Sadly, for some of us, it's "that thing that stops me learning a language/starting a business/phoning that girl."

That's why I prefer "newfeeling" — it's neutral. In the same way that walking outside on a hot day makes you feel "hot," when you go out of your comfort zone you get "newfeeling." It's up to you if "hot" and "newfeeling" are good or bad.

To explain the real importance of choosing the right word, I'll quote the philosopher Wittgenstein: "The limits of one's language are the limits of one's world." The number of ways you can talk about something determines the
(6)
number of ways you can think about it, and that determines how you feel about it. So change the word, change the meaning, and change the feeling.

On his first day of school, Connor told himself he didn't feel "scared"; he just had "newfeeling." Because we often talked about this at home, he knew this was a normal and natural thing to feel.

　　Every single time I go on stage, I stand at the back of the room and say to myself, "Marty, you are not scared; you have newfeeling." This doesn't make the adrenaline go away, but it lets me see it as a normal — not frightening — thing.
⑺

　（注）

　　adrenaline：アドレナリン（副腎髄質ホルモン）

　　pharmacist：someone who prepares and sells medicines

1. 空所（　1　）に入る最も適切な語を次の中から1つ選び，記号で答えなさい。
(A)　avoiding　　(B)　fearing　　(C)　flying　　(D)　sharing

2. 下線部⑵の 'newfeeling' について，筆者の息子はなぜこの語を使ったのか，その理由として最も適切なものを次の中から1つ選び，記号で答えなさい。
(A)　Because he forgot the word "afraid."
(B)　Because his father hated the word "newfeeling."
(C)　Because he didn't want to be negative.
(D)　Because he wanted to show his talent for making a new word.

3. 下線部⑶の over the moon の意味として最も適切なものを次の中から1つ選び，記号で答えなさい。
(A)　very angry　　(B)　very happy　　(C)　very lonely　　(D)　very scared

4. 下線部⑷はどういうことを言っていますか。The choice の内容を明らかにして日本語で説明しなさい。

5. 下線部⑸の文を次のように言い換えるとすれば，（　　　）の中にはどのような語が入りますか。本文から最も適切な1語を選び，英語で答えなさい。
We usually don't want to (　　　).

出典追記：How Not To Be Scared, Reader's Digest (Australia) June 2010 by Marty Wilson
Reprinted with permission of Direct Publishing Pty Ltd, trading as Reader's Digest (Australia) © 2010, Sydney, Australia.

6. 下線部(6)を日本語に訳しなさい。

7. 下線部(7)の adrenaline の代わりに使える語として最も適切なものを次の中から1つ選び，記号で答えなさい。

(A) anxiety　　(B) limits　　(C) naturalness　　(D) passion

## 全　訳

### ■言葉の選択が行動に与える影響

❶　舞台での緊張の受け止め方を変えようとした時，私はこの感覚を表現するために使っていた言葉を変えなければならなかった。この件に関するすべてを，ある古くからの友人に話し，我々は，気楽に過ごせる場所から出た時に誰にでも生じるアドレナリンの上昇を表現するための，「怖い」や「緊張している」よりも適切な言葉を一緒に考え出した。何年もの間，この言葉は人生に訪れる変化を私が受け入れるのを助けてくれた。しかし昨年，この考え方は他人と分かち合う価値があると私が気づくきっかけになる出来事が起きた。

❷　それは私が5歳の息子のコナーを，彼が新しく通う学校のオリエンテーションに連れていく途中のことだった。私は息子を肩に乗せて歩いていた。彼は満足そうに私の頭の後ろにつかまっていた。

❸　息子は「テレビゲームはどこに置いてあるのかな？」とか「ケーブルテレビはあるの？」とか「アイスキャンディーはどこで買えるんだろう？」というような，5歳の子供にとっては非常に大切な質問をしながら，おしゃべりを続けていた。

❹　そして，私たちは角を曲がった。すると，コナーは話の途中で口を閉じた。立派な校門と，にぎやかな年上の子供の集団が彼の目に入ったのだった。私は息子の小さな手が私の髪の毛をつかむのを感じ，そして息子は黙ってしまった。

❺　息子はささやいた。「お父さん，お腹におかしな感じがする。ちょっと恥ずかしい」　怖いのかい，と私が聞くと，「違うよ！　怖いんじゃないよ。ただ，『新しい感覚』がするだけだよ」と息子は言った。

❻　新しい感覚とは！　私が数年前に作り出し，コナーに話したことがあったこの言葉は，コナーがそれまでの短い人生における最大の変化の日にうまく対応するのを助けていたのだ。私は心から嬉しくなった。

❼　変化を好む人は存在しない。私は薬剤師からコピーライターになり，その後コメディアン，ワイン評論家，作家兼講演者と職を変えたが，今でも変化はとても難しいと考えている。誰かがもし「変化を怖いなどと思ったことはない！　私は変化の達人だ」などと自慢げに言うのを聞いたら，指をさして「それは嘘だ！」と言ってやろう。しかし何度も仕事を変えたことで，私は最後には，変わるために必要なことを学んだ人間になった。

❽　それは2つの重要な事実に集約される。

❾　1．人生は変化である。これがわかれば，もう道半ばまで進んでいる。私は「人生は変化に満ちている」とか「変化は人生の大きな部分を占める」と言ってい

るのではない。そうではなく，人生が変化なのだ。私は若い頃，人生とは妻と子供
２人と一緒に腰を落ち着けるために十分な金を稼ぐことで，すべてがただ素晴しい
ものになるだろうと思っていた。しかし私は，第２の事実で取り上げる間違いを犯
すことで，第１の事実を学んだ。

⓾　２．変化を拒絶することは，過去にしがみつくのではなく，未来を失うことな
のである。前のガールフレンドへの未練を断ち切るまでは，新しいガールフレンド
はできない。私は広告の仕事を辞めることで初めて，コメディに身を投ずることが
できた。順応性を持つか，立ち往生するか？　その選択はあなた次第だ。

⓫　我々には，決まったやり方を求め，確実性を好む傾向がある。我々が普段と違
うことを試みている時には，脳のある部分がアドレナリンを分泌し，そのために掌
に汗をかき，腹が締めつけられるような感覚を覚える。この感覚を表現する英単語
には，否定的な意味のものしかないことは非常に残念である。これを恐怖とか神経
過敏と呼ぶ人もいれば，締めつけられるような胃の不快感と呼ぶ人もいる。悲しい
ことに，これが一部の人にとっては「語学を習わない／ビジネスを始めない／あの
女の子に電話をかけない原因」になる。

⓬　だから私は「新しい感覚」という，肯定的でも否定的でもない言葉を好むので
ある。暑い日に外を歩くと「暑い」と感じるように，落ちつける環境の外に出ると
「新しい感覚」を感じるのである。「暑い」や「新しい感覚」が良いものか悪いも
のなのかは，自分次第なのだ。

⓭　正しい言葉を選ぶことの本当の重要性を説明するために，哲学者のウィトゲン
シュタインの言葉を引用しよう。「ある人の持つ言葉の限界が，その人の世界の限
界なのだ」(6)何通りの方法で物事について語れるかによって，それについて何通り
の考え方ができるのかが決定される。そして，それによって，あなたがその問題を
どう感じているのかが決められる。だから，使う言葉を変え，その意味を変え，感
じ方を変えよう。

⓮　学校に通い始めた最初の日に，コナーは「怖い」と感じているのではないと自
分自身に言い聞かせた。彼は「新しい感覚」を持っただけだったのである。我々は
この話をよく家でしていたので，コナーはこれが普通で自然な感覚だと知っていた
のだ。

⓯　私は舞台に出る時にはいつでも，楽屋の奥に立って自分自身に「マーティ，お
前は怖がっているのではない。新しい感覚を持っているだけだ」と自分に言い聞か
せる。このようにすればアドレナリンが消えるわけではないが，その感覚は恐ろし
いものでなく，普通のものだとわからせてくれるのである。

❶ 私は緊張を表現する言葉を「怖い」や「緊張している」以外に考え出し，ある出来事をきっかけに，それを他人と共有する価値があると気づいた。

❷ それは5歳の息子のコナーを学校のオリエンテーションに連れて行く途中のことだった。

❸ 息子は私の肩に乗って，おしゃべりを続けていた。

❹ 角を曲がって校門と子供の集団が見えてくると，息子は黙ってしまった。

❺ 息子は「お腹におかしな感じがする」とささやいてきた。彼は「『新しい感覚』がする」と言った。

❻ これこそが私が考え出した表現だったので，息子がその言葉を使ったことを嬉しく思った。

❼ 変化はとても難しいことだが，何度も転職したことで，私は変わるために必要なことを学んだ。

❽ それは2つの重要な事実に集約される。

❾ 1．人生は変化である。人生に変化が訪れるのではなく，人生そのものが変化なのだ。

❿ 2．変化を拒絶することは未来を失うことである。変化を受け入れることで未来が動き始める。順応するか，立ち往生するかを選ぶのは自分だ。

⓫ 普段と違うことをやろうとすると，緊張という特有の感覚が生じる。この感覚を避けるために変化を受け入れない人もいる。

⓬ 私が緊張を「新しい感覚」と呼ぶことにしているのは，その言葉が肯定的でも否定的でもないからだ。

⓭ 物事に対して違う言葉を用いれば，新しい考え方が生まれる。

⓮ コナーは緊張を「怖い」ではなく，ただ「新しい感覚」と受け止めたのである。

⓯ 緊張を「新しい感覚」と言い換えることで，私は舞台に立つ時の怖さを克服している。

（各段落の要旨）

## 解 説

**1 正解は (D)**

▶選択肢の意味は以下の通り。

　(A)「避ける」　(B)「恐れる」　(C)「飛ぶ」　(D)「分かち合う」

▶当該部分は，be worth *doing* で「～する価値がある」という意味になる。

▶第2段から第6段にかけて，筆者が自分のために作った「新しい感覚」という言葉を，筆者の息子が新しい経験に立ち向かうために使った話が紹介されている。

▶その体験から，筆者がこの言葉を他者と「分かち合う価値がある」と考えたと捉えると，文意が通る。よって(D)の sharing が正解。(A)・(B)・(C)では意味が通らないので不適。

## 2　正解は ⒞
▶選択肢の意味は以下の通り。
　⒜「『怖い』という言葉を忘れたから」
　⒝「父親が『新しい感覚』という言葉を嫌いだから」
　⒞「後ろ向きな気持ちになりたくなかったから」
　⒟「新しい言葉を作り出す才能を見せたかったから」
▶第1段および第6段にあるように，筆者は「怖い」「緊張する」と呼ばれていた感覚に対して，「新しい感覚」という否定的含意がない表現の仕方を思いつき，それについて息子と話したことがあった。その事実を受けての息子の発言なので，⒞が最も適切である。

## 3　正解は ⒝
▶選択肢の意味は以下の通り。
　⒜「とても怒っている」　⒝「とても嬉しい」
　⒞「とても寂しい」　⒟「とても怖い」
▶下線部の意味は「大喜びして」となるので，最も適切なのは⒝である。
▶この熟語の意味を知らない場合でも，第5・6段にあるように，筆者の息子が，入学という大きな変化に対処するために「新しい感覚」という言葉を使うのを聞いた時の筆者の気持ちを表していることからも類推可能である。

## 4
▶The choice「その選択」は，下線部直前の Flexible or stuck?「順応するか，その場を動かないか」の選択を意味する。
▶具体的には，第9段にあるように life is change「人生は変化である」と考えるか，または第10段第1文（2．When you refuse …）にあるように，refuse to change「変化を拒絶する」（筆者の考えでは，これは未来を失う選択である）か，どちらにするかということを指している。以上の点を踏まえてまとめる。

## 5　正解は change
▶下線部の意味は，「我々には決まったやり方を求め，確実性を好む傾向がある」となる。言い換えると，慣れたやり方に固執し，変わることを好まない，ということになる。
語句　pattern「型，決まったやり方」
▶設問中の英文は We usually don't want to （　　）．で，その意味は「我々はたいてい，…したくない」となる。よって change を補えばよい。

**6**　The number of ways you can talk about something determines the number of ways you can think about it

▶この部分の主部は，The number of … something で，動詞が determines「～を決定する」となる。

▶ the number of ～ は「～の数」という意味なので，主部の訳は「あなたが何かについて話せる方法の数」となる。

▶ determines の後が目的語で，「何を決定するのか」が述べられている。表現は主部と同じ the number of ways S V の形なので，「あなたがそのことについて考えられる方法の数」となる。

**7**　正解は (A)

▶選択肢の意味は以下の通り。

　(A)「不安」　(B)「制限」　(C)「自然さ」　(D)「情熱」

▶第1段第2文 (I mentioned all …) に，アドレナリンの上昇は「気楽に過ごせる場所から出た時に誰にでも生じる」とある。

▶このことから，最終段最終文 (This doesn't make …) の adrenaline は，アドレナリンによって生み出される感覚を表す言葉として使われていると考えられるので，(A) anxiety が最も適切である。

▶(B)・(C)・(D)はアドレナリンとの関係が不明なため不適である。

---

1　(D)

2　(C)

3　(B)

4　未来のために変化に対する順応性を持って生きるか，変化を避けて生きることで未来を失うかの選択は，自分自身が決めることだ，ということ。

5　change

6　何通りの方法で物事について語れるかによって，それについて何通りの考え方ができるのかが決定される。

7　(A)

# 33

次の文を読んで，下の問いに答えなさい。

(星印(＊)の付いた語には本文の後に注があります。)


The number of Japanese students studying overseas has been （　ア　）. According to an Education Ministry report, the number of students traveling abroad for higher education in 2007 was just 75,156; this is the third consecutive＊ year in which the figure has declined.　It appears as though ambition has gone missing from today's youth, and they have been turning increasingly inward＊.

The Japan-U.S. Educational Commission's executive director believes that while youth of the past were filled with ambition to explore, 今の若者は日本の生活が快適過ぎて，あえて外の世界で冒険する必要はないと思うのだろう。(1)　He also suggests that 3年次に就職活動が開始，学費値上がり，インターネットの普及，など複数の要因が現状を引き起こしたのではないか。(2)

A former president of a university in Tokyo （　イ　） the lack of response from young people despite many opportunities for scholarships, saying that the ratio of applicants to scholarship openings is 1:1.　若者はお金があっても，なかなか海外に出たがらない。(3)　（　ウ　）, he does not believe that this is the result of an inward-looking nature among youth: The problem is environment.　Japanese universities try to fence in students so that they can fill their campuses to capacity, and instructors hate to let go of talented students.

※Mainichi Daily News, June 7, 2010.　一部改変

（注）

consecutive：連続した

inward：内向きな


1．ア，イ，ウに入る最も適切な語を選び，記号で答えなさい。

ア．(A) dropping　　(B) disappearing　(C) increasing　(D) widening

イ．(A) appreciates　(B) comments　　(C) praises　　(D) regrets

ウ．(A) However　　(B) Instead　　　(C) Otherwise　(D) Therefore

2. 空所A～Fに指定の語数からなる最も適切な英語を入れて，下線部(1)～(3)の英訳を完成させなさい。ただし，文頭にくる語は大文字で始めなさい。

(1) Youth today are not inclined to go out of their way to (A [ 2 語]) in the outside world because they find their lives too (B [ 1 語]).

(2) Factors (C [ 2 語]) the job-hunt beginning in their third year of college, increased tuition, and the spread of the Internet have (D [ 1 語]) the current state of affairs.

(3) (E [ 2 語]) they have money, young people (F [ 1 語]) the desire to go abroad.

## 全 訳

### ■減少する日本人留学生

❶ 海外で学ぶ日本人学生の数は減少している。文部科学省の調査によると，2007年に高等教育を受けるために海外に行った学生の数はわずか 75,156 人だった。これにより，3 年連続でこの数は減少したことになる。今日の若者は野心を失い，年々内向きになっているようにも思える。

❷ 日米教育委員会の事務局長の考えによると，以前の若者が冒険をしようという野心でいっぱいだったのに対し，今の若者は日本の生活が快適過ぎて，あえて外の世界で冒険する必要はないと思うのだろう。彼はまた 3 年次に就職活動が開始，学費値上がり，インターネットの普及，など複数の要因が現状を引き起こしたのではないかと主張する。

❸ 東京のある大学の元学長は，志願者と奨学金の募集の数の割合は 1 対 1 だと話し，奨学金を得る機会が数多くあるのに若者からの反応が欠けていることを嘆いている。若者はお金があっても，なかなか海外に出たがらない。しかし彼は，これが若者が持つ内向きの性質によるものだとは考えていない。問題なのは環境である。日本の大学は，キャンパスを学生でいっぱいにできるように彼らを囲い込み，教員陣は優秀な学生を手放すことを嫌うのである。

**各段落の要旨**

❶ 海外留学をする日本人学生が 3 年連続で減少している。

❷ 日米教育委員会事務局長によると，留学減少の理由として，学生の冒険心の問題以外にも，就職活動や学費やインターネットの普及などが考えられるという。

❸ 奨学金制度があるにもかかわらず，学生は留学しようとしない。これについては，優秀な学生を手放そうとしない大学側にも責任がある。

## 解 説

**1 ア 正解は (A)**

▶選択肢の意味は以下の通り。

(A)「減少している」 (B)「消えつつある」

(C)「増加している」 (D)「広くなっている」

▶アを含む第 1 段第 1 文（The number of …）の内容は，後続の第 2 文（According to an …）で具体的に言い換えられているので，両文の趣旨は一致するはずである。

▶第 2 文で「3 年連続で減少した」と述べられているので，(A) dropping が最も適切である。

**イ 正解は ⑩**

▶選択肢の意味は以下の通り。

　(A)「～をありがたく思う」　(B)「論評する」

　(C)「～をほめる」　⑩「～を残念に思う」

▶直後の the lack of response from young people「若者からの反応がないこと」は，空所に入る動詞の目的語となっており，本文の趣旨と照らし合わせると⑩ regrets が最も適切である。

▶(B) comments の場合は，「～について」の意味の前置詞 on が必要となり不適。

**ウ 正解は (A)**

▶選択肢の意味は以下の通り。

　(A)「しかしながら」　(B)「その代わりに」

　(C)「そうでなければ」　(D)「それゆえに」

▶空所に入る語は，元学長が，機会があるのに留学しない日本の若者の行動を残念に思っている，という記述と，責任は若者にはない（環境が問題だ），という記述とを結んでいる。

▶よって，逆接の意味を持つ(A) However が適切。

**2 (1) 正解は A．have adventures　B．comfortable**

▶（A）は「冒険する」を訳す部分である。2語なので「冒険」を名詞で用いて have adventures とする。

▶（B）は find O C の「OがCだと思う」の構文である。Cが「快適な」になっているので，comfortable を補う。

**(2) 正解は C．such as　D．caused**

▶（C）は「～など」に当たる部分を訳す問題。後続の部分が就職活動や学費値上がりなど具体例になっているので，such as が適切である。

▶（D）は「～を引き起こした」の意味で過去分詞を補う箇所なので，caused を補う。

**(3) 正解は E．Even if　F．lack**

▶（E）は「若者はお金があっても」という和文の意味から，「たとえ～でも」と譲歩を表す Even if が適切である。

▶（F）は「～したがらない」をどう表現するかがポイントとなる。直後の目的語が the desire to go abroad「海外へ出たいという欲求」となっているので，「これを欠いている」と言い換えればよい。よって lack を補う。

1　アー(A)　イー(D)　ウー(A)
2　(1)A．have adventures　B．comfortable
(2)C．such as　D．caused
(3)E．Even if　F．lack

解答

# 34

次の英文を読んで，下の問いに答えなさい。

（星印（＊）の付いた語句には本文の後に注があります。）


I didn't have a chemistry set when I was a kid. Instead, my dad and I raided the shed for glass jars and filled them with varying amounts of water to make our own musical instrument. For me it was the start of a lifelong passion for science — yet I didn't go on to become a scientist. I was a massive fan of painting and writing at school, so I saw myself as an artist. I excluded myself from science because I didn't think you could do both.

We need scientists more than ever, not least to work out how to tackle the effects of climate change. Yet like me, many children who initially show an interest in (  A  ) are rejecting the subject at school. Why is this, and what can we do about it?

I believe that children are natural-born scientists. They have enquiring* minds, and they aren't afraid to admit that they don't know something. If you think about the spirit of science — deciding what you want to find out, setting out how you're going to discover it, then carrying out the experiment and coming to a conclusion — that's how kids work. Unfortunately, most of us lose this as (1) we get older. We become self-conscious and don't want to appear stupid. Instead of finding things out for ourselves we make assumptions that often turn out to be wrong.

So it's not a case of getting kids interested in science. You just have to find (2) a way to avoid killing the passion for learning that they were born with. I think it's no coincidence that kids start deserting science the moment it becomes formalised. Children naturally have a blurred approach to acquiring knowledge. They see learning about science or biology or cooking or how not to close a door on your feet as all part of the same act — it's all (  B  ). It's only because of

the practicalities of education that you have to start breaking down the curriculum into specialist subjects. You need to have a timetable, and you need to have specialist teachers who impart* what they know. Thus once they enter the formalised medium* of school, children begin to delineate* subjects and erect boundaries that needn't <u>otherwise</u> exist.
(3)

Dividing subjects into science, maths, English, poetry, art and so on is something that we do for convenience. In the end it's all learning, it's all information, but just as I once excluded myself from a scientific education, I see children making the same choice today. They look at science lessons and think: "This is for scientists, not for me."

Of course we need to specialise eventually. Each of us has only so much time on Earth, so we can't study everything. <u>At 5 years old, your field of knowledge and exploration is broad, covering anything from learning to walk to learning to count.</u>
(4)

Gradually it funnels down so that by the time you are 45, it might be one tiny little corner within science.

Of course we need specialised scientists to build experiments such as the Large Hadron Collider*, and solve problems such as working out how best to store hydrogen for fuel cells to make hydrogen-powered cars. But how many young minds are lost from science because they don't see themselves as scientists? Those losses are a shame for society, and a shame for the kids concerned too. They exclude themselves from a fascinating subject when in truth the difference between a 13-year-old scientist and a 13-year-old poet is really not that big.

We need a way to keep children bouncing along and excited about learning and discovery in general, despite <u>the barriers and boundaries they come across at school.</u>
(5)

Here I think there is a role for makers of popular TV, radio and books. After all, we don't have to worry about timetables and teachers.

In my new TV series, *Blast Lab*, I get together with teams of children in my underground lab and we carry out experiments, from making an apple pie without any apples to keeping a ping-pong ball floating in the air to making a jelly volcano. It gets messy, and I have as much fun as the kids do because I'm learning along with them. There's a shared sense of "Ha, we found out!" Rather than trying to distil* a massive catalogue of knowledge and passing it down, as happens in (　C　)s, or trying to say "this is science", I wanted to make a programme that passes on to the children who watch it the confidence to go and find things out for themselves.

(注)

　enquiring：inquiring

　impart：teach

　formalised medium：formal environment

　delineate：distinguish

　the Large Hadron Collider：大型ハドロン衝突型加速器(世界最大の素粒子加
　　　　　　　　　　　　　　　　速実験装置)

　distil：extract the essence of

1. 下線部(1)の this が指すものを，本文中から選び，英語で答えなさい。

2. 下線部(2)を日本語に訳しなさい。

3. 下線部(3)の otherwise の内容を，日本語で説明しなさい。

4. 下線部(4)を日本語に訳しなさい。

5. 下線部(5)の the barriers and boundaries they come across at school の内容
　を，本文に基づいて，日本語で説明しなさい。

6. 空所(　A　)(　B　)(　C　)に入る最も適切な語を，本文中から選び，英語
　で答えなさい。

出典追記：Why kids are natural-born scientists, New Scientist on December 30, 2008 by Richard Hammond

7. 次の中から，本文の内容に合っているものを 2 つ選び，選択肢順に記号で答えなさい。

(A)  In school, children acquire scientific knowledge separately from other classes.

(B)  Parents are expected to encourage their children to have an interest in science.

(C)  The practicalities of education are essential for revising school curriculums at all levels.

(D)  The author has not lost interest in science in spite of the science lessons in school.

(E)  Science classes should be replaced with shows just like ones in the TV series, *Blast Lab*.

## 全 訳

### ■子供の科学離れを防ぐには

❶私は子供の頃，化学実験セットを持っていなかった。その代わりに，父と私は倉庫をあさってガラスの瓶を探し出し，その瓶に異なる量の水を入れてお手製の楽器を作った。私にとっては，それが生涯にわたって続く科学への情熱の始まりだった——科学者になる道には進まなかったが。私は学校では，絵を描くことや文を書くことが大好きだったので，自分のことを芸術家肌の人間だと思っていた。私が科学の道を選ばなかったのは，両方をかけもちできるとは思わなかったからである。

❷ 我々はかつてないほど，特に気候変動の影響への対処法を考え出すために，科学者を必要としている。しかし私と同様に，最初は科学に関心を寄せた多くの子供が，学校ではこの科目を敬遠している。これはなぜであろうか，またこの件について，我々は何ができるであろうか。

❸ 私は子供というものは生まれながらの科学者であると考えている。子供は探究心を持っており，自分が何かを知らないと認めることを恐れない。もし科学の精神——つまり何を明らかにしたいのかを決め，探究の方針を定め，それから実験を行い結論に達する——について考えれば，これは子供の行動そのものである。残念なことに，我々の大部分は，年をとるにつれ，このことを忘れてしまう。我々は人目を気にするようになり，愚かに見られたくないと思うのである。自分たちの力で物事を解き明かす代わりに，しばしば結局間違いだと判明するような当て推量をするようになるのだ。

❹ だから，これは子供が科学に関心を持つようにさせるという問題ではない。(2)子供が持って生まれた学びに対する情熱を消してしまうことを避ける方法を見出しさえすればよいのだ。私は，科学が形式化されたとたんに，子供が科学に見切りをつけるのは偶然の一致ではないように思う。子供が知識を得るために，明確でない方法を用いるのは自然なことである。子供は，科学や，生物学や料理や，ドアを足にぶつけずに閉める方法の習得を，すべて同じ行為の一部とみなす——すべては学習なのだ。教育課程を専門科目に分けなくてはならないのは，単に教育の実用性の問題なのである。時間割を持つ必要があるし，知識を教えるための専門の教師が必要となる。だから，一度学校という型にはまった環境に入ってしまうと，子供は科目を区別し始め，そうでなければ存在する必要がなかった境界線を作るのである。

❺ 教科を科学，数学，英語，詩歌，芸術などに分けるのは，我々が利便性のためにすることである。結局のところ，これらはすべて学習であり，情報であるのだが，

私自身がかつて科学の教育を退けたのとまったく同じ選択を，現在の子供がするのを見かける。彼らは科学の授業を見て，次のように考えるのだ。「これは科学者向きであって，僕には向かないな」

❻ もちろん我々は，最終的には専門家になる必要はある。我々一人一人が地球上で持てる時間は限られているので，すべてを学ぶことはできない。(4)5歳のときには，人の持つ知識と探究の領域は広く，歩き方を学ぶことから，数え方を覚えることまで，あらゆることに及んでいる。その領域は徐々に狭まってゆき，45歳になるまでには，科学の中のほんの狭い領域になるかもしれない。

❼ もちろん，大型ハドロン衝突型加速器のような実験装置を作ったり，水素自動車製造のために水素を最も効率よく貯める燃料電池をいかに製作するか，といった問題を解決したりするためには，専門知識を持った科学者が必要である。しかし，自分たちを科学者だと考えないことで，どれだけ多くの若い頭脳が，科学から失われてしまうであろうか。これらの損失は，社会にとっては非常に残念なことだし，当の子供たちにとっても不幸なことだ。実際には，13歳の科学者と13歳の詩人の差はそれほど大きくはないのに，子供たちは魅力ある科目から身を引いてしまうのである。

❽ 子供が学校で出会う障壁や境界線が存在する中にあっても，学習や発見全般に心はずませ，熱中し続けられるための方策を，我々は必要としている。ここに私は，人気のあるテレビ番組や，ラジオや本の作り手が持つ役割があると思う。なにしろ，我々は時間割や教師のことを気にする必要がないからである。

❾ 私の新しいテレビシリーズ『爆発実験室』では，私の持つ地下の実験室に子供のグループを集め，リンゴを使わずにアップルパイを作る実験から，ピンポン玉を空中に浮かせ続ける実験，ゼリーで火山を作る実験まで行う。やっかいな面はあるが，私も子供たちと同じように楽しめる。なぜなら，私も彼らと一緒に学ぶからである。「ほら，見つけた」という感覚が分かち合えるのだ。学校でよくあるように，莫大な知識の一覧を抜き出し，それを後世に伝えることや，「これが科学だ」などと話そうとするよりも，自主的に動いて何かを見つけるための自信を，視聴する子供に伝える番組を私は作りたかったのだ。

各段落の要旨

❶ 私の科学への情熱は，子供の頃，父親と一緒にガラス瓶で手製の楽器を作ったことが始まりだった。

❷ 初め科学に興味を持っていた子供が，学校でこの科目を敬遠するようになる。どうすればこれに対処できるだろうか。

❸ 子供は生まれながらの科学者なのだが，大人になるにつれ，人目を気にするようになり，物事を解き明かすことをやめてしまう。

❹ 子供にとっては，その行為のすべてが学習なのだが，学校という環境の中では，専

門の科目に区別され，境界線が作られてしまう。

❺ 科目が区別されると，子供は科学の授業が自分には向かないと判断するようになる。

❻ 子供のときの知識と探究の領域は広いのだが，すべてを学ぶことはできない。大人になるにつれて，我々は何らかの専門家になっていく。

❼ 専門家は必要である。しかし，科目の専門化によって，子供たちの科学離れが進むのは社会にとっても子供たち自身にとっても残念なことである。

❽ 子供たちが学習や発見に熱中し続けていくためには，時間割や教師を必要としないテレビ，ラジオ，書籍などの導入が必要である。

❾ 私のテレビ番組では，実験室に子供たちを集め，様々な実験を楽しんでいる。私は，自主的に動いて何かを見つける喜びを，子供たちに教えたいのだ。

## 解　説

1　正解は　the spirit of science
▶第3段の趣旨は，子供は生まれながらに科学者に必要な精神を持っているが，大人になるにつれ，これが失われてしまうということである。
▶よって，this が指しているのは前文（If you think …）の the spirit of science「科学の精神」であると考えられる。

語句　ダッシュで挟まれた長い挿入部分は，この the spirit of science を具体的に説明している。deciding, setting, carrying, coming はすべて動名詞で「～すること」という意味である。

2　You just have to find a way to avoid killing the passion for learning that they were born with.
▶just はここでは only とほぼ同じ意味なので，just have to *do* は「ただ～すればよい」という意味になる。
▶a way to avoid の to avoid は a way を修飾する形容詞的用法の不定詞で，「～を避けるための方法」となる。
▶killing … learning は avoid の目的語で，「学ぶことへの情熱をなくすこと」となる。
▶続く that は the passion for learning を先行詞とする関係代名詞で，were born with ～「～を持って生まれた」と合わせて，「彼ら（子供たち）が持って生まれた学ぶことへの情熱」という意味になる。

3　▶下線部の意味は「もしそうでなかったら」なので，当該文を訳すと「だから，一度学校という型にはまった環境に入ってしまうと，子供は科目を区別し始め，そうでなければ存在する必要のない境界線を作る」となる。

▶「そうでなかったら」の「そう」が指すのは，前の部分の条件「学校という型にはまった環境に入る」ことである。よって，otherwise は「学校に入らなければ」という内容になる。

語句　erect「（線）を引く」


**4**　At 5 years old, your field of knowledge and exploration is broad, covering anything from learning to walk to learning to count.

▶冒頭の at 5 years old は，when you're 5 years old と同義で「5歳のときに」の意味。これが時を表す副詞節になっている。

▶文全体の主部は your field … and exploration「あなたが持つ知識と探究の領域」で，それが broad「広い」と説明している。

▶covering 以下は分詞構文であるから，cover「～に及ぶ」の主語も文の主部と一致する。働きとしては，「広い」を補足説明していると考えられる。

▶anything 以下は，anything from *A* to *B* の形で「*A* から *B* に至るまで何でも」の意味であり，*A* が learning to walk「歩き方を学ぶこと」，*B* が learning to count「数え方を学ぶこと」となっている。


**5**　▶下線部の意味は「彼ら（子供たち）が学校で出会う障壁や境界線」だが，本文の趣旨に即して内容を説明する。

▶第4段では，子供は知識を学ぶ際に分野ごとの境界を意識した学習はしない，と述べられている。また，第5段第1文（Dividing subjects into …）には，科目に細分化する理由は利便性のためである，とある。

▶以上のことから，下線部の「学校で出会う障壁や境界線」とは，子供が形式化された教育を受けるようになってから出会う，教科間の垣根のことを指していると考えられる。

語句　come across「～に出くわす」


**6　A**　正解は science

▶当該文の意味は，「しかし私のように，最初は（　A　）に興味を示した多くの子供が，学校ではその科目を拒絶している」となる。

▶第1段および第2段の内容から，筆者が興味を示した対象は science「科学」であったと考えられる。

**B**　正解は learning

▶当該文中に all part of the same act「すべて同じ行為の一部」とあり，ダッシュ以下はこの表現を具体的に言い換えていると考えられる。

▶「同じ行為」の指示対象は,「科学や生物学や料理や, ドアを足にぶつけずに閉めるのを学ぶこと」なので, 空所に入る1語は learning である。

## C　正解は school

▶当該部分の意味は,「(　C　)でよくあるように, 莫大な知識の一覧を抜き出し…『これが科学だ』と話そうとするよりも」となる。

▶最終段では筆者が制作するテレビの科学番組が紹介されている。分野にこだわらず子供が関心を持ちそうな実験を行うこと, 発見する喜びが得られる内容であることを考えると, 学校教育と異なる点をアピールしているようである。

▶空所に school を補うと, 番組と学校教育とを対照的に述べていることが明確になる。


## 7　正解は Ⓐ・Ⓓ

▶選択肢の意味と分析は以下の通り。

Ⓐ「学校では, 子供たちは科学的知識を他の授業とは分けて獲得する」　第5段第1文(Dividing subjects into …)に,「教科を科学, 数学, 英語, 詩歌, 芸術などに分ける」とあり, 学校では科目ごとに分けて知識を学ぶのだということがわかる。Ⓐはこの部分の趣旨に合致している。

Ⓑ「親は, 子供が科学に関心を持つように促すことを期待されている」　第4段第1・2文(So it's … born with.)に,「子供が科学に関心を持つようにさせるという問題ではなく, 子供が持って生まれた学びに対する情熱を損なわないようにしさえすればよい」とあり, Ⓑはこの部分の内容に反する。

Ⓒ「教育の実用性は, すべてのレベルの教育で学校の教育課程を見直すために必要不可欠である」　本文中に「教育の実用性」や「教育課程」といった表現は出てくるが, Ⓒのような趣旨の記述はないので不適。

Ⓓ「筆者は学校の科学の授業を受けたにもかかわらず, 科学に対する関心を失わなかった」　第1段第3文(For me it …)に「生涯にわたって続く科学への情熱の始まり」とある。同段最終文(I excluded myself …)に「科学の道へは進まなかった」と述べられているように, 筆者は科学者にはならなかった。しかし, 最終段で子供向けの科学番組を作ったと述べているように, 科学への情熱は消えなかったことがわかる。この趣旨に合致している。

Ⓔ「科学の授業は, テレビシリーズ『爆発実験室』にあるような番組に取って代わられるべきだ」　第8段および最終段の趣旨は, 学校のように時間割や教師の存在にしばられずに, 楽しく科学を教える手段として, テレビ, ラジオ, 本があるということである。学校の授業がこれらに取って代わられるべきだと主張しているわけではない。Ⓔはこの部分に反している。

1　the spirit of science
2　子供が持って生まれた学びに対する情熱を消してしまうことを避ける方法を見出しさえすればよいのだ。
3　学校という型にはまった環境に入らなければということ。
4　5歳のときには，人の持つ知識と探究の領域は広く，歩き方を学ぶことから，数え方を覚えることまで，あらゆることに及んでいる。
5　学校で形式的に分類された教科を学ぶことで意識するようになる，学問の分野の間に存在する垣根。
6　A．science　B．learning　C．school
7　(A)・(D)

# 35

次の英文を読んで，下の問いに答えなさい。

（星印（＊）の付いた語には本文の後に注があります。）

"Language is a window on the mind".
(1)

"There is something in the actual act of composing on paper that oils the juices of your cognitive* processes, so that as you write, ideas take on meaning and shape".

The two quotes above will form the basis of this analysis, and I shall be referring to them throughout the course of the essay, for they best explain the two greatest functions of writing in contemporary education and society. Language, both spoken and written, is often seen to be a good indicator of a person's intelligence. We, as a society, make judgements based on what a person says and how well they write. Chomsky believed that by analysing the sentences produced and understood by an individual, we are able to acquire an insight into the knowledge they possess. Literacy is extremely important in contemporary society, and therefore must have a vital role in contemporary education. As Curruthers suggests in the second quotation, writing also generates ideas and
(2)
aids the growth of the mind, making the act of writing essential in the development of an individual's mind.

It would be prudent* at this point to note that, as many linguists have argued, it is virtually impossible to separate reading and writing. The two skills are complementary and the development of each is inseparable from the other. Most importantly, the one supports the other, and strengthens it. Children must understand the code that translates speech into print, to both read and write, for
(3)
"reading is the way of decoding; writing the way of encoding the sounds of speech into print". Through both learning to read and to write a child begins to understand the roles language plays.

In today's literate society, it has become a necessity for an adult to possess at least basic language skills, and the government realises this. In 2001 the 'Get On Campaign' was launched, persuading adults to join one of the thousands of free courses around the country to eliminate their 'gremlins*' for good and improve their literacy and numeric skills. The Minister for Skills and Vocational* Education, Ivan Lewis, has admitted that "There are still too many people who are being held back in their everyday life because of their poor literacy skills". Even if the ability to write is not a requirement in an individual's job, in their daily lives they will come across many occasions when they will have to, whether it is filling in a tax form or jotting* a note to a friend or relative. Illiteracy is hugely detrimental* to a person and can prevent them from performing many essential tasks.

To give a child the best chance in life therefore, it is essential that they acquire literacy, and that they begin learning at the earliest possible opportunity. Most children's literacy skills start developing at a very young age. Through oral language, children learn to communicate by way of the shared activity of conversation. They learn to label objects, and therefore begin to give meaning to the world. Before children learn to write they start to read and be read to, and research has shown that pre-school children that grow up in a household immersed in books and reading and writing activities go on to possess greater literacy skills than those who don't.

(注)

  cognitive：relating to thought

  prudent：sensible

  gremlins：causes of a problem

  Vocational：relating to work or job

  jotting：writing quickly

  detrimental：harmful

1. 下線部(1)の a window on the mind と似た内容の表現を，本文中から探して，その最初の語と最後の語を書きなさい。

2. 下線部(2)を日本語に訳しなさい。

3. 下線部(3)の the code that translates speech into print の内容を，日本語で説明しなさい。

4. 下線部(4)の for good の意味としてふさわしいものを，次の(A)～(D)の中から1つ選び，記号で答えなさい。

(A) for a short period        (B) for the good of society

(C) permanently        (D) effectively

5. 下線部(5)(引用符 " " の内部)を日本語に訳しなさい。

6. 下線部(6)の have to の後には，解釈上省略されている動詞が1語あると考えられる。その語を本文中から探し出して書きなさい。

7. 下線部(7)の to label objects が表す内容を，日本語で説明しなさい。

8. 次の中から，本文の内容と合っていないものを3つ選び，選択肢の順に記号で答えなさい。

(A) The act of encoding the sounds of speech into print helps one's mind grow.

(B) In the country mentioned in this essay, a large number of people cannot read and write.

(C) Literacy, the ability of reading and writing, is unimportant in contemporary education.

(D) The children who grow up with a lot of reading and writing activities can acquire greater literacy skills.

(E) According to many linguists, the skills of reading and writing are independent of each other.

(F) In general, children begin to develop their literacy skills at a later stage of their growth.

## 全 訳

### ■読み書きを学ぶことの意義

❶「言語は思考力をのぞく窓である」

❷「紙の上で作文をするという現実の行為には，人の認識過程の活力を円滑に働かせる何かが存在し，これにより，書いていくうちに，考えは意味と形を持つようになる」

❸ 上記の2つの引用は，この分析の根幹を形成するものであり，このエッセー全体を通じてこれらについて述べることになるだろう。それというのも，これらは，現代の教育と社会において，書くことが持つ2つの最重要の機能を最もうまく説明するからである。言語というものは，話し言葉も書き言葉も，しばしば人の知性を測るよい指標であると見なされる。我々は，社会として，人が何を話すのかや，どれだけうまい文章を書くのかに基づいて他人を判断する。チョムスキーは，人が生み出す文や，理解する文を分析することにより，我々はその人たちの持つ知識に対する洞察を得ることができると信じていた。現代社会においては読み書き能力は非常に大切であり，だからこそ，現代の教育において極めて重要な役割を持たなければならない。2番目の引用でカルザースが述べているように，(2)ものを書くことはまた，認識を生み出し，思考力の成長を促進するのであり，人の思考力の発達において，書くという行為を必要不可欠なものにしている。

❹ 多くの言語学者が主張したように，この段階では読むことと書くことを分けるのは事実上不可能だと述べるのが，理にかなっているだろう。この2つの技能は相互補完的で，一方の発達をもう一方と切り離すことはできない。最も大切なのは，一方がもう一方を補助し，強化するということである。子供は，話し言葉を文字に変換する符号を，読むことと書くことの両方のために理解しなければならない。というのも，「読むこととは解読の方法であり，書くこととは話し言葉の音声を，文字へと符号化すること」だからである。読み書きの両方を学ぶことにより，子供は言語の果たす役割を理解し始めるのだ。

❺ 今日の読み書きに通じた世の中では，成人が少なくとも基本的な言語能力を持つことは必要であり，政府はそのことを認識している。2001年に，「参加キャンペーン」が始まり，成人が「トラブルの原因」を永久に取り除き，読み書きや計算する能力を向上させるために，全国で開かれる数千の無料講座の一つを取ることを促進した。技能・職業教育担当大臣のイヴァン=ルイスは，「(5)いまだにあまりに多くの人が，自らの貧弱な読み書きの能力が原因で，日常生活において後れを取っている」ことを認めた。書く力が，個人の仕事上必ず要求されるものではなくても，日

常生活においては，例えば，納税申告書に記入したり，友人や身内に急いでメモを書き残したり，何かを書かねばならない状況に出会うことは多々あるだろう。読み書きができないことは，人間にとって非常に有害であり，多くの必須の作業を行うことを妨げる。

❻ それゆえ，子供に人生における最高の機会を与えるためには，読み書きを身につけること，しかもできるだけ早い時期に学び始めることは欠かせない。大部分の子供が持つ読み書きの技能は，非常に早い時期に発達を始める。口頭言語によって，子供は会話という共通の活動を通じて意思疎通することを学ぶ。子供は物に言葉を当てて区別することを学び，そしてそれゆえ世の中に意味を与え始める。書くことを学ぶ前に，子供は読むことを始め，また読んで聞かせられることも始まる。またある研究によれば，本や読み書きをする機会にあふれた家庭に育った就学前の子供は，そうでない子供と比べてより高い読み書き能力を身につけることになる。

**各段落の要旨**

❶ 「言語は思考力をのぞく窓である」

❷ 「書くという行為には，人の認識力を円滑に働かせる何かが存在し，書いていくうちに考えは意味と形を持つようになる」

❸ このエッセーでは上記2つの引用について述べる。書くことによって，認識力と思考力が成長し，書き言葉を見れば書き手の知性もわかるからである。

❹ ただし，書くことと読むことを切り離すのは難しい。子供は読み書きの両方を学ぶことにより，言語の役割を理解する。

❺ 現代の社会では，読み書きの能力は，日常生活を無難に送るために必要不可欠である。

❻ 子供はできるだけ早い時期に読み書きの能力を身につけるべきである。就学前に読み書きの機会が多かった子供は，より高い読み書き能力を身につけられる可能性があるからだ。

## 解 説

1　正解は 最初の語：a　最後の語：intelligence

▶下線部の意味は「mind の窓」となる。

▶ mind は「心」「知性」「精神」など，いくつかの訳語に対応するが，ここでは「考える力」を意味していると考えられる。

▶ a window on「～の窓」は比喩的な表現で，「思考力を知る手段」と言い換えることができる。

▶第3段第2文（Language, both spoken …）に，a good indicator of a person's intelligence「人の知性を知るよい指標」という表現があり，これが下線部と同様

の内容を表していると考えられる。

2 **writing also generates ideas and aids the growth of the mind, making the act of writing essential in the development of an individual's mind**

▶当該部分の主語は冒頭の writing。この主語に対する述語動詞が，and で並列に結ばれている generates「～を生み出す」と aids「～を促進する」である。したがってコンマまでの訳は「書くことはまた，認識を生み出し，思考力の成長を促す」となる。

▶ making 以下は分詞構文で，意味上の主語は冒頭の writing である。構文としては make O C（形容詞）で「O を C（の状態）にする」と捉え，「書くという行為を必要不可欠（なもの）にしている」という意味になる。

▶最後に，in 以下は副詞句で，「個人の思考力の発達において」となる。

3 ▶下線部の意味は「話し言葉を文字に変える符号」となるが，これは「書くこと」を説明的に言い換えた表現である。

語句 code「符号」 translate A into B「A を B に変える」 print「活字」

4 **正解は** (C)

▶選択肢の意味は以下の通り。

(A)「短期間」 (B)「社会のために」 (C)「永久に」 (D)「効果的に」

▶ for good は「ずっと，永久に」という意味の熟語なので，(C)が最も適切。

5 **There are still too many people who are being held back in their everyday life because of their poor literacy skills**

▶基本は there is〔are〕構文。「いまだにあまりにも多くの人がいる」がこの文の骨格となる。

▶ who は too many people を先行詞とする関係代名詞。who の動詞は are being held back で，受身の現在進行形になっており，「成長・発展を妨げられている」→「後れを取っている」と考える。

語句 because of ～「～のせいで」 poor「不十分な，貧弱な」

6 **正解は** write

▶第 5 段第 4 文（Even if the …）の前半に「書く力が仕事において必要とされなくても」とあることから，下線部の後に write を補うと，「日常生活においては，書かなければならない状況に出くわすことは多いだろう」となり，文意が通る。

▶下線部直後に，「納税申告書を書く」「友人や身内にメモ書きを残す」など，日常生活で書く行為が必要な場面の具体例が挙げられている点もヒントとなる。

語句　requirement「必要条件」　when は many occasions を先行詞とする関係副詞。

**7**　▶ label は「～に名前を付ける，～を分類する」などの意味だが，子供たち（They）がそれぞれ物に名前を付けるわけではないので，物には名前があることを学び，その物に当てられた言葉によって物を区別するようになることを指している，と考えるのが妥当である。

**8　正解は Ⓒ・Ⓔ・Ⓕ**
▶選択肢の意味と分析は以下の通り。

⒜「話し言葉の音声をコード化して文字にすることは，人の思考力の成長を助ける」第3段最終文（As Curruthers suggests …）で，「ものを書くことは思考力の成長を促進する」と述べられており，「ものを書く」という行為は「音声をコード化して文字にすること」なので，この部分の趣旨に合致している。

⒝「このエッセーで述べられている国では，読み書きができない人がたくさんいる」第5段第3文（The Minister of …）によると，技能・職業教育担当大臣のイヴァン＝ルイスは，「あまりに多くの人が自らの貧弱な読み書きの能力が原因で…」と，読み書きが不十分な人がたくさんいることを認めている。⒝はこの部分の趣旨に合致している。

⒞「リテラシー，つまり読み書きする力は，現代の教育においては重要ではない」第3段第5文（Literacy is extremely …）では，「現代社会においては，読み書き能力は非常に大切である」と述べられており，⒞とは正反対の内容である。よって本文の内容と合っていないので，これを正解とする。

⒟「たくさんの読み書きの経験をして育った子供は，より高い読み書きの力をつけることが可能である」　最終段最終文（Before children learn …）に，「本や読み書きをする機会にあふれた家庭に育った就学前の子供は，より高い読み書き能力を身につけることになる」という記述があり，⒟はこの部分に合致している。

⒠「多くの言語学者によると，読み書きの能力はそれぞれ独立している」　第4段第2文（The two skills …）に，「この2つの技能（読むことと書くこと）は相互補完的で，一方の発達をもう一方と切り離すことはできない」とあり，独立しているとは言えない。よって正解となる。

⒡「一般に，子供は読み書きの力を成長段階の遅い時期に発達させ始める」　最終段第2文（Most children's literacy …）に，「大部分の子供が持つ読み書きの技能は，非常に早い時期に発達を始める」とある。⒡はこの部分の趣旨に反しており，正解

となる。

1　最初の語：a　最後の語：intelligence
2　ものを書くことはまた，認識を生み出し，思考力の成長を促進するのであり，人の思考力の発達において，書くという行為を必要不可欠なものにしている。
3　音声を文字に変換する符号，つまり文章の書き方のこと。
4　(C)
5　いまだにあまりに多くの人が，自らの貧弱な読み書きの能力が原因で，日常生活において後れを取っている。
6　write
7　物に言葉を当てて区別すること。
8　(C)・(E)・(F)

# 36

次の英文を読んで，下の問いに答えなさい。

A comparison between reading and viewing television may be made in respect to the pace of each experience, and the relative control a person has over
(1)
that pace, for the pace may influence the ways one uses the material received in each experience. （ 2 ）, the pace of each experience may determine how much it intrudes upon other aspects of one's life.

The pace of reading, clearly, depends entirely upon the reader. She may read as slowly or as rapidly as she can or wishes to read. If she does not understand something, she may stop and reread it, or go in search of elucidation before continuing. The reader can accelerate her pace when the material is easy or less than interesting, and slow down when it is difficult or enthralling. If what
(3)
she reads is moving, she can put down the book for a few moments and cope with her emotions without fear of losing anything.

The pace of the television experience cannot be controlled by the viewer; only its beginning and end are within her control as she turns the television on and off. She cannot slow down a delightful program or speed up a dreary one. She cannot turn back if a word or phrase is not understood. The program moves
(4)
inexorably forward, and what is lost or misunderstood remains so.
(5)
（ 6 ） can the television viewer readily transform the material she receives into a form that might suit her particular emotional needs, as she invariably does with material she reads. The images move too quickly. She cannot use her own imagination to invest the people and events portrayed on television with the personal meanings that would help her understand and resolve relationships and conflicts in her own life; she is under the power of the imagination of the show's creators. In the television experience the eyes and
(7)

ears are overwhelmed with the immediacy of sights and sounds. They flash from the television set just fast enough for the eyes and ears to take <u>them</u> in before
<sub>(8)</sub>
moving on quickly to the new pictures and sounds . . . so as *not to lose the thread*.

Not to lose the thread . . . it is this need, <u>occasioned</u> by the irreversible
<sub>(9)</sub>
direction and relentless <u>velocity</u> of the television experience, (　11　) not only
<sub>(10)</sub>
limits the workings of the viewer's imagination, but also causes television to intrude into human affairs far more than reading experiences can ever do. If someone enters the room while one is watching television — a friend, a relative, a child, someone, perhaps, one has not seen for some time — one must continue to watch or one will lose the thread. The greetings must wait, for the television program will not. (　12　).

1. 下線部(1)の the pace of each experience の内容を，日本語で説明しなさい。

2. 空所(2)に入る最も適切な表現を，次の中から1つ選び，記号で答えなさい。

(A)　In conclusion

(B)　In addition

(C)　In every way

(D)　In contrast

(E)　Instead

3. 下線部(3)を日本語に訳しなさい。

4. 下線部(4)を日本語に訳しなさい。

5. 下線部(5)の so の内容を，日本語で明らかにしなさい。

6. 空所(6)に入る最も適切な表現を，次の中から1つ選び，記号で答えなさい。

(A)　No more

(B)　Nor

(C)　No sooner

出典追記：The Plug-In Drug：Television, Computers, and Family Life by Marie Winn, Viking Books

(D) Nothing

(E) Not only

7. 下線部(7)の show と同じ意味を表わす1語を，本文中から選び，英語で答えなさい。

8. 下線部(8)の them が指すものを，本文中から選び，英語で答えなさい。

9. 下線部(9)の occasioned と同じ意味を表わす語として最も適切なものを，次の中から1つ選び，記号で答えなさい。

(A) caused        (B) chanced        (C) happened

(D) met        (E) shared

10. 下線部(10)の velocity の代わりに使える語として最も適切なものを，次の中から1つ選び，記号で答えなさい。

(A) complexity        (B) curiosity        (C) difficulty

(D) rapidity        (E) stupidity

11. 空所(11)に入る1語を英語で答えなさい。

12. 空所(12)に入る最も適切な文を，次の中から1つ選び，記号で答えなさい。

(A) A book, of course, can be put down and taken up later, but it interrupts the greetings.

(B) A book, of course, cannot be closed and put aside either, when the conversation remains uninterrupted.

(C) A book, of course, can be set aside, perhaps with a bit of regret but with no sense of permanent loss.

(D) A book, of course, can be easily set down, and the reader suffers serious disadvantage.

## ■読書とテレビ視聴の違い

❶ 読書とテレビ視聴の比較は，それぞれを行うときのペースや，人がそのペースをコントロールできる割合という観点からしうるかもしれない。というのも，そのペースというものは，それぞれの経験で得られる素材の使い方に影響するかもしれないからである。さらに，それぞれの経験のペースは，それが人の生活の他の側面にどれほど介入してくるかを決定するかもしれない。

❷ 読書のペースは，完全に読者によるというのは明らかだ。読者はできるだけ，あるいはそうしたいだけ，ゆっくり，あるいは素早く読むかもしれない。何かわからないことがあれば，読み進むのをやめて読み直すかもしれないし，読み続ける前に不明な点の解明をしようとするかもしれない。読んでいるものが簡単だったり少しも面白くなかったりする場合には，読むペースを速めることができるし，難しかったり魅了したりするようなものならゆっくり読み進むことができる。(3)読んでいるものが感動的なら，読者はその本をしばらく置くことができるし，何か読み損なうという心配なく自分の感情と向きあうこともできる。

❸ テレビ視聴のペースは視聴者がコントロールすることはできない。視聴者のコントロール下にあるのは，テレビをつけたり消したりする初めと終わりだけだ。楽しい番組をゆっくりにしたり，つまらないものを速くしたりすることはできない。(4)ある語や言い回しが理解できない場合でも，テレビ視聴者は前に戻ることはできない。番組は容赦なく先へ進み，見聞きし損ねたり誤解したりしたことはそのままである。

❹ また，テレビ視聴者は，読書の素材に関してならいつでもできるようには，自分が受け取る素材を自分の特定の感情的な必要性に合った形に容易に変えることができない。画像はあまりにも素早く動いていく。視聴者は自分自身の想像力を使って，テレビに描かれている人々や出来事に，自分の生活の中にある人間関係やいさかいを理解したり解決したりする手助けとなるような個人的な意味を付与することができない。視聴者は番組制作者の想像力の支配下に置かれているのである。テレビ視聴では，目や耳は，映像や音の直接性に圧倒される。映像や音は，次の画面や音に素早く変わっていく前に目や耳がちょうどそれらを捕えられる程度の速さで，つまり「つながりが失われない」ように，テレビからぱっとあふれ出す。

❺ 視聴者の想像力の働きを制限するだけでなく，読書という経験で起こりうるよりもはるかに人間の行うさまざまなことにテレビが介入してしまうのは，つながりが失われないことという，流れを逆転することができず容赦のない速度があるとい

うテレビ視聴によって引き起こされる，この必要性のためなのだ。もし人がテレビを見ている最中に，友達でも親戚でも子供でも誰でも，あるいはしばらく会っていない誰かでも，その部屋に入って来た場合，テレビを見続けなければ，つながりを失ってしまう。挨拶はしばらく待たなければならない。というのも，テレビ番組は待ってくれないからだ。もちろん本なら，少しは残念な気持ちがあるだろうが，永久に何かが失われるという感覚なしで，脇に置くことができる。

各段落の要旨

❶ 読書とテレビ視聴は，それを行うペースやそのペースをコントロールできる割合という観点で比較可能である。

❷ 読書のペースやそのコントロールは，完全に読者にゆだねられる。

❸ テレビ視聴に関しては，視聴者がコントロールできることは，テレビのスイッチの操作以外にほとんどないと言ってよい。

❹ また，テレビ視聴では，視聴者は受け取る素材を自分の感情に合わせて変えることができず，番組制作者の想像力の支配下に置かれる。

❺ さらに，テレビ視聴では，視聴者が流れを止めたり逆転したりできないため，読書とちがって人の行動に介入してくる。

## 解 説

1　▶下線部を直訳すると，「それぞれの経験のペース」となるが，「それぞれの経験」を具体的に説明しなければ設問の指示を満たすことはできない。「それぞれの経験」は，当該文前半にある reading「読書」と viewing television「テレビ視聴」のことである。

▶また，「ペース」は，日本語でも使うのでそのままでもよいが，もう少し説明を加えるなら，「どのくらいの速度で行うかということ」となるであろう。

2　正解は (B)

▶選択肢の意味は以下の通り。

(A)「要するに」　(B)「その上，さらに」　(C)「あらゆる点で」

(D)「対照的に」　(E)「そうではなく，代わりに」

▶空所の直前の文（A comparison between …）では，「読書とテレビ視聴を，それらを行うときのペースという観点から比較できる」理由として，「そのペースがそれぞれの経験で得られる素材の使い方に影響する」ことを挙げている。

▶空所の直後は，「それぞれの経験のペースは，それ（読書／テレビ視聴）が人の生活の他の側面にどれほど介入してくるかを決定する」と続いており，空所の前後とも，読書とテレビ視聴のペースが及ぼす影響について述べている。

▶したがって，［付加］を表す(B) In addition が最も適切である。

語句 第1段第1文後半の for は，「というのは〜だから」という意味の接続詞。
intrude upon 〜「〜を侵害する」

## 3 If what she reads is moving, she can put down the book for a few moments

▶ what は関係代名詞で，「〜もの」という意味。she は特定の女性を指しているの
ではなく，同段第1文（The pace of reading, …）にある the reader「（一般の）読
者」のことなので，特に訳出しないか「読者」とする。

▶ is moving は進行形ではなく，moving が「感動的な」という意味の形容詞で，こ
こまでが If が導く副詞節となる。

▶直訳すると「もし読者が読むものが感動的なら」となるが，日本語の自然さから言
うと，「読んでいるものが感動的なら」などとするのがよいだろう。

▶主節は素直に「読者はその本をしばらく置くことができる」としてもよいが，「本
を置く」とは「読書を中断する」ということなので，「その本を読むのを少しの間
やめることもできる」などとしてもよい。

## 4 She cannot turn back if a word or phrase is not understood.

▶主節を直訳すると「彼女はもとに戻ることはできない」となるが，She は同段第1
文（The pace of the …）の the viewer「（一般の）テレビ視聴者」を指しているの
で，「彼女」ではなくこの表現を用いた方がよい。

▶ turn back はそのまま「もとに戻る」でよい。内容としては，見ているテレビ番組
を逆戻しして前の場面を見ることなので，「前に戻る」としてもよい。

▶ if 以下の訳は「もしある単語やある語句が理解されないなら」が文字通りだが，
主節の内容と合わせて考えると，if は even if「たとえ〜でも」と［譲歩］の意味
でとらえる方がよい。

▶また，受動態で表現されているが，日本語では能動態で「ある語や言い回しが理解
できない場合でも」とした方が自然である。

## 5 ▶当該文は「失われたり誤解されたりしていることはそのままである」が直訳。

▶受動態だが，日本語では能動の方がわかりやすいので，「失ったり誤解したりして
いる状態」のまま，と考える。

▶また，「失われた」とは，テレビ視聴に関することなので，「見聞きし損ねた」とい
う意味である。

## 6 正解は (B)

▶選択肢はどれも否定の意味を持っているが，他の語句と合わせて特定の意味を表したり，独特な語順になったりするものもある。

▶空所の直後が can the television viewer readily transform … と倒置になっていることに着目すると，文法的に適切なのは(B) Nor である。既出の否定の内容を受けて Nor V S と倒置の形になり，「S は V することもできない」という意味になるからである。No sooner も倒置になるが，後に than が必要である。

▶既出の否定の内容については，第3段第3文（She cannot turn …）の「前に戻ることができない」がそれに当たる。

## 7 正解は program

▶当該文は「彼女は show の制作者の想像力の支配下にある」が直訳。

▶she はテレビ視聴者であり，show の制作者とは，視聴者が見ている「番組」の制作者と考えるのが妥当である。よって第3段第2文（She cannot slow …）などにある program が同意である。

## 8 正解は sights and sounds

▶三人称複数で受けられるものを下線部から前にたどっていく。

▶同文の主語 They も同じものを指していると考えられる。「それらはテレビからぱっとあふれ出す」とあり，直前の文（In the television …）の最後にある sights and sounds「映像と音声」が最も適切である。

## 9 正解は (A)

▶選択肢の意味は以下の通り（過去分詞と考えられるので受身の意味になる）。
(A)「引き起こされる」 (B)「運任せで行われる」
(C)は自動詞なので受身の意味にならない
(D)「満たされる」 (E)「共有される」

▶occasion は動詞で「～を起こさせる，～を生じさせる」の意味なので，これを受身にすると「引き起こされる」となり，(A)が最も適切である。

## 10 正解は (D)

▶選択肢の意味は以下の通り。
(A)「複雑さ」 (B)「好奇心」 (C)「困難さ」
(D)「速さ，速度」 (E)「愚かさ」

▶velocity が「速度」という意味であることを知っていれば問題ないが，知らない場

合には文脈から探っていくことになる。

▶当該箇所ではテレビの特徴が述べられている。the irreversible direction「不可逆な方向」は，第3段第3文（She cannot turn …）の「前に戻ることはできない」と同じ内容と考えられるので，the relentless velocity は第4段の内容をまとめたものであると推測できる。

▶第4段第2文（The images move …）の「映像はあまりにも素早く動いていく」，最終文（They flash from …）の「映像や音は目や耳がちょうどそれを取り込めるくらいの速度でテレビから飛び出してくる」は，テレビの映像や音の速さを説明している。よって(D) rapidity が最も適切であると類推可能である。

## 11　正解は that〔which〕

▶空所の直後は not only となっているが，その後の limits が述語動詞である（対応する but also の直後の causes も同様に述語動詞）。

▶また，it is this need の直後 occasioned から空所直前の experience までは挿入句なので，limits の主語は this need であると考えられる。

▶つまり，it is … that ～ の強調構文になっているので，空所には that（またはwhich）が入る。

## 12　正解は (C)

▶選択肢の意味は以下の通り。

(A)「もちろん，本なら，いったん置いてあとで取り上げることができるが，それは挨拶を中断することになる」

(B)「もちろん，本なら，閉じることも脇に置くこともできず，その間，会話は中断されないままである」

(C)「もちろん，本なら，少しは残念な気持ちがあるだろうが，永久に何かが失われるという感覚なしで，脇に置くことができる」

(D)「もちろん，本なら，簡単に置くことができ，読者は非常に不利益を被る」

▶最終段は，テレビが逆戻りできず，進む速度も速いため，視聴者は見ることを中断できない，と述べている段落である。

▶同段第2文（If someone enters …）からは具体的に，テレビを見ている最中に人が来ても，見ることをやめられない場面を想定している。

▶選択肢はすべて A book「本は」で始まり，こうした場面で読書の場合ならどうなるかを対照的に述べている内容なので，「読書なら問題なく中断できる」という趣旨の選択肢を選ぶことになる。よって最も適切なのは(C)である。

1 読書とテレビ視聴をそれぞれどのくらいの速度で行うかということ。

2 (B)

3 読んでいるものが感動的なら，読者はその本をしばらく置くことができる

4 ある語や言い回しが理解できない場合でも，テレビ視聴者は前に戻ることは
   できない。

5 見聞きし損ねたり，誤解したりしている状態。

6 (B)

7 program

8 sights and sounds

9 (A)

10 (D)

11 that〔which〕

12 (C)

解答

# 37

次の英文を読んで，下の問いに答えなさい。

Among man's many accomplishments is his making of dictionaries. It is important for man to define words so that he can accurately communicate his thoughts to his neighbors. While defining many words presents little difficulty, constructing definitions for others sometimes creates problems. At the head of the list of baffling terms stands the word *time*.

This may seem strange to most of us, to whom "time" is a commonplace word that we use frequently every day. Perhaps we do not look upon the word as baffling because we usually think of time only in connection with clocks and calendars. But, considering for a moment, we will discover that <u>neither clock nor</u> <u>calendar really represents time itself</u>. These two inventions are only a means of reckoning and recording the *passage* of time.

(1)

<u>If time itself is not what we observe on the face of a clock or among the</u> (A) <u>numerals on a calendar, then what is it?</u> For an answer we must turn to the philosopher and the scientist. For some twenty-four centuries, time has been an intriguing subject to study for scholars — from Plato and Aristotle in the fourth century B.C.E. to Albert Einstein in the twentieth century. The ideas of these pioneering thinkers have given us an understanding of what an important and fascinating concept time is, and they show us why time is inseparable from the universe of space and matter and from our lives.

As for defining time, present-day scholars, dealing intimately with the subject, regard it from quite divergent viewpoints. <u>The psychologist</u>, who studies (2) our mental processes, would probably say that time represents the order in which we experience events or happenings by means of our senses. He sees time as inseparable from what we call "self," because it is "we ourselves" who are aware of things changing in a certain order: from "before" to "after." This certain order represents the time we personally experience and gives us the feeling of "going forward" in life.

In contrast to this, the physicist, working mathematically in his laboratory, (3) will explain that time to him is a quantity — a dimension. He adds this dimension to the dimensions of space in his calculations. In describing the universe, he is concerned with measurements in terms of centimeters, grams, and seconds: in other words, according to distance, mass, and time.

The astronomer will also define time as a dimension. In the observatory, he (4) measures the distance between planets, stars, or galaxies in terms of time. A common unit of measurement for him is the light-year: the distance traveled by light, with a velocity of 186,300 miles per second, in one year. He will tell you that the Pleiades, a group of stars visible to the naked eye, are approximately 333.3 light-years away, rather than use the equivalent of 2,000,000,000,000,000 miles. We ourselves use time as a dimension — although not so accurately as the astronomer — when we remark that a city is ten hours away by plane.

We can readily see from these definitions by psychologist, physicist, and astronomer that there can be no single, all-inclusive definition of time. There is only *one* time, but it has an astonishing variety of appearances. Although it may on some occasions seem either to pass too swiftly or to drag on interminably for (B) us, what we as individuals feel most strongly about time is its continuous flow. Everything happens in time, in the definite order of "one after the other," not only in the universe we see, but also within our living, thinking selves. Everything is within time's reach: from the restless cells that compose our bodies (C) to the thoughts that pass through our brains — from our motions to our emotions.

(注)  B.C.E. = Before Common Era（紀元前）

出典追記：The Riddle of Time by Thelma Bell and Corydon Bell, Viking Books

1. (a) 下線部(1)を日本語に訳しなさい。

   (b) なぜそうなのか，その理由を日本語で説明しなさい。


2. 下線部(2)の the psychologist によると，「時」とは

 (a) 何と結びついて認識されるものですか。日本語で説明しなさい。

 (b) どのようなものとして認識されるものですか。日本語で説明しなさい。


3. 下線部(3)の the physicist にとって，「時」はどのようなものですか。日本語で説明しなさい。


4. 下線部(4)の the astronomer にとって，「時」とは何を計測するものとして使われていますか。英語 1 語で答えなさい。


5. 下線部(A)の If time itself is not what we observe on the face of a clock or among the numerals on a calendar, then what is it? に対して具体例を挙げて答える場合，その具体例として，最も不適切なものは次のうちどれですか。(a)～(d)から 1 つ選び，記号で答えなさい。

 (a) Certain songs remind us of our younger days.

 (b) The invention of the magnetic compass took centuries to reach Europe from China.

 (c) Time is well spent when we are reading.

 (d) The deadline of the term paper is Monday next week.


6. 下線部(B)の either to pass too swiftly or to drag on interminably for us を表す状況の例として不適切なものを次の中から 1 つ選び，記号で答えなさい。

 (a) Boredom ruled the meeting when John explained the minute details of the problem.

 (b) Certain local buses tend to come either earlier or later than scheduled.

 (c) Jane came to herself when she heard birds singing after a night of netsurfing.

⒟　Rap music concerts can be a torture of noise for those who are not accustomed to them.

7. 下線部(C)の Everything is within time's reach の言いかえとして最も<u>適切</u>なものを次の中から1つ選び，記号で答えなさい。

⒜　Every culture has its own calendar.

⒝　Everyone has time within their reach.

⒞　Everything ── motions and emotions ── can be calculated by the same scale of time.

⒟　Time affects everything both physically and mentally.

## ■時の定義

❶ 人間が成し遂げてきた多くのことの中に，辞書の編纂がある。自分の考えを隣人に正確に伝えられるように，言葉を定義することが人間には重要なのである。定義することがほとんど困難ではない言葉はたくさんあるが，他の人のために定義をつくりあげるとなると，問題が生じることもある。当惑させる言葉のリストの筆頭にあるのが，「時」という語だ。

❷ これはほとんどの人には奇妙に思えるかもしれない。というのも，そうした人にとって「時」は毎日頻繁に使うありふれた語だからである。おそらく，通常私たちは時というものを，ただ時計やカレンダーに関連してのみ考えているため，この語を当惑させるものだとは思わないのだろう。しかし，しばらく考えてみれば，(1)時計もカレンダーも実際には時そのものを表してはいないとわかる。これら 2 つの発明は，時の「経過」を計算し，記録する手段に過ぎない。

❸ 時そのものとは，時計の文字盤やカレンダー上の数字の間に見えるものではないとしたら，一体それは何なのだろうか。答えは哲学者や科学者に求めなければならない。およそ 2400 年にわたって，時は学者にとって研究すべき非常に興味深いテーマであった。それは紀元前 4 世紀のプラトンやアリストテレスから，20 世紀のアルベルト＝アインシュタインにまで及ぶ。こうした先駆的思想家たちの考えをみると，時という概念がいかに重要で魅力的なものか理解できるし，なぜ時間が宇宙空間や物質，私たちの生活と切り離せないのかがわかる。

❹ 時の定義に関して言えば，今日の学者たちはこのテーマを深く取り扱い，それぞれ非常に異なった視点からみている。心理学者は，私たちの心の過程を研究するので，おそらく時とは私たちが五感を使って出来事や事件を経験する順序を表していると言うだろう。心理学者は，時を，いわゆる「自我」と切り離せないものと見なす。というのも，物事がある順序で，つまり「前」から「あと」へと変化するのに気づくのは「私たち自身」だからである。このある特定の順序が，私たちが個人的に経験する時を表しており，人生を「先に進む」という感覚を与えているのである。

❺ これに対して，物理学者は，研究室で数学的に仕事に取り組んでおり，自分にとっての時とは，ある量，つまりひとつの次元であると説明するだろう。物理学者は計算で，この次元（＝時）を空間という次元に加える。宇宙を説明するとき，物理学者はセンチメートル，グラム，秒による測定，言い換えると，距離，質量，時間に従った測定に関心をもつ。

❻ 天文学者も，時をひとつの次元と定義するだろう。天文台で，天文学者は惑星，恒星，銀河間の距離を，時に換算して測定する。天文学者が一般的に使う測定単位は光年である。これは，光が秒速 186,300 マイルという速度で 1 年に進む距離である。天文学者は，肉眼でも見える星の群れであるプレイアデス星団は，約 333.3 光年離れていると言うだろう。これと等しい 2 千兆マイルは使わない。私たち自身も，天文学者ほど厳密にではないが，ある都市が飛行機で 10 時間離れたところにあるなどと言うときには，時をひとつの次元として使っている。

❼ 心理学者，物理学者，天文学者によるこうした定義から，たったひとつの包括的な，時の定義はありえないことが，容易にわかる。時はたった「ひとつ」しかないが，その現れは驚くほど多様なのだ。時は私たちには，ある場合にはあまりにも速く過ぎ，またあるときには果てしなくだらだらと続くように思われるかもしれないが，個々の人間としての私たちが，時に関して最も強烈に感じるのは，その途絶えることのない流れである。ありとあらゆることが，時の中で，間違いなく「あることが他のことのあと」という順序で起こる。それは私たちが見る世界においてだけでなく，生きて考えている私たちの自我の中でもそうである。あらゆることが時の手の及ぶ範囲の中にある。私たちの体を構成している休むことのない細胞から，私たちの脳内を通り過ぎる思考まで，すなわち，私たちの運動から感情まですべてがそうなのだ。

各段落の要旨

❶ 人間はこれまでに言葉の定義を作り上げてきたが，「時」という語は定義が困難な言葉の1つである。

❷ 私たちは時計やカレンダーを用いて「時」を表現しているように思われるが，実は時の「経過」を計り，記録しているに過ぎない。

❸ 「時」とは何なのか，という問題は，長きにわたって興味深いテーマであり，宇宙や生活と密接に関係している。

❹ 「時」の定義は，研究分野によって異なる。たとえば，心理学者は「五感による経験の順序」と捉える。

❺ 物理学者は，「時」をひとつの次元であると考えて，空間という次元に加える。宇宙の説明の際には時間に従った測定も使用する。

❻ 天文学者も「時」をひとつの次元と考え，距離を時に換算して測定する。これが光年である。

❼ 「時」に対する唯一無二の定義は存在しないが，私たちが最も強く自覚するのは「時の流れ」であり，あらゆることが時の流れの中で起こっているのである。

## 解 説

1　(a)　neither clock nor calendar really represents time itself

▶ really は文意を考えると,「実際には,本当の意味では(表していない)」などと強めに訳してもよいだろう。

語句 neither *A* nor *B*「*A* も *B* も〜ない」 represent「〜を表す」 time itself「時そのもの,時間それ自体」

(b) ▶ because などの接続詞はないが,後続の第 2 段最終文(These two inventions …)の内容が理由を説明している。

▶ These two inventions「これら 2 つの発明品」とは, clock「時計」と calendar「カレンダー」のことであり, only a means of 〜「(これらは)〜の手段に過ぎない」と続いている。

▶ of の目的語は reckoning「計算すること」と recording「記録すること」で,この 2 つの動名詞が the *passage* of time「時の『経過』」を目的語として共有する形になっている。

**2** (a) ▶第 4 段第 3 文前半の He(=the psychologist)sees time as inseparable from what we call "self" が解答のポイントとなる。

▶「心理学者は,時を,いわゆる『自我』と切り離せない(=結びついている)ものと見なす」とあるので,この部分を説明する。

語句 see *A* as *B*「*A* を *B* と見なす」 what we call 〜「いわゆる〜」

(b) ▶時の認識については,第 4 段第 2 文(The psychologist, who …)の that 以下と,第 3 文の because 以下から最終文(This certain order …)にかけて説明されている。

▶前者では,「時とは私たちが五感(感覚)を使って出来事や事件を経験する順序」とおおまかに述べられており,後者で「私たちは『前』から『あと』へという一定の順序で物事の変化を認識する」「この順序が私たちの経験する時を表し,人生を『先に進む』という感覚を与えてくれる」という内容が詳しく述べられている。これらを総合してまとめるとよい。

▶ポイントは「時は出来事の順序として認識される」という点である。

語句 by means of 〜「〜によって」 最終文の述語動詞は represents と gives の 2 つ。we personally experience は直前の the time を修飾している。

**3** ▶端的な説明としては,第 5 段第 1 文(In contrast to …)後半の time to him(=the physicist)is a quantity—a dimension「物理学者にとっての時とは,ある量,つまりひとつの次元である」となる。

▶より詳細な説明としては,同段第 2 文(He adds this …)および最終文(In describing the …)で,物理学者がこの次元をどのように使うのか,という点が述

べられている。

▶第2文では「計算で，この次元（＝時）を空間という次元に加える」と述べられている。

▶続く最終文では，時とは，宇宙を説明するときに距離，質量とともに測定されるものだと述べられている。

語句　in terms of ～「～によって」


#### 4　正解は distance

▶第6段第2文（In the observatory, …）参照。

▶「彼（＝天文学者）は，惑星，恒星，銀河間の距離を，時に換算して測定する」とある。つまり，天文学者にとって，「時」とは「距離」を計測するためのものである。

語句　observatory「天文台」


#### 5　正解は (d)

▶下線部の意味は「時そのものとは，時計の文字盤やカレンダー上の数字の間に見えるものではないとしたら，一体それは何なのだろうか」となる。

▶つまり，時を時刻や日付で捉えている内容のもの，言い換えれば，客観的にあらかじめ示せるようなものとして捉えているものが不適切な例である。

▶選択肢の意味は以下の通り。
  (a)「特定の歌を聞くと，若かった頃のことを思い出す」
  (b)「方位磁石の発明は，中国からヨーロッパへ到達するのに何世紀もかかった」
  (c)「読書しているときには，時間をうまく使っている」
  (d)「学期末レポートの締め切りは来週の月曜日だ」

▶これらの選択肢の中で，時を時刻や日付で捉えているのは(d)なので，これを選択する。

語句　numeral「数字」


#### 6　正解は (b)

▶下線部の意味は「私たちにとって，（時は）あまりにも速く過ぎたり，果てしなくだらだらと続いたりする」となる。

▶これは，同じ1時間でも何かに夢中になって過ごしているときにはあっという間であり，興味を持てないことに関わっているときには長く感じるという心理的な側面を述べたものである。したがって，私たちの主観的な印象とは異なるものが不適切な例である。

▶選択肢の意味は以下の通り。

(a)「ジョンがその問題の非常に細かい点まで説明したとき，会合を倦怠感が支配していた」

(b)「ある地域のバスは，時刻表より早く来たり遅く来たりしがちだ」

(c)「ジェーンは一晩中ネットサーフィンをした後，鳥のさえずりを聞いてはっと我に返った」

(d)「慣れていない人には，ラップ音楽のコンサートは騒音の拷問かもしれない」

▶これらの選択肢のうちで，(b)のバスが早く来たり遅く来たりするのは私たちの主観とは無関係である。よってこれを選択する。

語句　swiftly「素早く」　drag on「だらだらと続く」　interminably「果てしなく」

## 7　正解は (d)

▶下線部の意味は「あらゆることが時の手の及ぶ範囲の中にある」となる。

▶同じ趣旨のことが，直前の文の冒頭でも Everything happens in time「ありとあらゆることが時の中で起こる」と述べられている。

▶「ありとあらゆること」とは，最終段最終文のダッシュ以下にあるように，「運動から感情まで」，つまり「運動という物理的なものから，感情という精神的なものまで」という意味である。

▶選択肢の意味は以下の通り。

(a)「すべての文化が独自の暦を持っている」

(b)「すべての人が時を自分の手中に収めている」

(c)「すべてのこと―運動も感情も―が，同じ時間の尺度で測れる」

(d)「時は物理的にも精神的にも，あらゆることに影響を及ぼす」

▶これらの選択肢のうちで，下線部の言い換えとして適切なのは(d)である。

▶(c)にも motions and emotions「運動も感情も」という表現があるが，本文にはこれらが同じ時間の尺度で測れるという内容の記述がないので不適。

語句　restless「絶えず動いている，休むことのない」

1　(a)時計もカレンダーも実際には時そのものを表してはいない
　(b)時計もカレンダーも，時の経過を計算し，記録する手段に過ぎないから。
2　(a)いわゆる「自我」と結びついて認識される。
　(b)出来事が「前」に起きたことから「あと」に起きたことへと進んでいくとい
　　う，私たちが感覚によって経験する一定の順序として認識される。
3　（空間の次元に加えられるものであり，宇宙を説明する場合に，距離や質量
　　とともに測定される）ある量，つまりひとつの次元。
4　distance
5　(d)
6　(b)
7　(d)

解 答

次の英文を読んで，下の問いに答えなさい。

　　Poverty was no disgrace （　1　） our household.　We were socialized early
（　2　）, by grandparents and parents, （　3　） assume that nobody's value
could be measured （　4　） material standards.　Value was connected to
integrity, to being honest and hardworking.　One could be hardworking and still
be poor.　My mother's mother, who did not read or write, taught us that it was
better to be poor than to compromise one's dignity, that it was better to be poor
than to （　5　）.

　　＊ From *Outlaw Culture* by Bell Hooks, Taylor & Francis

1.　空所(1)～(4)に入る語として最も適切なものを次の中から１つずつ選び，記号で
　　答えなさい。ただし，同じ語を２回以上選んではいけません。

(A)　at　　　　(B)　by　　　　(C)　in　　　　(D)　of　　　　(E)　on　　　　(F)　to

2.　空所(5)に次の語句を最も適切な順に並べかえて入れ，英文を完成させなさい。
　　その際，２番目と４番目は何になりますか。その順に記号で答えなさい。

(A)　in ways

(B)　allow another person to

(C)　that

(D)　assert power

(E)　were dehumanizing

(F)　over you

出典追記：Outlaw Culture : Resisting Representations by bell hooks, Routledge

## 全　訳

### ■人の価値を測る基準

> 貧困は私たちの家庭ではなんら不名誉なことではなかった。私たちは，どんな人の価値も物質的な基準では測れないのだと考えるように，幼い頃から祖父母や両親に教育されていた。価値は，高潔さ，つまり正直で勤勉であることと結びついていた。人は勤勉であり，なおかつ貧乏であるということがありうる。私の母の母は，読み書きはできなかったが，高潔さを損なうくらいなら貧乏でいるほうがよい，つまり，人間性を奪うようなやり方で他人が自分に対して力を行使することを許すくらいなら，貧乏でいるほうがよいと，私たちに教えた。

**要旨** 私は，祖父母や両親から，人の価値を測る基準は貧富などの物質的なものではなく，内面的なもの，すなわち勤勉さや正直さや高潔さである，と教えられて育った。

## 解　説

**語句**　disgrace「不名誉」　socialize「～を社会生活に適応させる」　ここでは「（子供を）しつける，教育する」というような意味であろう。assume that …「…を当然だと思う」　integrity「誠実，高潔」　compromise「（名誉・体面）を損なう」

1　(1)　正解は ©
▶「貧困は私たちの家庭では何ら不名誉なことではなかった」という意味になると考えられるので，©の in が最も適切である。

(2)　正解は (E)
▶あとに名詞が続いていないので，前置詞ではなく副詞として使えるものを考える。on には「続いてずっと」の意味があり，early on で「早くから（ずっと）」となる。よって(E)の on を選択する。

(3)　正解は (F)
▶直後に動詞の原形 assume があるので，to を補って不定詞にするのが妥当である。were socialized to assume that …「…だと考えるように教育された」と，目的を表す副詞的用法であると考えられる。

(4)　正解は (B)
▶直前に be measured，直後に material standards があることから，「物質的な基準で評価される」という意味になっていると考えられる。よって(B)の by が正解である。

2　正解は　2番目：(D)　4番目：(A)

▶空所の直前に to があり，これが it was better to be poor「貧しいほうがよかった」の形式主語 it に対する真の主語 to be poor との比較対象で，こちらも不定詞になっていると推測できる。

▶原形の動詞は(B) allow another person to と(D) assert power があるが，(B)の最後にも to があるので，この後に(D)が続いて不定詞を作っていると考えられる。これにより，allow another person to assert power「他人が力を行使することを許す」という表現が完成する。

▶次に，(E) were dehumanizing には複数形の主語が必要であり，それに当たるのは(A) in ways の ways のみである。しかし，前置詞がついた名詞はそのまま主語になることはできないので，(C) that を関係代名詞として間に挟めば，in ways that were dehumanizing「人間性を奪うようなやり方で」という意味になる。

▶残りの(F) over you は assert power の後に置くと「あなたに対して力を行使する」と意味がつながる。

▶完成文は allow another person to <u>assert power</u> over you <u>in ways</u> that were dehumanizing ((B)→(D)→(F)→(A)→(C)→(E)) となる。

# 第2章　英作文

# 39

次の英文を読んで，下の問いに 80 語程度の英語で答えなさい。ただし，句読点は語数に含めません。

In a 2008 article for *The Atlantic*, Nicholas Carr asked, "Is Google Making Us Stupid?" Carr argued that the internet as a whole, not just Google, has been weakening his capacity for concentration and reflection. He was concerned that the internet was "reprogramming us." However, Carr also noted that we should "be skeptical of his skepticism," because maybe he is just worrying too much. He explained, "Just as there's a tendency to glorify technological progress, there's a counter-tendency to expect the worst of every new tool or machine." Carr raised a continuing debate on and off the internet about how the medium is changing the ways we think, how we interact with text and each other, and the very fabric of society as a whole.

出 典："Is the Internet Making Us Stupid?," *ProCon/Encyclopaedia Britannica*, April 5, 2022 より抜粋，一部改変 (https://www.procon. org/headlines/is-the-internet-making-us-stupid-top-3-pros-and-cons/)

**Question:**
How is the internet influencing your life? Following the discussion above, write your opinion from your own experience.

## 全 訳

### ■インターネットが及ぼす影響

『アトランティック』の 2008 年の論説の中で，ニコラス゠カーはこう尋ねた。「グーグルは私たちを愚かにしつつあるのか？」 カーは，グーグルだけでなくインターネット全般が，自分の集中や熟考の能力を弱め続けていると主張した。彼はインターネットが『私たちを再プログラミング』しているのではないかと不安に感じたのだ。しかし，カーは「自分（＝カー）の懐疑的な態度についても疑う」必要があるとも述べた。なぜならただ心配しすぎているだけかもしれないからだ。「テクノロジーの進歩を美化しようとする傾向があるのと同じように，新しい道具や機械はどれも最悪だと予想しようとする反対の傾向も存在するのです」と彼は説明した。カーは，その媒体が私たちの考え方をどのように変えているか，テキストや人間との関わり方をどのように変えているか，そして社会全体の構造そのものをどのように変えているかについて，オンラインでもオフラインでも継続的な論争を引き起こした。

## 解 説

▶英文の質問の訳は以下の通り。

「インターネットはあなたの生活にどのような影響を与えているか。上の議論を踏まえて，自分自身の経験をもとに意見を述べなさい」

▶設問に「上の議論を踏まえて」という指示が与えられているので，まず英文を読んでその趣旨をつかんでおく必要がある。

●接続詞 that を用いた名詞節が多いので，直前の動詞と合わせて理解しておきたい。argue that ～「～だと主張する」 be concerned that ～「～を心配する，不安に思う」 note that ～「～だと述べる」

● on and off を「時々，断続的に」の意味の成句と捉えると，直後の the internet の前に前置詞が必要となる。ここでは on the internet and off the internet をまとめたものと考え，「オンラインでもオフラインでも」とする。

● about how the medium is changing …「その媒体（インターネット）がどのように…を変えつつあるかについて」の about は，同文中の a（continuing）debate と結びつく。また，change の目的語は，the ways we think, how we interact … other, the very fabric の 3 つである（A, B, and C の構文で，B の中にさらに and が含まれている）。

語句　as a whole「（名詞の後に置いて）全体としての〜，〜全般」 reflection「熟
考」 reprogram「〜を再プログラムする（ここでは人間の生活や考え方を根本か
ら変えてしまうこと）」 skeptical「懐疑的な」 skepticism「懐疑的な態度」
glorify「〜を美化する」 fabric「（社会・組織などの）構造」

▶本文の趣旨は，「（大げさに考えすぎているだけかもしれないが，）インターネット
の影響で私たちの思考力や集中力が損なわれている」というものなので，基本的に
は，この点を軸に自身の経験を踏まえて英文を作っていくことになるだろう。

▶ただし，カーの意見として，「インターネットが悪い影響を与えている」とある一
方で，そのカー自身の意見も疑うべきだ，となっているので，論述の方向としては，
インターネットの影響について良い面と悪い面のどちらを書いても（あるいは両方
を述べても）よいと考えられる。

▶英語を書き始める前に，インターネットの「良い点」や「悪い点」をメモとして書
き出してみると，論の進め方が見えてくる。
　●良い点：「情報をすぐに入手できる」「安い（電話やFAXと違って一回の使用ご
　　とに料金がかからない）」「手軽（パソコンかスマホがあればどこででも）」「記録
　　性（履歴や内容を保存）」など
　●悪い点：「取り返しがつかない（削除しても手遅れの場合がある）」「プライバシ
　　ーや肖像権を侵害する」「悪質なサイトの被害にあう」など

▶「80語程度」という指示があるので，改行は行わず1つのパラグラフにし，75〜
85語くらいになるようにしたい。

▶また，「文をいくつ書けばよいか（語数が多すぎたり少なすぎたりしないか）」とい
う感覚を常に持っておきたい。「80語程度」なら，1文が長ければ3〜4文，短け
れば5〜6文の内容となる。

▶〈解答例〉の構成と和訳は以下の通り。

構成
①インターネットは良いか悪いか（自分の立場の主張）
②「良い」の具体例
③「良い」だけではない
④その具体例
⑤まとめ

和訳
　「インターネットは便利なツールなので，私の生活をプラス方向に変えてくれてい
　ると思う。インターネットを使うと，役に立つ情報を手に入れることができるし，
　友人とも簡単にやり取りができる。しかし，利便性は完璧とは限らない。たとえば，
　私はインターネットを通じて様々な種類の情報をいとも簡単に入手できるのだが，

そのことで，時にはその情報を本当かどうかよく考えもしないで信用してしまうことがある。インターネットは利益だけでなく不利益も提供するので，使う際には注意が必要である」

I think the Internet is a convenient tool, so it is basically changing my life in a positive way. By using the Internet, I can get useful information or communicate with friends easily. But convenience isn't always perfect. For instance, I can get various types of information through the Internet so easily, which sometimes leads me to believe the information without considering whether it is true or not. We should be careful when using the Internet because it offers not only advantages but also disadvantages. (80 語程度)

# 40

次の英文を読んで，下の問いに英語で答えなさい。ただし，句読点は語数に含めません。

Some people say that censorship of the internet is against the principles of a free and open society, but I think that some form of internet censorship is justified for the following reasons.

Firstly, total freedom of speech does not exist in any society. There are limits to what people can say in even the most democratic countries. If you didn't have laws against racist hate speech or threats, citizens would not be able to live secure lives. Why should the internet be different? Some censorship of social media posts or sites that encourage such things as terrorist acts is necessary.

Secondly, elections in democratic countries including the USA are often being influenced by fake news stories generated online. Online sites linked to the information gathering agencies of non-democratic countries can use fake news sites to spread misinformation and to influence the way people vote in democracies. Surely, it is necessary to censor such sites to protect the democratic process from propaganda and lies.

Of course, to have as little censorship as possible of the internet should be the goal. However, if the internet were totally free of regulation, the security and stability of society would be seriously threatened.

出典："Should the internet be free from censorship?" *The Japan Times Alpha*, May 28, 2021, p. 28.

1．本文の内容を 50 語程度の英語でまとめなさい。

2. インターネット検閲（internet censorship）についてのあなた自身の考えを
　50 語程度の英語で述べなさい。

## 全 訳

### ■インターネット検閲の必要性について

❶ ある人たちは、インターネットの検閲は自由で開かれた社会の原則に反していると述べているが、私は何らかの形でのインターネット検閲は以下のような理由で正当化されると考える。

❷ 第一に、どんな社会においても、完全な言論の自由は存在しない。最も民主的な国でも、人が言ってもよいことには制限がある。人種差別のヘイトスピーチや脅しに対抗する法律がなければ、市民は安全な生活を送ることができないだろう。どうしてインターネットを別扱いすべきなのか。テロ活動のようなことを勧めるソーシャルメディアの書き込みやソーシャルメディアサイトに対しては、何らかの検閲が必要である。

❸ 第二に、アメリカを含む民主国家の選挙は、ネット上で生み出されたフェイクニュースに影響を受けることが多い。民主的でない国の情報収集機関につながっているインターネットサイトが、フェイクニュースサイトを利用して偽の情報を広め、民主国家での国民の投票の仕方に影響を与える可能性がある。偏向した宣伝工作や嘘から民主的な手続きを守るためには、間違いなくそのようなサイトを検閲する必要がある。

❹ もちろん、インターネットの検閲は可能な限り少なくするというのが目標であるべきだ。しかし、インターネットにまったく何の規制もかからなければ、社会の安全と安定はひどく脅かされるだろう。

## 解 説

1 ▶「内容を英語でまとめる」という指示なので、英文の意味をよく見極める必要がある。

- ● Some people say that 〜「ある人たちは〜だと言う、〜という意見もある」, for the following reasons「以下のような理由で」, Firstly …, Secondly …「第一に…, 第二に…」のような表現は、論説文でよく用いられるので、読解だけでなく英作文でも活用したい。

- ●第2段最終文（Some censorship …）の主語は Some … acts である。また、posts or sites「書き込みやサイト」は、どちらにも social media「ソーシャルメディア（の）」がかかっていて、関係代名詞 that の先行詞になっている。

- ●第3段第2文（Online sites …）の文の主語は Online … countries で、「民主的

でない国の情報収集機関につながっているインターネットサイト」という意味になる。

●最終段第1文（Of course, …）の文の主語は to have … internet で，「インターネットの検閲をできるだけ少なくすること」という意味。

語句　principle「原理，原則」　racist「人種差別主義者（の）」　threat「脅し」　generate「〜を生み出す，作り出す」　propaganda「（特定の政治思想に誘導するための）偏った情報」　be totally free of 〜「〜がまったくない」

▶筆者は，インターネットの検閲はある程度必要だと述べているので，この点を軸にし，さらにその理由を加えて「50語程度」の英文を作ればよいだろう。

▶筆者の主張の構成は次のようになっている。

「インターネットの検閲は必要だ」→「第一の理由（100％の言論の自由はあり得ない）」→「第二の理由（悪意によって社会の秩序が乱れる）」→「やはり検閲は必要である」

▶〈解答例〉の構成と和訳は以下の通り。

構成

①筆者はインターネットを検閲すべきだとしている。

②どんな社会にも，言ってよいことの限度がある。

③民主的な手続きはネット上のフェイクニュースの影響を受ける。

④よってインターネットの検閲は必要である。

和訳

「筆者は2つの理由から，インターネットには何らかの形の検閲が必要だと考えている。第一に，どんな社会でも，人が言ってよいことには制限がある。第二に，選挙のような民主的な手続きが，ネット上のフェイクニュースに影響されるかもしれない。よって，社会の安全と安定を守るためには，インターネットの検閲が必要である」

2　▶まず自分の立場（インターネットの検閲に賛成か反対か）を明確に主張する。〈解答例〉は検閲に賛成の立場だが，もちろん反対でも構わない。

▶「50語程度」という指示があるので，改行は行わず1つのパラグラフにし，45〜55語くらいになるようにしたい。

▶また，「文をいくつ書けばよいか（語数が多すぎたり少なすぎたりしないか）」という感覚を常に持っておきたい。「50語程度」なら，1文が長ければ2〜3文，短ければ3〜4文の内容となる。

▶〈解答例〉の構成と和訳は以下の通り。

**［構成］**

①検閲には賛成である。

②規制がなければ，無責任で有害なメッセージから人権を守ることができない。

③それが原因で被害者が自殺するかもしれない。

④悪意のある書き込みは犯罪なので戦わなければならない。

**［和訳］**

「私の意見としては，インターネットの検閲は必要である。その理由は以下の通り。規制がないと，市民の人権をネット上の無責任で有害なメッセージから守る方法がない。そのことによって，被害者の自殺が引き起こされるかもしれない。それは一種の犯罪なので，我々はそれと戦うべきである」

▶「検閲に反対」の立場で書くのであれば，その論拠として以下のようなことが挙げられる。

「言論の自由は完全に保障されるべきである」「国家による恣意的な検閲の可能性がある」「悪質なネット上のメッセージから自身を守るのは自己責任である」

---

1　The author thinks that some form of internet censorship is needed for two reasons. First, there are limits to what people can say in any society. Second, the democratic process such as elections can be influenced by fake news on the internet. Internet censorship is thus necessary to protect the security and stability of society.（50 語程度）

2　In my opinion, internet censorship is necessary. The reason is as follows. Without regulations, there is no way to defend the human rights of citizens from irresponsible and harmful messages on the Internet, which may cause victims to commit suicide. I think it is a kind of crime, and we should fight against it.（50 語程度）

# 41

次の英文を読んで，その内容に関連づけながら，環境への取り組みに対する
あなたの考えを 100 語程度の英語で述べなさい。ただし，句読点は語数に含め
ません。

In July 2020, Japan started to require convenience stores, supermarkets,
drugstores and other retail outlets to charge for plastic shopping bags. The
initiative is aimed at encouraging shoppers to bring their own bags and
comes as Japan falls behind other countries in reducing the use of plastics.
China, Britain, France and South Korea are among countries which have
started charging for plastic shopping bags. Some foreign countries have also
expanded the scope of plastic regulations beyond shopping bags to plates
and straws. Some experts say that Japan should also start debating the
reduction and reuse of other disposable plastic products, such as bento lunch
boxes, straws, bottles and food packages. Over 8 million tons of plastic
waste is estimated to flow into the oceans every year. Japan was responsible
for the largest amount per person after the United States, according to data
from the United Nations.

出典：Kyodo News （July 1, 2020） "Mandatory charging for plastic
shopping bags starts in Japan," *Kyodo News* より抜粋，一部改変
(https://english.kyodonews.net/news/2020/07/41 acd 34 e 2118-
mandatory-charging-for-plastic-shopping-bags-starts-in-japan.html)

## 全　訳

### ■プラスチック削減の取り組み

　日本は 2020 年の 7 月に，コンビニ，スーパー，ドラッグストア，その他の小売販売店に，レジ袋を有料にすることを求め始めた。その新しい試みは，買い物客に自分の買い物袋を持ってくるよう奨励することが目的で，プラスチック使用の削減で日本が他国に後れを取っているために生じたものである。中国，英国，フランス，韓国は，レジ袋をすでに有料化し始めた国々である。海外には，レジ袋以外にも，プラスチック規制の範囲を皿やストローにまで拡大した国もある。日本も，弁当箱やストローやボトルや食品の包みなどの，他の使い捨てプラスチック製品の削減や再利用を議論し始めるべきであると述べる専門家もいる。試算では，毎年 800 万トン以上のプラスチックごみが海に流れ込んでいる。国連のデータによると，日本は 1 人当たりの量が米国に次いで多かったのである。

## 解　説

▶「その内容に関連づけながら」という指示があるので，本文の意味をよく捉えた上で英文を考えていくことになる。

● require O to *do* で，「O に～するよう命ずる，要求する」の意味。O は 1 つではなく，convenience stores, supermarkets, drugstores and other retail outlets である。

● be aimed at *doing*「～することを目標とする」という用法である。

● Japan was responsible for the largest amount per person after the United States の意味は「日本は米国に次いで，1 人当たりの（プラスチックごみの）量が多いという責めを負った」となる。

語句　retail outlet「小売販売店」　charge for ～「～の料金を請求する」　initiative「新しい試み」

▶本文で説明されている「環境への取り組み」は，レジ袋の有料化のことなので，これが環境保護にどのようにつながるか，ということに論点を広げていけばよいだろう。

▶「100 語程度」という指示があるので，改行は行わず 1 つのパラグラフにし（一般的には 100 語程度までは，1 つのパラグラフで書いた方がよい），95～105 語くらいになるようにしたい。

▶また，「文をいくつ書けばよいか（語数が多すぎたり少なすぎたりしないか）」とい

う感覚を常に持っておきたい。「100語程度」なら，1文が長ければ4〜5文，短ければ6〜7文の内容となる。

▶〈解答例〉の構成と和訳は以下の通り。

**構成**

①レジ袋の無料提供をやめたのは良いことである。

②環境保護運動につながる。

③ごみを減らすことだけがこのキャンペーンの目的ではない。

④プラスチックに頼らず，自然の素材を再利用することの大切さを認識してもらうという目的の方が大きい。

⑤レジ袋以外のプラスチック製品も使わないようにしようという気になれば，地球環境の保護につながる。

⑥環境保護のための行動を取るにはもっと動機づけが必要だ。

**和訳**

「小売店がレジ袋を無料で提供するのをやめたのは良いことだと思う。それによって環境保護運動が進んでいくからだ。プラスチック製品の実際の利用と廃棄を削減することだけがこのキャンペーンの目的ではない。より大きな目的は，プラスチック製品に頼らずに自然の素材を再利用することの重要性を認識させることである。買い物に自前の袋を持参するようになれば，買い物以外の多くの状況でもプラスチック製品を使いたくなくなるだろう。それは地球環境の保護に役立つ。環境を守る行動を起こすには，もっと動機づけが必要だと思う」

　　I think it is good that retail outlets have stopped offering plastic shopping bags for free. It will promote ecology movements. Reducing the actual use and disposal of plastic products is not the only aim of this campaign. The greater aim is to make people recognize the importance of reusing natural materials without relying on plastic ones. When we start to bring our own bags for shopping, we will be motivated to give up using plastic products in many situations besides shopping, which will help conserve the global environment. I think we need more motivation to take action for protecting the environment.

　（100語程度）

# 42

次の英文を読んで，あなた自身の経験に基づいた具体的な理由を明示しなが
ら，日本における food waste の問題に対する考えを 100 語程度の英語で述べ
なさい。ただし，句読点は語数に含めません。

Food waste is an increasingly serious problem worldwide. Roughly 1.3
billion tons of food is reportedly wasted globally each year — even as more
than 800 million people worldwide continue to suffer from malnutrition. The
United Nations Sustainable Development Goals (SDGs) call for halving per
capita food waste by 2030. Overproduction of food and the disposal of food
also result in wasteful energy consumption and the discharge of gases that
contribute to global warming. Cutting back on food waste is a particularly
serious challenge for Japan since it relies heavily on imports to meet its food
demand.

出典：Editorial (May 26, 2019): "Addressing the nation's food waste
problem," *The Japan Times* より抜粋
(https://www.japantimes.co.jp/opinion/2019/05/26/editorials/
addressing-nations-food-waste-problem/)

## 全　訳

### ■世界の食料廃棄問題

　食料廃棄はますます全世界的に深刻な問題になっている。伝えられるところによると，世界中で毎年およそ13億トンの食品が廃棄されている――世界中で8億人以上が栄養失調で苦しみ続けているこのときに，である。国連の持続可能な開発目標（SDGs）は，2030年までに1人当たりの食料廃棄を半分にすることを要求している。食品の過剰生産と食品の処分もまた，むだの多いエネルギー消費と地球温暖化の原因となるガスの排出という結果に至っている。食料廃棄を削減することは，日本にとってはとりわけ重大な課題である。自国の食料需要を満たすために輸入に大きく頼っているからである。

## 解　説

▶「日本における food　waste の問題に対する自分の意見」を「自分自身の体験に基づいた具体的な理由を明示しながら」という指示があるので，まず本文でこの問題がどのように述べられているのかをつかんでおく必要がある。

● increasingly ＋形容詞の形で，「ますます深刻な」と形容詞の原形を修飾する働きをする。

● reportedly「伝えられるところ〔うわさ〕によると」

● even as ～「ちょうど～の時に」

●第4文（Overproduction of …）後半の that は gases を先行詞とする関係代名詞で，「地球温暖化の原因となるガス」という意味になる。

語句　malnutrition「栄養失調」　halve「～を半分に減らす」　per capita「1人当たりの」　cut back on ～「～を削減する」

▶解答の趣旨としては，食料廃棄問題の原因，現状，対策（あるいはこれらのうち複数）などが考えられる。

▶解答にあたっては，自分自身の経験に基づいて具体的な理由を述べるのを忘れないようにしたい。〈解答例〉では，多くの人が購入したことのあるスーパーの値引き食材を例に挙げてみた。

▶「100語程度」という条件ならば，1文が長ければ4～5文，短ければ6～7文くらいの長さとなるので，それを念頭に置いて構成を考えてほしい。

▶〈解答例〉の構成と和訳は以下の通り。

【構成】

①食料廃棄は日本でも喫緊の課題である（自身の意見を明確に提示）。

②早急に解決策を考えねばならない。

③値引きは良い方法である。

④スーパーでは，夕方になると値引きして売れ残り，つまり廃棄食料を減らしている。

⑤一方コンビニでは値引きをしようとしない。

⑥コンビニでもこのサービスを始めれば食料廃棄は減るはずだ。

【和訳】

「私の考えでは，食料廃棄は全世界のみならず日本でも緊急の課題である。我々はこの問題に対する解決策をできる限り速やかに考えなければならない。値引きは食料廃棄を減らす良い方法だと思う。夕方になると，スーパーはたいてい，誰も買わなければ捨てられる食品を値引きしている。私も定価では買わないような食品を買うことが多い。スーパーでは，通例，消費期限が近い食品を値引きして売っているが，多くのコンビニは今もそれをしたがらない。コンビニがこのサービス（消費期限が近い食品の値引き）を始めたら，多くの食品が無駄になることはきっとなくなるだろう」

In my opinion, food waste is an urgent problem in Japan as well as the whole world. We must think of a solution to this problem as soon as possible. I think discounting is a good way to reduce food waste. In the evening, supermarkets usually have discounted food items that would be thrown away if nobody buys them, and I often buy such food that I would not buy at a regular price. Although supermarkets commonly sell short-dated food at a discount, many convenience stores are still reluctant to do that. If they start this service, a lot of food will surely not go to waste.（100 語程度）

# 43

あなたは speed dating についてのディベート大会に参加します。以下の英文を参考にして，自分自身の論拠を示しながら賛成と反対の意見をそれぞれ 50 語以上の英語で書きなさい。

These days, the population of Japan is in decline. Some people are getting married later. Some people are deciding not to marry. Meeting marriage partners is difficult. In the past, *Omiai* was practiced, but it is uncommon today. Some people in Japan support alternative matchmaking practices, including speed dating.

Speed dating helps single men and women meet a large number of people. They meet each other for short three to eight minute "dates". At the end of the event, they submit a list of people who they would like to meet again. If there is a match, contact information is given to both parties.

Speed dating has some advantages. First, it is fun. Also, everybody is there to get married. They are grouped with people the same age. Participants can come alone without feeling shy. Also, it is something that women can do in groups. People do not feel pressure, because the matching happens after the event.

On the other hand, speed dating has some disadvantages. Many speed dating events are held in bars. Many people don't like bars. Also, a couple that decides they are not a good match quickly must sit together until the end of the "date". Most speed dating events match people at random. Participants will meet different "types" that they might not normally talk to.

## 全 訳

# ■スピードデーティング

❶ 今日，日本の人口が減少しつつある。遅くに結婚する人もいれば，結婚しない
と決めている人もいる。結婚相手に出会うのは困難である。過去には，お見合いが
行われていたが，今日では一般的ではない。日本人の中には，それに代わる結婚仲
介業を支持する人たちがおり，スピードデーティングもその中に含まれている。

❷ スピードデーティングにより，独身男性・女性が多数の人と出会う手助けとな
る。彼らは3分から8分の短い「デート」の中でお互い出会うことになる。イベン
トの終わりに，もう一度会いたいと思う人のリストを提出する。そこでマッチする
人がいれば，両者にお互いの連絡先が与えられる仕組みとなっている。

❸ スピードデーティングにはいくつか利点がある。まず，楽しいものである。ま
た，皆が結婚を目的に集まっている。同年代の人でグループが作られる。参加者は，
恥ずかしい思いをすることなく，一人で来ることができる。またそれは，女性が集
団ですることのできるものである。参加者はプレッシャーを感じることもない，と
いうのも，マッチングはイベントの後で行われるからである。

❹ 一方，スピードデーティングにはデメリットもある。スピードデーティングの
多くは飲み屋で行われる。飲み屋が好きではない人は多くいるだろう。また，（イ
ベント開始後）すぐにあまり合わないと思っても，その二人は「デート」が終わる
まで一緒に座っていなければならない。スピードデーティングの大半において，人
の組み合わせはランダムである。参加者は，普段なら会話をしないであろう，いろ
いろな「タイプ」の人と会うことになるのである。

## 解 説

▶まず，与えられた英文の趣旨をしっかりと理解することが重要である。設問の英文
は1文が比較的短いものが多く，意味をとるのはそれほど困難ではない。

語句 be in decline「減少しつつある」 matchmaking practice「結婚仲介業」
party「相手，当事者」

▶賛成・反対両方の立場で解答することが求められているので，正反対の内容の英文
を2種類作ることになる。

▶本文では利点とそうでない点が述べられており，もちろんこれらを参考にしてもよ
いし，全く違った視点から意見を述べてもよい。

▶〈解答例〉では，賛成の理由として，短時間で様々な人と出会えること，普段忙し

い人でも出会いの機会が与えられることを挙げている。また，反対の理由としては，イベントでの男女の割合が同じでなくなる可能性があること，それにより，お互いを知る時間が非常に短くなってしまうことを挙げている。

▶〈解答例〉の構成と和訳は以下の通り。

**（賛成）**

[構成]

①賛成の立場の表明。

②このイベントの意義（結婚相手を見つける）を説明する。

③このイベントの利点（短時間でたくさんの人と会える）を説明する。

④利点をさらに追加する（仕事が忙しく出会いのチャンスがない人に適している）。

[和訳]

「私はスピードデーティングのアイデアが気に入っている。参加者は，結婚を望んでいる人と出会うためにこのイベントに参加する。２度目のデートをする前に，短時間で数多くのいろいろな人と会うことができる。また，こういったイベントは，忙しい人により適している。仕事で忙しい人は他の人たちと出会う機会がなくなるかもしれない。その代わりに，時間を取って何人かの人とスピードデートできる」

**（反対）**

[構成]

①反対の立場であることを述べる。

②イベントのデメリット（男女の比率が一対一でない場合にデートまで待たされる可能性）を述べる。

③別のデメリット（どちらかの比率が高いままで実施されると，知り合うための時間がさらに制限される可能性）を述べる。

[和訳]

「スピードデーティングは良いやり方ではないと思う。単独で参加できるので，時には男女率が不均等になる可能性がある。そうなると，イベントによっては，人数が足りないためにデートを待たされることになる。また，別のイベントでは，回転していく人の数が２倍に，たとえば１人の女性に男性が２人になるかもしれない。すでに，こういったイベントの『デート』は短すぎて１人と知り合いになることもできないような状態なのに，２人となればなおさらである」

（賛成） I like the idea of speed dating. People attend these events to meet other people who want to get married. In a short period of time, they can meet many different individuals before going on a second date. Also, events like these suit busy people better. If a person works a lot, they may not have the chance to meet other people. Instead, they can set aside a time and speed date their way through several people. （50 語以上）

（反対） I don't think speed dating is a good practice. Since people can go alone, sometimes there can be an uneven ratio of men to women. When this happens, some events have people waiting for dates since there are not enough people. Other events may double the number of rotators, for example, one woman and two men. Already, these "dates" are too short to get to know one person, much less two. （50 語以上）

# 44

都市部で起こる車両の渋滞問題に関する次の英文を読んで，下の問いに答えなさい。

City centers around the world have taken different approaches to dealing with the traffic jam. For example, London has a congestion charge in an attempt to reduce the volume of traffic. Los Angeles and Sydney have "carpool" lanes and Athens restricts the days on which cars can enter the city. This debate suggests going further with <u>a complete ban on cars in city centers, excluding emergency vehicles, buses, taxis, deliveries and cars for people with disabilities.</u>

**Student A**: In many more economically developed countries, road accidents are the single biggest cause of deaths in children and teenagers. Completely banning cars from city centers would reduce accident rates and save lives as many schools and houses are on busy roads. Bus drivers do not drink and drive, speed, or talk on their phones while driving; (1)(イ private　ロ who　ハ it　ニ accidents　ホ car drivers　ヘ is　ト cause). With the trend for more cycling, we have also seen increased rates of cyclist accidents that could be prevented.

**Student B**: Road safety should be a priority and speed limits and other driving regulations should be pursued with strict application of rules to keep accidents to a minimum. Road safety education is also essential in schools. With these measures, it is not necessary to ban cars completely from city centers where traffic and low speed limits keep accident rates down.

**Student C**: I support this proposition.　(2)(イ see　ロ public transport　ハ banning　ニ an improvement　ホ would　ヘ cars　ト in) as more money would be in the system. This in turn would remove the reason that many people wish to drive (that public transport is not good enough) and so would create a virtuous cycle.

1. Student A と Student B は，下線部で述べられている論題に対してそれぞれ賛成の立場なのか反対の立場なのか，解答用紙の賛成か反対のどちらか一方を○で囲みなさい。

Student A ：　　　賛成　/　反対
Student B ：　　　賛成　/　反対

2. 上の英文の文脈に適合するように，⑴および⑵の（　　　）内の語句を並べ替えるとき，3番目と5番目にくるものをそれぞれ選び，記号で答えなさい。ただし，（　　　）内では，文頭にくる語も小文字で示してあります。

⑴　3番目 ＿＿＿＿　　　5番目 ＿＿＿＿
⑵　3番目 ＿＿＿＿　　　5番目 ＿＿＿＿

3. あなたが Student D であるとして，下線部の論題に賛成か反対かを，自分自身の根拠を示しながら，90語程度の英語で述べなさい。ただし，句読点は数える必要はありません。

出典追記：Pros and Cons：A Debaters Handbook by Debbie Newman, Trevor Sather and Ben Woolgar, Routledge

## 全　訳

### ■都心部への自動車乗り入れ禁止に関する議論

❶ 世界中の都心部は，交通渋滞に対処するためにいろいろな姿勢で臨んできた。たとえばロンドンは，交通量を減らすために，通行料を徴収している。ロサンゼルスとシドニーには「カープール」用の車線があり，またアテネでは，車が都市に入れる日が制限されている。このディベートではさらに一歩進んで，緊急車両，バス，タクシー，配送，身体障害者用の車以外は都心部への車の乗り入れを全面的に禁止するという考えを提案している。

❷ 学生Ａ：多くの経済的により発展した国々で，交通事故は子供やティーンエイジャーの唯一最大の死因になっている。多くの学校や家は交通量の多い通り沿いにあるので，都心部への車の進入を完全に禁止することは事故率を下げて命を救うだろう。バスの運転手は，飲酒運転やスピード違反や運転中の通話をしない；事故を起こすのは，自家用車の運転手なのである。自転車の利用が増えている傾向がある中で，防止可能な自転車利用者の事故率の上昇も見られる。

❸ 学生Ｂ：交通安全が優先されるべきで，速度制限や他の運転規制が，事故を最小限に抑えるための規則適用の厳格化とともに実施されるべきだ。学校での交通安全教育も重要である。これらの方策をとれば，交通制限と低い速度の制限によって事故率が低下した都心部から車を完全に排除する必要はない。

❹ 学生Ｃ：私はこの提案に賛成です。車を禁止することで，公共交通システムにより多くの資金が充てられるので，その改善が見られるようになるでしょう。そのことが次に（公共交通システムが不便なので）多くの人々が車に乗りたがる，という理由を排除し，その結果，好循環を生み出すでしょう。

各段落の要旨

❶ 交通渋滞に対処するための様々な方法が各国で取り入れられているが，このディベートでは，自家用車の都心部への乗り入れを禁止するという提案について話し合いたい。

❷ 学生Ａ：事故を起こすのは主として自家用車の運転手なので，自家用車の乗り入れを禁止することに賛成である。

❸ 学生Ｂ：交通安全に関する規制強化や交通安全教育の充実によって，乗り入れを禁止しなくても事故率を下げることは可能である。

❹ 学生Ｃ：自家用車の乗り入れを禁止することで，公共交通の利便性が高まり，それによって車に乗る理由がなくなる。そうなれば，さらに公共交通に資金が投入できて便利になる，という好循環が期待できる。

## 解　説

**1　正解は　Student A：賛成　Student B：反対**

▶第2段第2文（Completely banning cars …）で，「都心部への車の進入を完全に禁止することは事故率を下げて命を救うだろう」と述べていることから，学生Aはこの提案に賛成であると考えられる。

▶第3段最終文（With these measures, …）で，「これらの方策（規制強化や交通安全教育）をとれば，都心部から車を完全に排除する必要はない」と述べていることから，学生Bはこの提案に反対であると判断できる。

**2　(1)　正解は　3番目：イ　5番目：ロ**

▶第2段第3文（But drivers do …）の前半の意味は，「バスの運転手は，飲酒運転やスピード違反や運転中の通話をしない」となり，その後，セミコロンを挟んで並べ替えの部分になっている。

▶セミコロンの前後には関連が深い内容が並ぶこと，また，private, accidents, car drivers, cause といった語句が与えられていることから，後半は「事故を起こすのは自家用車の運転手である」のような趣旨になると推測できる。

▶it の使い方として可能性があるのは it is ～ who … の強調構文「…するのは～である」なので，この構文に合わせて並べ替えると英文が完成する。

▶完成文は，it is <u>private</u> car drivers <u>who</u> cause accidents となる。

**(2)　正解は　3番目：ホ　5番目：ニ**

▶並べ替え部分直後の as more money would be in the system は，「そのシステムにより多くの資金が充てられるので」という意味になる。

▶「そのシステム」は選択肢の public transport「公共交通（システム）」を指しているので，当該部分の意味は「車の禁止は公共交通システムの改善を見ることになるだろう」のような内容になると考えられる。この趣旨に合うように並べ替えて英文を完成させる。

▶完成文は Banning cars <u>would</u> see <u>an improvement</u> in public transport（as more money would be in the system.）となる。

**3**　▶交通渋滞を緩和するための方策として，特定の車両以外は都心部への乗り入れを全面禁止にする，という提案に対する意見を述べる。「賛成か反対かを，根拠を示しながら」述べなければならないので，賛成であれ反対であれ，その理由を具体例も含めて記述する必要がある。

▶〈解答例〉では，提案に対して反対の立場で述べているが，賛成の立場で述べるのであれば，「都心部に乗り入れる車の数が大幅に制限されることで，交通渋滞がダイレクトに緩和される」「都心部の駐車場不足の問題も解決する」などの具体例が考えられる。

▶〈解答例〉の構成と和訳は以下の通り。

[構成]

①反対の立場であることを述べる。

②根拠（乗り入れ全面禁止は極端で不便さを引き起こす）を述べる。

③具体例（仕事をする人が商品を自分の車で搬入できない）の提示。

④別の具体例（買い物をした人が大きな荷物を歩いて運ばなければならない）を追加。

⑤異なる方策（乗り入れを有料にする）の提案。

[和訳]

「この提案は妥当ではないと考える。都心部から自動車を締め出すのは少し極端すぎるので，結果的には都心部が非常に不便な場所になってしまうだろう。たとえば，仕事をしている人が商品を自分の車で運べなければ，苦労することもあるだろう。また，我々が買い物に行って大量の商品を購入しても，重い買い物袋を持って長距離を歩かなければならない。したがって，この問題は，都心部エリア内に入る運転手に課金するなどの他の方法で解決すべきである」

---

**1** Student A：賛成　Student B：反対

**2** (1) 3番目：イ　5番目：ロ

　　(2) 3番目：ホ　5番目：ニ

**3** 〈解答例〉I do not think this proposition is reasonable. Banning cars from city centers is a little too extreme, and it would end up making city centers a very inconvenient place. For example, some business people would be in trouble if they could not carry products in their own vehicles. Also, when we go shopping and buy a lot of stuff, we would have to walk a long way carrying heavy shopping bags. Therefore, this problem should be solved by other approaches such as charging drivers for entering the area. (90 語程度)

# 45

下の英文の質問に対して，90 語程度の英語で答えなさい。（句読点は数える
必要はありません。）

　　Eating habits have changed in the last 30 years and people are becoming
more careful about the food they eat every day.  For example, some people
stop eating sweets, some people cook more at home, and some people eat a
vegetables-only diet.  What do you think is the best diet for a long and
healthy life?  Please give two reasons to support your opinion.

---

### 全 訳

#### ■長寿と健康のためによい食事とは

> 過去 30 年間で，食習慣は変化し，人々は毎日食べる食品について気をつけるようになっている。たとえば，ある人は甘いお菓子を食べるのをやめ，ある人は家で調理するのを増やし，またある人は野菜だけの食事をとるようになっている。長く健康な生活のために最高の食事は，どのようなものだと考えるか。自分の意見を支えるための理由を 2 つ書きなさい。

---

### 解 説

語句　diet「（栄養面から見た日常の）飲食物」

▶まず，長寿と健康のために良い食事とはどういうものであるかを書き，それに理由を 2 つ添えるとよい。

▶理由には，一般的に体に良いとされている，低脂肪，塩分が少ない，添加物が少ない，栄養バランスが良い，などが考えられるので，このような特徴を持った食事を挙げた上で，上記の理由を添えるようにする。

▶また，理由は単に「～だから」と述べるだけでなく，その理由を補完するような事実や例を挙げるようにすると文が引き締まる。

▶「90 語程度」という条件が与えられているので，最大 6 ～ 7 文でまとめるようにしたい。

▶〈解答例〉では，具体的な食事としては和食を挙げ，理由として，低脂肪であることと栄養バランスが良いことを挙げている。その他の例で一般的なものとしては，「vegetarian（菜食主義）」や「low carb diet（低炭水化物ダイエット）」なども考えられる。

▶〈解答例〉の構成と和訳は以下の通り。

構成

①最適な食事（和食）を提示し，理由が 2 つあることを告知する。

②第 1 の理由（低脂肪）を挙げ，それを具体的に説明。

③第 2 の理由（栄養バランス）を挙げ，それを具体的に説明。

和訳

「私の意見では，長寿と健康的な生活のための最適な食事は『和食』，つまり日本食である。それには大きな理由が 2 つある。まず，日本の伝統的な食事は低脂肪である。日本の食事の主なタンパク源は魚で，それは牛肉や豚肉よりも脂肪分が少ない。

次に，日本食は栄養のバランスが取れている。魚，豆，多様な野菜や海藻など，数多くの様々な食材を含んでいるからである。このことで，私たちは長く健康的に暮らすのに必要な栄養素を摂取できるのである」

In my opinion, the best diet for a long and healthy life is *washoku*, or Japanese cuisine. There are two major reasons. First, traditional Japanese food is low in fat. The main source of protein in Japanese meals is fish, which has less fat than that in beef and pork. Second, Japanese food is well balanced. It contains many different ingredients, such as fish, beans, a variety of vegetables and seaweeds. This makes it possible for us to get the necessary nutrients to live a long and healthy life. (90 語程度)

# 46

次の英文の主張に対する反論を 80 語程度の英語で書きなさい。（句読点は数える必要はありません。）

High school students often complain that they are too busy and have no free time. However, they do have a lot of time for hobbies and sports. Many students also spend several hours every day in convenience stores with their friends. They also play computer games and chat with their friends on their mobile phones until late at night. So, high school students have a lot of free time.

## 全 訳

### ■高校生には十分に自由時間があるか

高校生は，忙しすぎて自由な時間がないとよく不満を言う。しかし，趣味やスポーツに使う時間はたくさんある。多くの生徒は，毎日コンビニで，友人と一緒に何時間も過ごす。また，夜遅くまでコンピュータゲームをやったり，携帯で友人とチャットをしたりする。だから，高校生には十分に自由時間がある。

## 解 説

[語句] complain that … 「…だと不満を言う」 chat 「おしゃべりをする」（ここでは「（インターネットを利用して）チャットをする」と考えられる）

▶設問には「英文の主張に対する反論」という条件が与えられているが，その主張とは，「高校生には十分に自由時間がある」である。その根拠として挙げられているのは，趣味やスポーツ，友人との交流のために多くの時間を使っている，といったことである。

▶よって反論では，逆に「高校生には十分な自由時間がない」と主張することになる。一方で，「自由時間が<u>全くない</u>」と主張するのは難しい。いくら忙しくても，何らかの空き時間はあると考えられるからである。

▶そうではなく，「趣味やスポーツに時間をたくさん使う」という事実を認めた上で，それにもかかわらず高校生には十分に自由時間があるとは言えないと述べ，その理由を添えると，説得力のある反論になるであろう。

▶「80語程度の英語」という指示があるので，英文の数としては最大5～7文程度が適切である。

▶〈解答例〉の構成と和訳は以下の通り。

[構成]

①主張の根拠となる事実を認めた上で，自由時間がたくさんあるとは言えないと述べる。

②そう述べた根拠（その時間は自由時間ではなく義務的な意味合いを持つ時間である）を述べる。

③本当に欲しい自由時間は，純粋に自分自身のためだけに使える時間のことであると説明する。

④反論の主旨を再度強調する。

和訳

「確かに私たち（高校生）は趣味やスポーツにかなり多くの時間を費やしているが，だからといって，私たちに本当に自由時間がたくさんあるということにはならない。これらの活動の多くは，楽しむためというよりもむしろ社会的な義務，つまり友人と良好な関係を維持するのに必要なつき合いのためである。私たちが本当に欲しいのは，純粋にリラックスして自分のためだけに使える時間なのである。その意味では，私たちは自由時間をたくさん持っているとは言えない」

It is true that we spend quite a lot of time on hobbies and sports, but that does not mean we truly have a lot of free time. Many of these activities are not so much for fun as social obligation, something we have to do to keep good relationships with our friends. What we really want is the time just to relax and spend only for ourselves. In that sense, we do not have a lot of free time. (80語程度)

# 47

次の英文を読んで，下の問いに答えなさい。

　Social networks like Facebook, Twitter and YouTube have rapidly become a part of many people's everyday lives, especially for those younger generations who have grown up with so much technology （　ア　） their fingertips.　There are lots of possible reasons for using social media ─ to stay （　イ　） touch with friends, share a funny video, keep up （　ウ　） the news, build professional contacts, and just generally feel well informed.　So, what did our sample of more than 900 students around the world tell us?

　The four choices we offered were: "To keep up to date," "It's interesting," "For useful connections," and "To have a say."　Of the four choices we offered, （　エ　） far the most commonly selected reason for using social media was "To keep up to date."　This was the leading reason across every age group, selected by 42% of those aged 20 or under, 38% of 21-30 year olds, and 37% of those aged 31 or over.　The second most common reason was "It's interesting," followed by "For useful connections" and "To have a say."　As may be expected, the opportunity to build useful connections became more important among older respondents, who are presumably more focused on using social media for professional development. Meanwhile respondents aged 20 or under were more likely to value the chance "To have a say" than those aged 31 or over.

　While these overall differences between age groups seem fairly obvious, differences at the regional level would be （　①　） easy to predict.　As shown in Figure 1, the overall trends for Europe were pretty much （　②　） as those in the US and Canada.　However, based on our sample, students in Latin America were much （　③　） motivated by opportunities "To have a say," and much （　④　） driven by the interest factor.　Those in Africa were the most likely to value the chance to establish useful connections.　In the category "To have a say," responses were low overall with Asia reporting highest at 7%.

1. 空所（　ア　）（　イ　）（　ウ　）（　エ　）に入る最も適切な語を次の中から 1 つ
ずつ選び，記号で答えなさい。ただし，同じ単語は 2 回使えません。

(A)　across　　　　　　　　(B)　at　　　　　　　　(C)　by

(D)　from　　　　　　　　(E)　in　　　　　　　　(F)　with

2. Figure 1 を見て，空所（　①　）（　②　）（　③　）（　④　）に指定の語数からな
る適切な英語の語句を入れなさい。同じ語句を複数回用いてもかまいません。

①　[ 1 語]　　　　②　[ 2 語]　　　　③　[ 1 語]　　　　④　[ 1 語]

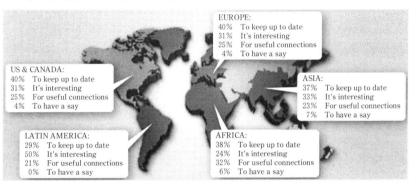

Figure 1.　Top reasons for using social media（Facebook）

3. Social networks（Facebook, Twitter, YouTube など）は人間関係にどのような
影響を与えると思いますか。自分の考えを 80 語程度の英語で論理的かつ具体的
に述べなさい。

出典追記：What Drives Students' Social Media Usage?, Top Universities in May 2013 by Laura Bridgestock

全 訳

## ■ SNS の利用に見られる年齢差と地域差

❶ フェイスブックやツイッターやユーチューブのようなソーシャルネットワークは，急速に多くの人々の日常生活の一部になった。特に，多くの科学技術にすぐ手が届くところで育った若い世代にとってはそうである。ソーシャルメディアを使うことには，考えられる理由がたくさんある。友人と連絡を取り合ったり，面白い動画を共有したり，ニュースを追ったり，仕事上の付き合いを作ったり，あるいは単に広く様々なことを知っておきたいと思ったりすることである。さて，世界中に住む，900 人を超える我々の調査対象の学生たちは，何を話してくれただろうか。

❷ 我々が示した4つの選択肢は，「時代に遅れないようにするため」「面白いから」「役に立つコネを作るため」そして「発言をするため」だった。我々が提示した4つの選択肢の中で，ソーシャルメディアを使う理由として際立って多く選ばれた理由は「時代に遅れないようにするため」だった。これはすべての年齢層で一番の理由で，20 歳以下の 42 パーセント，21 歳から 30 歳の 38 パーセント，そして 31 歳以上の 37 パーセントに選ばれた。2 番目に多かった理由は「面白いから」で，続いて「役に立つコネを作るため」，「発言をするため」の順だった。予想され得ることかもしれないが，役に立つコネを作るための機会は，年齢が上の回答者の間でより重要だった。そのような人たちは，おそらくソーシャルメディアを職能開発のために使うことにより注目しているのだろう。その一方で，20 歳以下の回答者は，31 歳以上の人に比べると，「発言をするための」機会をより大切だとする傾向があった。

❸ このような年齢層による全般的な違いはかなり明確なようだが，地域レベルでの違いは，それほど予測しやすくはないようである。図表1にある通り，ヨーロッパでの全般的な傾向は，アメリカやカナダとほぼ同じである。しかし，我々の調査対象に基づくと，ラテンアメリカの学生は「発言をするための」機会によって動機づけされることははるかに少なく，面白いという理由によって，ずっと大きく動かされる。アフリカの学生は，役に立つコネを作るための機会を大切に考える傾向を最も強く持っていた。「発言するため」というカテゴリーの回答は総じて低く，アジアで7パーセントと報告されているのが最高であった。

❶ SNS を利用する理由には様々なものが考えられるので，900 人超の学生を対象に調査を実施した。

❷ 用意された 4 つの選択肢中，際立って多かったのは「時代に遅れないようにするため」であり，以下，順に「面白いから」「役に立つコネを作るため」「発言をするため」となっている。

❸ SNS を利用する理由に関して，年齢による違いは明白だが，地域による違いについては，予測が難しい結果となっている。

各段落の要旨

## 解 説

### 1 ア 正解は (B)

▶ at *one's* fingertips で「すぐ手の届くところにある」という意味になる。若者は様々な科学技術に「すぐ手が届くところ」で育ったと考えられるので，(B) at を選択する。

### イ 正解は (E)

▶ stay in touch with ～ は「～と連絡を保つ」という意味になり，「友人との連絡を保つ」ことはソーシャルメディアを利用する理由として妥当である。よって(E) in が正解である。

### ウ 正解は (F)

▶ keep up with ～ は「～に遅れずについていく」という意味。the news「最近の出来事」に遅れずについていく，と考えると，ソーシャルメディアを使う理由として意味が通る。よって(F) with を選択する。

### エ 正解は (C)

▶第 2 段第 3 文（This was the …）を見ると，"To keep up to date" は「すべての年齢層で一番の理由で，…」とある。

▶(C) by を選択すると，最上級を強調する by far「はるかに，断然」が the most commonly selected reason「最も多く選ばれた理由」を修飾し，他の選択肢と比べて際立って多く選ばれた，という意味になり文脈に合う。

### 2 ① 正解は less

▶第 2 段第 5 文（As may be …）の内容を見ると，上の年齢層だとソーシャルメディアを仕事に利用する可能性が高いから「コネを作るため」という解答が多いだろうというように，年齢別の回答には予想可能な部分がある。

▶それに対して，第 3 段（While these overall …）にある地域別の傾向には，そのような予想ができる部分がない。

▶また，第3段第1文（While these overall …）は，接続詞 while が導く従属節で始まっており，この節が「このような年齢層による全般的な違いはかなり明確なようだが」と譲歩的な内容を導いているので，主節は「地域別の傾向は，年齢別のものと比べて予測しづらい」という趣旨であると考えられる。

▶以上の2点から，劣等比較の less を補う。

② **正解は the same**

▶ヨーロッパとアメリカ・カナダの図表1の割合は全く同じなので，the same を補う。

③ **正解は less**

▶ヨーロッパ，アメリカ・カナダと比較したときの，ラテンアメリカの特徴を考える。「発言をするため」は0パーセントなので，ヨーロッパやアメリカ・カナダよりも低い。

▶よって①と同様に劣等比較の less を補うと，比較級を強調する much と結びついて「動機づけされることがはるかに少ない」となり，意味が通る。

④ **正解は more**

▶ここもヨーロッパやアメリカ・カナダとラテンアメリカとの比較である。

▶「面白いから」という理由で比べると，ラテンアメリカが50パーセントで31パーセントのヨーロッパやアメリカ・カナダよりもずっと高い。よって more を補う。

3 ▶「SNS が人間関係に及ぼす影響」について，「自分の考えを80語程度の英語で論理的かつ具体的に」述べるという指示なので，「良い影響を与える」か「悪い影響を与える」のどちらかの立場で述べていくことになる。

▶その際，具体的に述べるという点を忘れないこと。

▶80語程度の内容であれば，英文の量は5〜7文ほどになると予想されるが，接続詞などを用いればさらに少ない文でも解答は可能である。

▶論述の順序としては，通常，賛否（ここでは良い影響か悪いか）を明確にした上でその根拠（具体例）を挙げる，となるが，〈解答例〉のように，具体的な影響に直接言及するという方法もある。

▶〈解答例〉では，根拠としてフェイスブックの例を挙げ，その人の家族，友人，関心事，好き嫌いに関する情報が得られる，また，ネット上で直接やり取りができるなど，顔を合わせなくても親しみを感じられるようになる具体的な理由を述べた。

▶なお，SNS は，昨今社会的に取り上げられることの多いテーマなので，英語の学習だけにとどまらず，自分の意見をきちんとまとめておきたい。

▶〈解答例〉の構成と和訳は以下の通り。

**構成**

①知らない人と親しくなるのがより容易になった（良い影響）と述べる。

②具体例（人間関係や趣味や好き嫌いなどを知ることで親密になれる）を挙げる。

③さらに具体例（直接会うことなくネット上で関係を築くことができる）を加える。

④ソーシャルネットワークの利点を再度強調する。

[和訳]

「フェイスブックやツイッターのようなソーシャルネットワークのおかげで，これ
までに会ったことのない人とより親しくなることができる。たとえば，誰かのフェ
イスブックのページをチェックすることで，家族や友人や関心事や好き嫌いなどを
含め，その人のことをたくさん知ることができる。加えて，その人たちとネットワー
ク上でチャットやトークをして，個人的な関係を築くこともできる。結果，全く
会ったことがなくても，彼らのことを非常に親密に感じることができる」

---

1　ア—Ⓑ　イ—Ⓔ　ウ—Ⓕ　エ—Ⓒ

2　①less　②the same　③less　④more

3　〈解答例〉Social networks such as Facebook or Twitter, enable you to
become more familiar with someone you have not met before. For example,
if you check someone's Facebook page, you can learn a lot about the
person, including facts about their family, friends, interests, or likes and
dislikes. In addition, you can chat and talk with them on the network to have
personal relationships. As a result, even if you have not met them, you can
feel very close to them.（80 語程度）

# 48

下の英文に対する反論を 80 語程度の英語で書きなさい。(句読点は数える必要はありません。)

Cell phones should not be allowed in school for a couple of reasons. First, they are too much of a distraction. When students are in class they need to focus on the subject they are studying, not checking their mail or surfing the Internet. Second, ring tones and vibration noises from cell phones interrupt the class. This irritates the teacher and distracts the students from their studies. In other words, cell phones negatively affect the learning environment.

## 全　訳

### ■学校での携帯電話の使用について

　　学校での携帯電話の使用は許されるべきではありません。理由は2つあります。第1に，携帯電話があると非常に気が散るからです。授業中，生徒はメールチェックやネットサーフィンではなく，学習中の教科に集中する必要があります。第2に，携帯電話の着信音やバイブの音は，授業の妨げになります。先生を苛立たせ，生徒の集中力を削ぎます。つまり，携帯電話は学習環境によくない影響をもたらすわけです。

## 解　説

▶「反論を80語程度の英語で」書くという指示が与えられているので，まず英文の主張の内容を吟味する必要がある。

▶英文では，「学校での携帯電話の使用は禁止されるべきだ」と主張し，続けて，「授業に集中できない」「先生や他の生徒の邪魔になる」と具体的根拠を2つ挙げ，最終文で「学習環境によくない影響をもたらす」と端的にまとめている。

▶解答の際に最も注意すべきことは，「英文に対する反論」を述べることである。つまり，一般論としての「学校での携帯電話使用に反対」という主張に反対するのではない。設問の要求に応えるには，英文に書かれている内容に触れることが必要である。

▶〈解答例〉では，第1文で「携帯電話は，学習環境にマイナスの影響を与えるかもしれないが」というように，英文中で述べられている携帯電話禁止論の根拠に言及した上で，携帯電話使用のメリットを2つ挙げ，やはり認めるべきだという主張にしている。

▶〈解答例〉の構成と和訳は以下の通り。

【構成】

①英文の主張（携帯電話は学習環境にマイナスの影響を及ぼす）を一部認める。

②「しかし」と述べて反対の意見（学校での携帯電話の使用を認めるべき）を主張する。

③2つの理由のうちの1つ（緊急時に必要）を述べる。

④もう1つの理由（調査が必要な課題の時に非常に便利である）を追加する。

⑤禁止以外の方策を提案する。

**和訳**

「携帯電話は，ある意味では学習環境によくない影響を及ぼすかもしれない。しかし，以下の理由により，学校での携帯電話の使用は認められるべきである。まず，携帯電話を使うことにより，生徒は地震などの緊急事態の際に家族と連絡を取ることができる。次に，調査が必要な課題で携帯電話を使うと，コンピュータと同じくらい役に立つ。学校がすべきことは，携帯電話を禁止することではなく，適切な使い方を生徒に教えることである」

　Cell phones may have a negative influence on the learning environment in some way. However, they should be allowed in school for the following reasons. First, by using cell phones, students can get in touch with their families in case of emergencies such as earthquakes. Second, if they use cell phones for research projects, they will be as useful as computers. What schools should do is not ban cell phones, but teach students how to use them properly.（80 語程度）

## 49

次の英文を読んで，下の問いに答えなさい。

　Not long ago, I spent the morning having coffee with Kanzi.  He invited me.
Kanzi is a bonobo (ba-no-bo), which is a close cousin of the chimpanzee.
Researchers say Kanzi knows 384 words.  But he probably knows dozens more.
He uses sheets displaying colorful symbols that stand for the words.  <u>カンジは
シートを指差すことによって，考えを示したり文を作ったりすることができる。</u>
(1)
Some scientists are discovering that <u>人間は言語や道具を使うことができる，ある
いは感情を有する，唯一の動物ではない。</u> For example, in an experiment, crows
(2)
proved (　3　).  They used the hook to fish a basket of food from a plastic
tube.  Monkeys practice charity.  A 2008 study showed that they will share food
with other monkeys who are familiar to them rather than keeping all the food for
themselves.  Elephants mourn their dead.  If they find elephant bones, (　4　).

　1.　下線部(1)の日本語を英語に訳しなさい。


　2.　下線部(2)の日本語を英語に訳しなさい。


　3.　空所(　3　)に次の語を最も適切な順に並べかえて入れ，英文を完成させなさ
　　い。その際，(　3　)の中で3番目と6番目はどの語になりますか。その語を答
　　えなさい。
　　a, at, bending, create, hook, skillful, to, wire


　4.　空所(　4　)に次の語を最も適切な順に並べかえて入れ，英文を完成させなさ
　　い。その際，4番目の単語を with にしなさい。
　　examine, like, looks, sadness, them, they, what, with

出典追記：Inside the Minds of Animals, TIME on August 5, 2010 by Jeffrey Kluger

## 全　訳

### ■ヒト以外の知能の高い動物

　少し前に，私はカンジとコーヒーを飲みながら朝のひと時を過ごした。彼が私を誘ってくれたのだ。カンジはボノボで，チンパンジーの近い親戚である。研究者によると，カンジは384の言葉を知っているそうだが，おそらくそれより何十も多く知っているだろう。彼はそれらの言葉を表す，カラフルな記号がついたシートを使う。カンジはシートを指差すことによって，考えを示したり文を作ったりすることができる。人間は言語や道具を使うことができる，あるいは感情を有する，唯一の動物ではない，ということを見出している研究者もいる。たとえば，ある実験では，カラスが針金を曲げて，釣り針を作るのがうまいことが証明された。カラスはプラスチックの筒型の容器から食べ物の入ったかごを釣り上げるために，その釣り針を使ったのだ。サルは慈善行為を行う。2008年のある研究によれば，サルは食べ物を自分で全部独占するのでなく，よく知った他のサルと分け合うことがわかった。象は死を悼む。仲間の骨を見つけると，悲しんでいるように，その骨を確かめるのである。

要旨　言語や道具を使い，感情を持つ動物は人間だけではない。ボノボのカンジは400個弱の言葉を使うことができ，カラスは針金を曲げて釣り針を作ってかごを釣り上げ，サルは慈善行為を行い，象は仲間の死を悼む。これらのことが観察されている。

## 解　説

1　▶完成英文の構文は，SVOの第3文型となる。Sが「カンジ」，Vは助動詞can
に動詞「～を示す」と「～を作る」が続き，Oが「考え」と「文」になる。
▶「シートを指差すことによって」は修飾語で，by *doing* の表現を用いる。
▶「示す」は express〔show〕，「作る」は make を用いる。「考え」は his thoughts，
「文」は sentences とする。「～を指差す」は point to〔at〕～。
▶完成文は Kanzi can express〔show〕his thoughts and make sentences by pointing
to the sheets. となる。

2　▶完成英文の構文は，SVCの第2文型となる。Sが「人間」，Vは are not，C
が「唯一の動物」となる。「言語や…有する」の部分はCを先行詞とする関係代名
詞節で表現する。
▶「道具」は tools，「感情」は feelings〔emotions〕を用いる。

▶完成文は humans〔human beings〕are not the only animals that can use language or〔and〕tools, or have feelings〔emotions〕. となる。

## 3　正解は　3番目：bending　6番目：create

▶まず直前の crows proved に着目する。prove（to be）＋形容詞で「…であるとわかる」という意味になるので，proved の直後には形容詞 skillful が来ると考えられる。

▶次に skillful at *doing* で「～するのが上手な」となるので，at bending と続き，さらに bend の目的語 wire が来る。

▶最後に，to create で「～を作るために」と副詞的用法の不定詞にし，その目的語 a hook を補って文が完成する。

▶完成文は，（crows proved）skillful at <u>bending</u> wire to <u>create</u> a hook.「カラスは釣り針を作るために針金を曲げるのが上手であることがわかった」となる。

## 4　正解は　they examine them with what looks like sadness

▶ If they find elephant bones は副詞節で，「（仲間の）象の骨を見つけると」の意味。当該部分は主節になる。

▶主語は they「象」，動詞は examine「～を調べる」で決まる。like はここでは動詞ではなく，looks like ～ のまとまりで「～のように見える」という表現を作っていると考えられるからである。

▶ examine の目的語も them「（仲間の）象の骨」に決まり，この次の4番目の語が with となるので，その目的語に関係代名詞 what が来て looks like sadness と続き，英文が完成する。

▶完成文は（If they find elephant bones,）they examine them with what looks like sadness.「彼らは悲しんでいるかのようにその骨を調べる」となる。

---

1　Kanzi can express〔show〕his thoughts and make sentences by pointing to the sheets.

2　humans〔human beings〕are not the only animals that can use language or〔and〕tools, or have feelings〔emotions〕.

3　3番目：bending　6番目：create

4　they examine them with what looks like sadness

解　答

# 50

　下のグラフは，イギリス人の余暇の過ごし方についての統計調査結果(2006〜2007 年)です。(1)(2)それぞれで与えられた語句をすべて用いて，各文10 語程度の英文でこのグラフについて説明しなさい。ただし，語形は変化させてもかまいません。

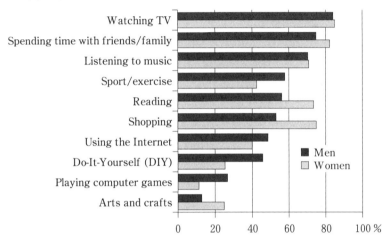

(1)　watching TV, leisure

(2)　reading, shopping

## 解　説

### ■イギリス人の余暇の過ごし方

▶グラフ「余暇の過ごし方」の各項目の意味は以下の通り。

Watching TV「テレビを見る」　Spending time with friends / family「友人や家族と時間を過ごす」　Listening to music「音楽を聴く」　Sport / exercise「スポーツや運動」　Reading「読書」　Shopping「買い物」　Using the Internet「インターネット利用」　Do-It-Yourself（DIY）「日曜大工」　Playing computer games「コンピュータゲームをする」　Arts and crafts「美術工芸」

⑴　▶leisure は「余暇」という意味なので，挙げられているすべての余暇の過ごし方の中で watching TV がどのような位置を占めているのかを説明すればよい。

▶グラフを見ると，watching TV は，男女を問わずイギリスで最も多い余暇の過ごし方であることがわかる。

▶よって〈解答1〉「テレビを見ることは，イギリスで最も人気のある余暇の活動である」という意味の英文が考えられる。完成英文は Watching TV is the most popular leisure activity in Britain. となる。

▶また，watching TV の回答率は男女とも 80％を超えており，「ほとんどのイギリス人」が採用している余暇の過ごし方であるとも言える。

▶よって〈解答2〉「ほとんどのイギリス人がテレビを見て余暇を楽しく過ごす」という意味の英文が考えられる。完成英文は Most British people enjoy watching TV in their leisure time. となる。

⑵　▶reading と shopping に共通して言えることは，どちらも男性よりも女性に人気があるという点である。

▶よって〈解答1〉「読書と買い物は男性よりも女性の方に人気がある」という意味の英文にすることが考えられる。完成英文は Reading and shopping are more popular among British women than men. となる。

▶また，イギリス人男性の間での読書と買い物の割合の比較，あるいはイギリス人女性の間での両者の割合の比較を説明してもよい。

▶〈解答2〉として，「イギリス人男性の間では，読書の方が買い物よりもほんの少し人気がある」という意味の英文を作った。完成英文は Among British men, reading is a little more popular than shopping. となる。

▶あるいは，〈解答3〉のように，「イギリス人女性の間では，買い物の方が読書より

も少し人気が高い」という意味の英文を作ってもよい。完成英文は Among British women, shopping is a little more popular than reading. となる。

(1) 〈解答1〉 Watching TV is the most popular leisure activity in Britain. (10語程度)

〈解答2〉 Most British people enjoy watching TV in their leisure time. (10語程度)

(2) 〈解答1〉 Reading and shopping are more popular among British women than men. (10語程度)

〈解答2〉 Among British men, reading is a little more popular than shopping. (10語程度)

〈解答3〉 Among British women, shopping is a little more popular than reading. (10語程度)

# 51

次の英文は，21 世紀における世界の水危機に関する記述である。それを読み，下の問いに答えなさい。

    Solving the world's water problems requires, as a start, an understanding of how much freshwater each person requires, along with knowledge of the factors that prevent supply and increase demand in different parts of the world. Malin Falkenmark of the Stockholm International Water Institute and other experts estimate that, on average, each person on the earth needs a minimum of 1,000 cubic meters $(m^3)$ of water per year — equivalent to one-third of the volume of a large swimming pool — for drinking, growing food, and for other purposes. (1)人々が十分な水を得られるかどうかは人々がどこに住んでいるかに依存する, because the distribution of global water resources varies widely.

    Providing adequate water is especially challenging in drier, underdeveloped and developing nations with large populations, (2)なぜならそれらの地域における需要は高く，供給は少ないからだ. Rivers such as the Nile and the Ganges are not only overused, they also now regularly decrease for long periods during the year.

    Shortages of freshwater are meanwhile growing more common in developed countries as well. (3)アメリカ合衆国ではひどい日照りで多くの都市が水を求めて競い合っている. Symbolic of the problem are the man-made lakes Mead and Powell, both of which are fed by the overstressed Colorado River. Every year the lakes record their ongoing decline with successive high-water marks left on their tall canyon walls like so many bathtub rings.

    ＊From Facing the Freshwater Crisis by Peter Rogers, Scientific American (2008/08)

1. 本文中の表現を参考にして，次の日本語を英語に訳しなさい。ただし，equivalent を使用しないこと。

---

出典追記：Facing the Freshwater Crisis, Scientific American on August 1, 2008 by Peter Rogers

（日本語）　1,000立方メートルの水は，オリンピックの水泳プールの容積の5分
の2に匹敵する。

2．下線部(1)〜(3)の日本語を英語に訳しなさい。ただし，(3)は Severe droughts で
はじめなさい。

## 全 訳

### ■水不足をいかに解消するか

❶ 世界の水問題を解決するためには，まず初めに，世界の様々な場所で，供給を阻害し需要を増加させている原因についての知識に加え，人ひとりが必要とする真水の量について理解することが必要となる。ストックホルム国際水研究所のマリン=ファンケルマルクやその他の専門家は，平均すると地球上の人ひとりにつき，飲料用，食料の生産，その他の用途のために，１年間に最低 1,000 立方メートルの水が必要で，それは大きな水泳用プールの容量の３分の１に匹敵すると見積っている。地球の水資源の分布は，（地域による）ばらつきが大きいので，人々が十分な水を得られるかどうかは人々がどこに住んでいるかに依存する。

❷ 十分な量の水を供給することは，乾燥した，人口の多い低開発国および発展途上国において特に困難である。なぜならそれらの地域における需要は高く，供給は少ないからだ。ナイル川やガンジス川のような河川はむやみに利用されているだけでなく，長年にわたって年間の水量が定期的に減り続けているのである。

❸ 一方で，真水の不足は先進国でもよく起こる問題になりつつある。アメリカ合衆国ではひどい日照りで多くの都市が水を求めて競い合っている。この問題において象徴的なのは，ミード湖とパウエル湖という人工湖で，２つとも過大な負担を強いられているコロラド川から水が供給されている。毎年これらの湖は，水位の減少を記録し続けており，湖の高い渓谷の壁には，浴槽で見られる多くの水位の跡のように，歴代の最高水位の跡が残っている。

## 解 説

語句　a minimum of ～「少なくとも～」 be equivalent to ～「～に相当する」 underdeveloped「低開発の」 overuse「～を使いすぎる」 be fed by ～「～（の水）が流れ込んでいる」

1 ▶〈解答１〉1,000 cubic meters〔m³〕of water is equivalent to two-fifths of the volume of a swimming pool used for the Olympic games.

▶第１段第２文（Malin Falkenmark …）の表現を参考にする。「1,000 立方メートルの水」1,000 cubic meters of water 「～に匹敵する」be equivalent to ～ 「５分の２」two-fifths 「オリンピックの水泳プール」a swimming pool used for the Olympic games〔an Olympic swimming pool〕

▶本文中の表現を最大限参考にすると，〈解答1〉のようになるが，be equivalent to ～ の代わりに equals〔is equal to〕を用いてもよい。

▶〈解答2〉1,000 cubic meters〔m³〕of water is about the same amount as two-fifths of the volume of an Olympic swimming pool.

▶「～に匹敵する」の部分を「～とほぼ同じ量の」と考えて be about the same amount as ～ と表現する。

**2** (1) ▶〈解答1〉Whether people can obtain a necessary amount of water depends on where they live.

▶文の主語となる「～かどうか」の部分は，whether（or not）が導く節で表現できる。節の中の主語は people「人々」とし，「得られる」は can obtain，「十分な水」は「必要なだけの水」と考えて a necessary amount of water とした。述語動詞は depend on ～「～に依存する」が使いやすい。

▶〈解答2〉Whether enough water is available or not depends on the place where people live.

▶ whether 節の中の主語を enough water「十分な水」とし，述語の部分は be available「手に入れられる」を用いた。

(2) ▶〈解答1〉because in such areas, the demand for water is high but the supply is low〔limited〕.

▶「地域」は最も近い意味の area を用いた。

▶語彙としては，「需要」demand と「供給」supply の2語を用いるのが一般的である。

▶〈解答2〉because in such nations, while people need a lot of water, they have little.

▶第2段で nations「国家」という語が用いられているので，ここでも nations を使ってよいだろう。

▶また，内容を考えると「多量の水を必要とする一方で，ほとんど水がない」と言い換えることが可能である。

(3) ▶〈解答1〉Severe droughts have made many cities in the United States compete with each other for water.

▶「ひどい日照りが多くの都市を競い合わせている」と考えると，使役動詞の make を用いた無生物主語の構文が可能となる。

▶「競い合う」compete with〔against〕each other 「水を求めて」for water

▶〈解答2〉Severe droughts have caused many cities in the United States to compete against each other for water.

▶ make の代わりに cause O to *do*「Oに〜させる原因となる」の表現を用いてもよいだろう。

---

1 〈解答1〉1,000 cubic meters [m³] of water is equivalent to two-fifths of the volume of a swimming pool used for the Olympic games.
〈解答2〉1,000 cubic meters [m³] of water is about the same amount as two-fifths of the volume of an Olympic swimming pool.

2 (1)〈解答1〉Whether people can obtain a necessary amount of water depends on where they live.
〈解答2〉Whether enough water is available or not depends on the place where people live.

(2)〈解答1〉because in such areas, the demand for water is high but the supply is low [limited].
〈解答2〉because in such nations, while people need a lot of water, they have little.

(3)〈解答1〉Severe droughts have made many cities in the United States compete with each other for water.
〈解答2〉Severe droughts have caused many cities in the United States to compete against each other for water.

# 52

次の英文を読んで，下の問いに答えなさい。

The most widely cited models for understanding scientific reasoning are induction and deduction. Induction is the process of generalizing from specific examples. If I see 100 swans and they are all white, I might conclude that all swans are white. If I saw 1,000 white swans or 10,000, I would surely think that all swans were white, yet （　1　） one might still be lurking somewhere. As David Hume famously put it, even though the sun has risen thousands of times before, we have no way to prove that it will rise again tomorrow.

Nevertheless, common sense tells us that the sun is extremely likely to rise again tomorrow, even if we can't logically prove that it's so. Common sense similarly tells us that if we had seen ten thousand white swans, then our conclusion that all swans are white would be more robust than if we had seen only ten. Other things being equal, ある事柄(a subject)について多く知っていれば知っているほど，ますます高い確率でそれに関する我々の結論は正しいということになるのだ。

＊ From *Climate Change* by Joseph F. C. DiMento and Pamela Doughman, MIT Press

1. 空所⑴に入る表現として最も適切なものを，次の中から１つ選び，記号で答えなさい。

　⑷　a beautiful 　　　⑻　a black 　　　⑻　a short-necked

　⒟　a small 　　　　　㋐　an ugly 　　　㋫　the other

2. 下線部⑵ that all swans are white と同じ用法の that 節を用いて，次の日本語を英語に訳しなさい。

（日本語）　これは彼が間違っているとの証明にはなっていない。

3．下線部(3)と下線部(4)の日本語を英語に訳しなさい。ただし，(3)はかっこ内の語
　句を必ず用い，(4)は the more likely ではじめなさい。

## 全　訳

### ■論理的推論

❶ 科学的推論を理解するために最も広く引用されるモデルは，帰納と演繹である。帰納とは，特定の具体例から一般化をすることである。もし私が100羽の白鳥を見て，全部白いとすれば，私は白鳥はすべて白いと結論するかもしれない。1000羽，あるいは1万羽の白い白鳥を見れば，きっと白鳥はすべて白いと考えるだろう。それでも，黒い白鳥が1羽までどこかに隠れているかもしれない。よく知られているように，太陽がこれまでに何千回昇ったとしても，明日もまた昇ると証明する方法はないと，デイヴィッド=ヒュームが言ったとおりである。

❷ それでも，常識的に考えれば，たとえ論理的にそうであると証明できなくても，太陽は明日もまた昇る可能性はきわめて高い。同様に，常識からすれば，もし1万羽の白い白鳥を見たのなら，白鳥はすべて白いという結論は，ほんの10羽見ただけである場合よりも正しいということになるだろう。他の事柄が同じなら，ある事柄について多く知っていれば知っているほど，ますます高い確率でそれに関する我々の結論は正しいということになるのだ。

**各段落の要旨**

❶ 科学的推論の方法としての帰納法は，特定の具体例から一般化をすることであるが，例外が存在する可能性は否定できない。

❷ それでも，常識的，あるいは確率的に考えれば，帰納法の信頼性は高いといってよい。

## 解　説

**語句**　cite「～を（理由・例などとして）挙げる，引用する」　induction「帰納（法）」　deduction「演繹（法）」　lurk「潜む」　robust「頑丈な，強固な」

### 1　正解は (B)

▶帰納的な考え方を，例を挙げて説明している箇所である。

▶「白鳥」を100羽，1000羽，1万羽と見てすべて白ければ，「白鳥はすべて白い」という結論をひとまず引き出せるだろうと述べた後に，yet「それでも」と続いているので，この結論に反する内容になるようにするのが妥当である。

▶(B)の a black を補えば，「それでも，黒い白鳥が1羽までどこかに隠れているかもしれない」となり，文脈に合う。よって(B)が正解。

2　▶当該箇所の that 節は conclusion の内容を述べる同格の that 節である。

▶問題文の骨組みは「これは証明にはなっていない」→「これは証明ではない」であり，「彼が間違っている」という内容を that 節にして「証明」の後に置けばよい。

▶完成文は This is not proof that he is wrong. となる。

▶proof「証明」は不可算名詞なので無冠詞で用いる。「間違っている」は wrong 以外に，in the wrong / mistaken なども使える。

3　▶(3)・(4)は，「～すればするほど，ますます…」the + 比較級 ～，the + 比較級 … の構文の，それぞれ前半・後半に当たる。

(3)　▶「ある事柄（a subject）について多く知っている」を作文してから，構文に合う語順にしていくとよい。主語は一般の人なので，日本語では省略されている。文章の他の部分で we が用いられているので，これに合わせて we know much about a subject となる。

▶これを構文に合わせるには，much を比較級の more にして文頭に出し，the を添えて the more we know about a subject となる。

(4)　▶使用条件の the more likely が，もとになる文ではどのように使えるかを考える。すると，S is likely to ～「S は～する可能性が高い」と，it is likely that S V「S が V する可能性は高い」の二通りが考えられる。

▶前者なら，our conclusion about it is likely to be correct となり，条件に合う語順にすれば the more likely our conclusion about it is to be correct となる。

▶後者なら，it is likely that our conclusion about it is correct で，語順を整えると the more likely it is that our conclusion about it is correct となる。

▶「正しい」は correct 以外にも right や valid などが使える。

---

1　(B)

2　This is not proof that he is wrong.

3　(3) the more we know about a subject

(4) 〈解答1〉the more likely our conclusion about it is to be correct

　　〈解答2〉the more likely it is that our conclusion about it is correct